Research Methods in Mathematics Education

한국수학교육학회 수학교사 시리즈 · 10

개정판

수학교육연구방법

이론과 실제

전평국 • 박성선 지음

教友社

KyoWooSa

• • • 머 리 말 (개정판)

수학교육에 관심 있는 교사나 학생들은 수학교육에 관한 자신의 수학적 지식을 보다 풍부하게 하기 위한 목적으로, 또한 수학교육의 발전을 위해 연구를 수행하려고 한다. 그럼에도 불구하고 연구 경험이 부족한 많은 초보 연구자들은 연구주제와 연구문제를 어떻게 설정하며, 또한 어떤 방법과 절차를 사용해서 연구를 수행할 것인가에 대해 막막해하는 경우를 본 저자들은 많이 보아왔다.

교육연구가 교육과 관련된 현상들을 연구하는 분야라고 한다면, 수학교육연구는 수학교육과 관련된 제반 현상들을 기술하고, 설명하고, 예측하고, 논의하는 분야라고 할 수 있다. 수학교육에 대한 사회적 관심이 높아짐에 따라 수학교육과 관련된 연구의 중요성이 더욱 더 강조되고 있다. 수학교육학이 학문적으로 인정받기 위해서는 다른 연구와 마찬가지로 수학교육연구도 과학적이고 체계적으로 수행되어야 한다. 그러나 지금까지의 수학교육연구에 관한 방법과 절차는 주로 교육학 분야에서 소개한 절차에 의존해 왔기 때문에, 수학교육을 연구하는 과정에서 독특하게 적용되는 연구방법이나 사례들을 초보 연구자들이 충분히 이해할 수 있도록 충실히 제시하지 못하였다. 이에 본 저자들은 교사나 학생들이 과학적이고 체계적으로 수학교육연구를 수행하는 방법을 안내하기 위한 책자의 필요성을 절실하게 느끼게 되었다.

이 책은 본 저자들이 수학교육을 전공하면서 학위논문을 작성했던 경험, 수학교육자로서 수학교육과 관련된 연구를 수행했던 경험, 학부나 대학원에서 수학교육연구방법론을 강의했던 경험을 바탕으로 집필된 것이다. 특히 이 책은 저자들이 지난 수 년 동안 수학교육연구방법론을 강의하면서 작성한 강의 원고를 중심으로 집필되었으며, 특히 다양한 수학교육적 상황과 예들을 자세하게 소개함으로써 수학교육연구방법을 보다 쉽게 이해할 수 있도록 기술하였다.

이 책은 모두 12장으로 구성되었다. 1장부터 5장까지는 수학교육연구를 수행하기 위하여 고려해야 하는 일반적인 요소들을 소개하였다. 1장에서는 수학교육연구의 본질, 수학교육연구의 타당성, 과학적 연구방법의 중요성, 수학교육연구의 과정, 수학교육연구의 분류에 대해서 살펴보았다. 2장에서는 연구주제를 선정하고 연구문제 및 가설을 기술하는 방법을 소개하였다. 3장에서는 문헌검토의 목적과 중요성, 문헌검토의 범위와 출처를 제시하였고, 4장에서는 연구대상을 선정하는 방법으로 표본을 추출하는 방법에 대해서, 5장에서는 자료를 수집하기 위한 측정도구, 표준화검사, 측정도구의 타당도와 신뢰도에 대해서 살펴보았다.

6장부터 10장까지는 연구의 종류별 특징 및 연구방법에 대해서 자세하게 다루었다. 6장에서는 실험연구의 본질, 실험연구의 타당도에 대한 위협 요인을 설명하였으며 집단 실험설계 방법을 제시하였다. 7장에서는 인과-비교연구를, 8장에서는 상관관계연구를 소개하였다. 9장에서는 기술연구를 소개하였으며, 10장에서는 문화기술적 연구와 역사연구에 대해서 살펴보았다.

11장에서는 자료를 분석하기 위한 통계 처리방법을 예제를 통하여 소개하였으며, 12장에서는 연구계획서 및 연구보고서 작성법, 참고문헌 작성법에 대하여 설명하였다.

이 책의 집필은 수학교육과 관련된 연구를 수행하는 모든 교사나 학생들이 연구자로서 보다 체계적이고 과학적인 방법으로 연구를 수행했으면 하는 바람에서 출발하였다. 이 책을 활용하여 수학교육연구방법론 강의를 진행하고 학생들의 논문을 지도하면서 몇 가지 오류를 발견하였고 다소 보완해야할 필요성을 느끼게 되었다. 본 개정판에서는 이러한 오류를 면밀히 검토하여 최대한 수정 · 보완하였다. 또한 초판에서는 다루지 않았던 다변령분산분석, Spearman 서열상관관계분석, 다중회귀분석을 자세하게 다루었다. 초판에서 발견된 오류를 수정하고 부족한 부문을 보완하기 위하여 개정판을 출간하였으나, 좀 더 치밀하고 알차게 구성했으면 하는 아쉬움이 여전히 남는다. 모쪼록 이 책이 수학교육연구를 수행하고 관련 논문을 작성함에 있어서 조금이나마 도움이 되기를 기대한다.

이 책의 출간을 결심할 때부터 완성될 때까지 많은 분들의 도움이 있었음을 밝힌다. 특히, 저자들의 수학교육연구방법론 강의에 참여했던 대학생과 대학원생에게 고마움을 전하고 싶다. 또한 자료수집과 원고의 수정과 교정 작업에 기꺼이 참여해준 정인수, 성창근, 임진숙, 김주창, 오윤숙 선생님에게 감사드린다. 끝으로 이 책의 출판을 맡아주신 오판근 사장님과 복잡한 원고의 편집을 위해 고생하신 편집진에게 진심으로 감사드린다.

2013년 1월

저자 일동

차 례

CONTENTS

CONTENTS

CHAPTER 01 수학교육연구

- 수학교육연구의 본질
- 수학교육연구의 타당성
- 수학교육연구의 분류
- 수학교육연구에서 과학적 방법의 적용
- 수학교육연구의 과정

1 수학교육연구의 본질

연구는 광범위한 상황에서 여러 다양한 사람들에 의하여 수행된다. 연구는 도서관, 실험실, 교실, 고대문명의 폐허, 그리고 현대의 도시 뿐만 아니라 여러 다양한 환경 및 상황 속에서 수행될 수 있다. 연구에 참여하고 있는 연구자들도 높은 수준의 지적 소양을 갖춘 학자뿐만 아니라 관련분야의 직업에 실제로 종사하고 있는 사람들에게 이르기까지 매우 다양하다. 또한 사회가 빠르게 변화하고 복잡해짐에 따라 이에 대처하기 위하여 연구의 중요성이 강조되고 있으며, 연구에 투자되는 비용이 더욱 더 많아지고 있다.

교육연구는 모든 유기체 중 단연 최고로 복잡한 인간을 포함하고 있기 때문에, 교육적 상황을 설명하고 예측하고 통제하는 것은 매우 어렵다. 즉, 교육 환경에는 알지 못하거나 통제할 수 없는 변인들이 수없이 많기 때문에, 연구결과를 일반화하거나 반복적인 연구결과를 도출하기 어렵다. 과학실험실에서 설정하고 유지할 수 있는 엄격한 통제의 종류들은 교육 환경에서는 사실상 불가능하다. 관찰자들이 인간의 행동들을 기록하는 데 있어서 주관적일 수 있으며 관찰된 사람들은 단지 그들이 관찰된다는 이유로 인하여 평소와는 다르게 행동할 수도 있는 반면에, 과학 실험에서의 화학 반응은 사물들이 관찰되고 있다는 사실을 염두에 두지 않는 경향이 있다. 정확한 측정 또한 교육연구에서 매우 어려운 일이다. 대부분의 측정은 직접적으로 이루어지지만, 교육연구에서 측정은 간접적일 수밖에 없다. 지능, 성취도, 또는 태도를 측정하기 위한 직접적인 도구는 쉽게 찾을 수 없다.

비록 연구가 여러가지 형태를 취할 수 있다 하더라도, 연구는 필수적으로 어떤 활동을 수행하는 체계적인 과정이며, 교육연구 역시 이러한 특성을 갖고 있다고 많은 저자들은 기술한다. Tuckman(1978)은 연구를 "의문에 대한 답을 제공하기 위한 체계적인 시도"(p. 1)로 기술하였으며, Kerlinger(1973)는 연구를 "현상들 간의 추정된 관계에 관한 체계적이고, 통제되고, 실증적이고, 비판적인 탐구"(p. 11)로 정의했다. 결국 교육연구는 어떤 교육적 현상에서 발생하는 문제들을 설명하고 개선할 수 있는 지식을 축적하는 탐구 과정이라고 할 수 있다.

Kilpatrick(1992)은 연구에 대한 Cronbach와 Suppes(1969)의 정의를 참고하여, 수학교육연구를 "수학의 교수 · 학습에 대한 학문적 탐구"(p. 3)라고 정의하였다. 또한, 김응태 외(1985)는 수학교육학을 "수학의 학습지도의 개선을 위해 그와 관련된 분야의 연구를 하는 과학"(p. 11)이라고 정의하였다. 이렇게 본다면, 수학교육연구는 수학의 교수 · 학습을 개선하기 위하여 수학교육적 현상을 학문적이고 체계적으로 탐구하는 것이라고 정의할 수 있다.

수학교육연구의 관점은 어떤 연구 패러다임을 추구하느냐에 따라 많은 차이가 있다. Bishop(1992)에 따르면, 수학교육연구의 관점은 세 가지 관점으로 나누어 볼 수 있다: 교육자 관점(pedagogue tradition), 경험적-과학자 관점(empirical-scientist tradition), 학문적-철학자 관점(scholastic-philosopher tradition).

첫째, 수학교육연구의 교육자 관점은 가장 오래된 것으로 Socrates, Comenius, Pestalozzi, Froebel과 같은 사람들이 이 관점을 추구한다고 할 수 있을 것이다. 최근의 수학교육과 관련해서는 Polya, Gattegno, Dienes,

Freudenthal과 같은 연구자들이 교육자 관점에서 수학교육연구를 수행했다고 볼 수 있다. 이 관점에서 중요한 점은 연구자가 교육자의 관점에서 연구를 수행한다는 것이다. 즉, 수학교육연구는 훌륭한 수학교사가 되기 위한 것이다. 이 관점에서 수행된 수학교육연구의 주된 관심사는 수학교육 전문가들의 수학교육 방법을 많은 수학교육자나 수학교사들에게 전달하는 것이다. 이 관점의 수학교육연구방법은 수학을 학습하는 학생들의 활동을 끊임없이 관찰하여 새롭고 창의적인 수학교육 방법을 개발하는 것이다.

둘째, 경험적-과학자 관점은 좀 더 최근의 관점으로써, 가장 중요한 점은 연구의 과정에서 객관적인 증거를 확보하고 그것을 양적으로 분석하는 것이다. 이 관점에서 본다면, Polya의 연구는 객관적 자료를 수집하여 연구된 것이 아니기 때문에, 수학교육연구로 받아들여지지 않을 수 있다. 극단적인 경험적-과학자 관점을 취한다면, 수학교육연구는 자연 과학에 관한 연구와 유사한 것이 될 것이다. 즉, 어떤 수학교육의 이론을 개발하기 위해서는 그 이론을 입증할 수 있는 누적된 증거들을 과학적 방법으로 확보해야 한다.

셋째, 학문적-철학자 관점도 역시 오랜 역사를 갖고 있으며, 수학교육연구를 인문학적 관점에서 수행한다. 이 관점에서는 실제 수업 상황과 이론적인 교육 상황은 차이가 있을 것이라고 생각하며, 교육적 추상화와 비판적 이론화를 중요한 요소로 본다. 이 관점의 중요한 특징은 경험적 증거는 최소한으로 참고하고, 이론적 분석과 교수학적 분석을 광범위하게 실시하는 것이다. 이 관점에서 추구하는 수학교육의 개선은 불완전한 수학교육의 실제를 완전한 수학교육 이론에 근접하도록 만드는 것이지만, 수학교육연구의 실제적인 목적은 이미 알려진 가정된 증거로부터 출발하여 분석과 비평을 통해서 수학교육의 이론을 개발하는 것이다.

연구는 조사하려는 주제나 연구대상의 독특한 특성에 따라 다양한 형태로 이루어진다. 일반적으로 모든 연구는 지식의 확장과 문제의 해결을 위하여 수행된다. 그러나 이 두 가지 접근 방식은 상호 배타적이지 않다. 다만, 교육과 관련되어 수행되는 연구에서는 이 두 가지 접근 방식 중 어느 한쪽을 좀 더 지향하게 된다. 다시 말하면, 당면한 문제를 해결하기 위한 목적으로 연구를 수행하거나 또는 연구결과의 유용성에 상관없이 기존 지식의 기저를 확장하기 위한 목적으로 연구를 수행한다.

수학교육학이 수학 교수-학습의 개선을 위해 그와 관련된 분야를 연구하는 과학이라는 점에서 볼 때, 수학교육연구도 이 두 가지 목적에서 이루어진다. 즉, 수학교육연구는 수학교육과 관련된 현상에서 발생하는 당면한 문제점들을 해결하기 위한 연구와 수학교육에 대한 기존의 이론들을 검증하고 확장하기 위한 연구로 나눌 수 있다(Goodchild & English, 2002).

수학교육연구에서 서로 대조적인 두 가지 경우의 예를 생각해 보자. 한 예로, 수학을 담당하고 있는 한 장학사가 자신이 장학 지도를 담당하고 있는 어느 지역의 중학교 1~3학년 학생들의 수학성취도가 다른 지역에 비해 낮은 것에 대해 지도 조언을 해야 할 필요가 있다고 하자. 이 장학사는 당면한 문제 즉, 담당하고 있는 지역의 중학생들의 수학성취도가 낮은 이유와 수학성취도를 높일 수 있는 교수법에 관해 담당학교의 수학교사들에게 연구를 수행해 보도록 권장할 것이다. 이 연구는 당면한 문제를 해결하기 위해 수행되는 연구가 될 것이다. 더욱이 이 연구가 단순한 현장 연구가 아닌 모집단의 표본을 통해 과학적인 실험 절차에 따라 연구결과가 유의미한 결과로 도출될 때, 이 연구결과에서 얻은 유용한 정보들은 일반화될 수 있을 것이다.

또 다른 한 예로, 수학교육학자가 문장제에 어려움을 갖는 학생들을 대상으로 그 원인을 찾기 위해 독해력, 수학적 표현력, 추론 능력 등등의 검사 자료를 활용한 연구를 수행한다고 할 때, 이 연구결과는 수학학습, 특히 문장제 학습에 관한 지식의 확장이나 개발에 유용한 연구가 될 수 있을 것이다. 또한 이 연구 결과는 수학 교실에서 흔히 당면하고 있는 문장제 학습에 어려움을 갖는 학생들에게 적용해 볼 수 있는 연구가 될 수도 있을 것이다.

그러나 연구는 과학적 방법으로 수행되어야 한다. 과학적 방법으로 연구를 수행하는 목적은 어떤 현상을 올바르게 설명하고, 예측하고, 통제하기 위함이다. 여기에는 모든 행위와 사건이 순차적으로 발생하며, 어떤 발견 가능한 인과관계가 존재한다는 가정이 전제되어 있다. 과학적 방법으로 연구를 수행함으로써 지식을 획득할 수 있을 뿐만 아니라 이론을 검증하고 개발할 수 있다.

수학교육연구도 체계적이고 과학적으로 수행되어야 한다. 그러면 이들 체계적이고 과학적인 속성들을 갖기 위한 연구의 특성은 무엇인가? 체계적인 연구는 일반적으로, (1) 연구문제의 확인, (2) 관련된 정보의 검토, (3) 자료수집, (4) 자료분석, 그리고 (5) 결론 내리기와 같은 요소들에 따라서 수행된다.

수학교육연구의 일반적이고 체계적인 특성 및 절차를 나타내면 [그림 1.1]과 같다.

연구문제의 확인 → 정보검토 → 자료수집 → 자료분석 → 결론 내리기

그림 1.1 수학교육연구의 체계적 접근

첫째, 연구가 체계적이기 위해서는 연구해야 할 문제의 본질이 이해되지 않으면 안 된다. 관련된 지식의 영역이 확인이 되면 필수적으로 연구를 수행하기 위한 틀을 설정해야 한다. 연구를 위한 틀 또는 기초를 설정하는 것과 밀접하게 관련되는 것은 연구주제와 관련된 임의의 가정(assumptions)의 확인이다. 두 번째 단계는 유사한 문제들을 다른 사람들이 어떻게 접근했거나 취급했는가에 관해 정보를 수집하는 것이다. 즉 다른 사람들의 연구를 참고하고 그것으로부터 시사점을 얻을 수 있고 또 얻어야 한다. 매번 동일하거나 유사한 연구주제를 반복해서 연구를 수행할 필요는 없다. 따라서 관련된 연구에 관한 검토는 그러한 정보를 얻기 위한 중요한 단계이다. 세 번째 단계는 문제에 대한 적절한 자료의 수집이다. 그러나 자료는 어떤 우연이나 주관적 방법으로 수집될 수 없다. 연구주제와 관련하여 자료로부터 타당한 결론을 내리기 위해서는 자료의 수집과정이 잘 조직되어야 하고 적절히 통제되어야 한다. 네 번째 단계는 자료가 그 문제에 대한 적절한 방법에서 분석되어야 한다는 것이다. 다섯 번째 단계는 분석이 이루어진 후에 결론을 내는 과정 또는 일반화를 하는 과정이다. 결론은 자료와 연구의 틀 안에서 이루어진 분석에 기초해야 한다.

2 수학교육연구에서 과학적 방법의 적용

어떤 교육 현상과 관련된 문제를 해결하거나 이론을 개발하고 확장하는 방법에는 다음과 같은 네 가지 방법이 있다. 첫 번째 방법은 경험에 의존하는 것이다. 경험은 지식을 창출하는데 있어서 가장 친숙하고 쉽게 적용할 수 있는 방법이다. 어떤 문제를 해결했던 과거의 경험은 당면한 문제를 해결하는데 가장 유용할 수도 있을 것이다. 이러한 유용성에도 불구하고, 우리가 경험했던 것들이 모두 사실이 아닐 수 있기 때문에 그 진실성이 문제가 될 수도 있다.

두 번째 방법은 권위에 의존하는 것이다. 저명한 이론가나 학자의 권위에 의존하여 교육적 문제를 해결하는 경우이다. 가령, 초보 교사는 수학 수업에 대하여 의문이 있을 때, 경력 교사나 저명한 수학교육자에게 질문하여 문제를 해결할 수 있다. 역사적으로 보아도 중세 시대에는 진리의 근원을 아리스토텔레스와 같은 학자의 권위나 교회의 권위에 의존했음을 알 수 있다. 그러나 진리의 근원으로서 권위는 그 자체의 진실성에 문제가 있을 수 있으므로 다른 문제를 해결하는데 적용하기에는 한계가 있을 수밖에 없다.

세 번째 방법은 상식이나 관습에 의존하여 문제를 해결하는 것이다. 상식이란 많은 사람들이 공유하는 공통된 인식을 말하고, 관습은 어떤 사회에서 오랫동안 지켜 내려와 그 사회 구성원들이 널리 인정하는 질서나 풍습을 말한다. 상식이나 관습은 많은 사람들이 너무나 자주 접해서 친숙한 것이기는 하지만 검증된 사실이 아니기 때문에, 교육 문제를 해결하기 위한 방법으로는 적절하지 못하다.

네 번째 방법은 과학적 방법이다. 귀납적 추론은 특정한 사례들을 관찰하여 일반화를 이끌어내는 반면에, 연역적 추론은 옳다고 인정되는 전제들로부터 특정한 결론을 이끌어 낸다. 귀납적 추론과 연역적 추론이 서로 배타적으로 사용될 때는 한계가 있다. 과학적 방법은 귀납적 방법과 연역적 추론을 통합하는 것이다. 다시 말해서, 과학적 방법은 관찰을 바탕으로 하여 귀납적으로 가설을 검증하고, 그런 다음에 가설로부터 결론을 연역적으로 이끌어내는 것이다. 즉, 설정된 가설을 검증하여 옳다는 전제하에 연역적으로 결론을 도출하게 된다. 또한 이렇게 연역적으로 도출된 결론은 또 다시 경험적 자료를 통하여 검증된다.

수학교육연구도 과학적 방법에 따라 수행되어야 하는데, 이 과학적 방법은 체계적인 접근이 수행되는 일반적인 일련의 절차를 따르는 것이다. 그것은 통상적으로 어떤 문제를 접하는 시점에서부터 결론을 내리는 최종의 단계까지 연속된 단계로 나누어진다. 과학적인 방법은 단순한 개인의 경험이나 권위에 의해서 결론이 얻어지는 과정이 아니며, 연역적 추론이나 귀납적 추론의 두 가지 방법이 과학적 방법의 요소로 통합해서 사용될 때 더욱 효과적이다.

그러나 연구를 수행하기 위한 일련의 단계들을 순서대로 따른다고 해서 과학적 방법이 되는 것으로 보아서는 안 된다. 즉, 과학적 방법은 각 단계에서 연구자가 무엇을 해야 할 지를 정확히 알고 과학적으로 해결하려는 노력을 요구한다.

과학적 방법의 최초의 단계는 문제를 인식하는 단계로, 문제가 나타난 어떤 현상, 설명되지 않은 어떤 상황이나 조건의 존재를 관찰하는 것이다. 이 단계에서 체계적 또는 구체적인 자료 수집이 이루어지는 것은 아니다. 이 단계는 어떤 문제 상황을 인식하는 것과 같은 것이다. 즉, 연구자는 문제 또는 상황을 인식하여 해결해야 할 필요를 느끼고, 이를 위해 무엇인가를 준비해야 하는 단계이다.

두 번째 단계는 가설을 명료화하는 단계로, 인식한 문제를 보다 명료화시키기 위하여 최초에 관찰된 현상에 기초하여 잠정적인 가설을 체계적으로 조직화한다. 이를 통하여 문제에 포함된 요인들을 보다 명료하게 확인하고 그들 간의 관계를 명백하게 할 수 있다.

세 번째 단계는 자료를 수집하고 분석하는 단계이다. 자료를 수집하기 전에는 적어도 예비 검사 및 예비 실험(pilot study)을 하는 것이 거의 필수적이다. 자료 수집이 이루어진 다음에 이론 또는 가설을 검증하게 되는데, 그것이 채택되거나 수정 또는 기각될 수 있다. 계속된 검사와 검증을 통하여 가설과 이론은 지속적으로 수정 · 보완된다. 또한 최초의 검사 결과들만으로 더 이상의 분석을 진행할 수 없을 때는 추가적인 자료수집이 더 필요하다.

과학적 방법의 마지막 단계는 자료에 기초하여 결론을 내리고 그리고 이 결론들을 현존하는 관련된 지식에 통합하거나 당면한 문제를 해결하는데 이 결론들을 적용하는 것이다. 결론은 결과에서 도출되며, 연구자가 연구에서 밝혀진 사실들과 절차들을 고려하여 연구문제에 대한 최선의 해결책을 제시하고 문제 상황에 대하여 가장 합당한 설명을 하는 것이다.

일반적인 연구체계와 과학적인 방법 사이의 관계는 [그림 1.2]와 같다. 과학적 방법의 단계를 잘못 이해하면 서로 분리되어 따로 수행되어야 하는 것으로 인식될 수 있다. 그러나 이 단계들이 분리되어서 적용되는 것은 아니다. 때로는 두 개 또는 그 이상의 단계들이 동시에 이루어질 수도 있고, 또는 단계들 중 앞과 뒤로 왔다 갔다 할 수도 있다. 과학적 방법의 단계들은 그 자체가 목적이 아니고 연구주제에 대한 체계적인 해결을 위한 수단일 뿐이다.

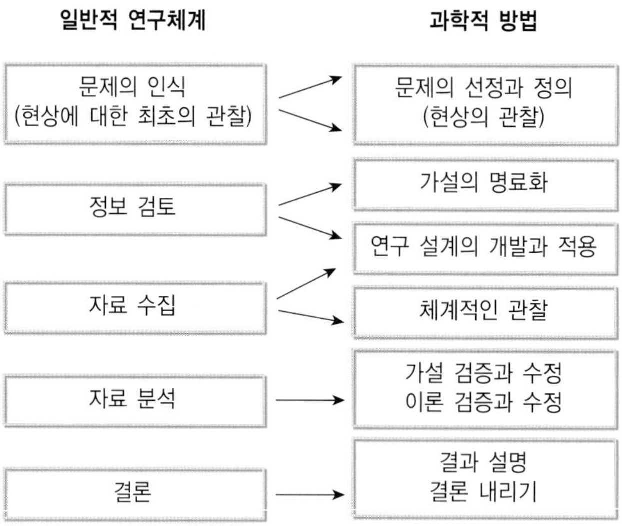

그림 1.2 일반적인 체계와 과학적인 방법의 관계

3 수학교육연구의 타당성

수학교육연구는 왜 체계적이고 과학적이어야 하는가? 그것은 연구의 타당성을 향상시키기 위한 것이다. 연구의 타당성은 무엇인가? 타당성은 두 개의 개념을 동시에 포함한다. 결과가 정확하게 해석될 수 있는 정도와 결과가 다른 상황이나 집단들에 일반화될 수 있는 정도를 말한다. 전자는 내적 타당도, 후자는 외적 타당도라 일컫는다. 타당성의 개념을 알아보기 위하여 두 개의 예를 생각해 보기로 한다.

내적 타당도 중학교 2학년 수학 교사 3명이 서로 다른 3가지 형태의 수학 학습자료를 활용할 때, 각각의 효과에 대하여 관심이 있다고 하자. 교사 2명은 자기 학교에서 각각 4개의 학급에서 수학을 가르치고, 다른 교사 1명은 상위 수준의 3개의 학급을 가르친다.

각 교사는 9주 동안 각기 서로 다른 한 형태의 자료를 사용하되, 그 이외의 다른 자료를 사용하지 않았다. 9주 말에 각 교사들은 각자 자기가 개발한 검사를 사용하여 학생들에게 수학성취도 검사를 실시하였다. 연구의 전반적인 설계는 〈표 1.1〉에 제시되어 있다.

표 1.1 내적 타당도가 결여된 가설적 연구의 일반적 설계

학교-교사-자료	대상	수학성취도 검사
학교 I 교사 A 자료 1	4 학급 이질적인 능력	교사 A에 의해 개발된 검사
학교 II 교사 B 자료 2	4 학급 이질적인 능력	교사 B에 의해 개발된 검사
학교 III 교사 C 자료 3	3 학급 상위 능력	교사 C에 의해 개발된 검사
←	9주	→

연구자는 세가지 형태의 자료를 각각 사용해서 가르친 학생들의 평균 수학 성취 점수를 계산한다. 세 형태의 자료의 상대적인 효과에 관해서 내릴 수 있는 결론은 무엇인가? 본질적으로는 아무것도 없다. 학교 III에 있는 학생들이 가장 높은 평균 점수를 받았다고 가정해 보자. 그것은 학생들의 능력이 상위 수준이기 때문인가, 아니면 교사 C가 아주 우수한 교사이기 때문인가? 또는 교사 C에 의해서 사용된 검사가 다른 교사에 의해 사용된 검사보다 더 쉽기 때문인가? 또는 자료 3이 다른 자료보다 더 효과적인 자료이기 때문인가? 결국, 결과들의 패턴에 상관없이 이 결과들이 타당하게 해석되어 질 수 있는 방법은 없다. 결과들에 대한 설명에서 자료 3이 가장 효과적이라고 결론내리는 것에 이의를 제기할 수 있는 주장들은 너무 많다. 즉, 이 연구는 내적 타당도가 부족하다. 따라서 이 연구의 결과들은 올바르게 해석될 수 없다.

외적 타당도 만일 결과들이 올바르게 해석될 수 없다면, 그것들은 당연히 일반화 될 수 없을 것이다. 따라서 내적 타당도는 외적 타당도를 위해 필수 조건이다. 즉, 내적 타당도는 외적 타당도를 보증하지 않는다. 다음의 예를 생각해 보자. 임의의 순서로 나열되어 있는 20개의 기호를 기억해내는 시각적 노출 시간에 대한 연구를 수행한다고 하자. 연구자는 수학교육과 학생 전체에서 10명의 지원자를 대상으로 실험을 실시하였다. 이 연구에서는 노출 시간을 5가지로 달리하여 각각 2명씩의 지원자를 참여시켰다. 피험자는 임의로 배열된 무의미한 기호 20개를 주어진 시간 동안 보고 그 기호들을 기억해 내야 한다. 그런 다음, 올바르게 기억한 기호의 개수로 수행 점수를 계산하였다. 이 연구의 전반적인 설계는 〈표 1.2〉와 같다.

일반적으로 노출 시간이 증가하면 수행 점수도 증가한다는 결과가 나온다고 생각할 때, 이 결과를 일반화할 수 있는 모집단과 조건은 무엇이라고 할 수 있는가? 초등학생들이나 고등학생들에게도 이 결과를 일반화할 수 있는가? 고도로 구조화된 상황에서 유의미한 방법으로 과제를 공부하는 젊은 성인들에게도 일반화할 수 있는가? 그렇게 단정할 수는 없을 것이다. 이 연구의 참여자들은 지원자였기 때문에, 그 결과들은 수학교육과 학생 전체에게 조차도 일반화 할 수 없

표 1.2 외적 타당도가 결여된 가설적 연구의 일반적인 설계

노출 시간	수행점수총합
노출 시간: 10초	지원자 1 지원자 2
노출 시간: 20초	지원자 3 지원자 4
노출 시간: 30초	지원자 5 지원자 6
노출 시간: 40초	지원자 7 지원자 8
노출 시간: 50초	지원자 9 지원자 10
← 임의로 배열된 20개의 무의미한 기호 →	

을 것이다. 요약하자면, 연구결과들은 오로지 연구에 참여한 10명의 지원자에게만 일반화할 수 있을 것이다. 따라서 이 연구는 외적 타당도가 결여되어 있다.

위의 예는 외적 타당도가 결여된 다소 극단적인 예이다. 외적 타당도를 높히려면 연구 결과들이 모집단과 조건에 맞게 일반화되지 않으면 안 된다. 예를 들면, 영재 학생들만을 포함하는 연구를 수행한다면, 그러한 연구는 영재 학생들에게만 일반화 될 수 있는 것이지, 모든 학생들에 일반화 될 수 있는 것은 아니다. 만일 학교의 시스템이 평가되었다면 그 결과들은 단지 그 시스템에만 일반화 될 수 있다. 따라서 일반화를 너무 광범위하게 하게 되면 외적 타당도에 문제가 된다.

연구의 타당성은 항상 정도가 문제가 된다. 연구에서 내적 타당도와 외적 타당도를 완전하게 하는 것은 사실상 불가능하다. 내적 타당도를 향상시키기 위한 연구설계의 시도는 외적 타당도를 감소시킬 수 있으며, 반대로 외적 타당도를 향상시키기 위한 연구설계의 시도는 내적 타당도를 감소시킬 수 있다. 연구는 이 두 가지의 타당도가 균형을 이루도록 하여야 하며, 그렇게 함으로써 연구결과들은 합리적인 확신을 가지고 해석될 수 있으며 유용하게 일반화될 수 있다.

4 수학교육연구의 과정

수학교육연구가 수행되는 과정은 연구자의 관심 분야와 연구방법에 따라 약간씩 차이가 있겠으나, 일반적으로 [그림 1.3]에서 제시한 바와 같이 여덟 가지 단계로 진행된다고 볼 수 있다(Kumar, 1996). 따라서 연구를 처음으로 시작하는 초보 연구자들은 어디서부터 연구를 시작해야 할지를 모르는 경우가 많이 있는데 여기서 제시한 연구의 과정을 단계별로 따르면 쉽게 연구를 수행할 수 있을 것이다.

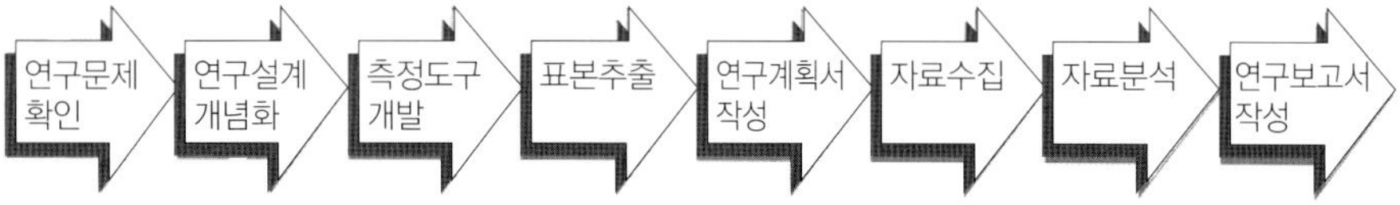

그림 1.3 수학교육연구의 과정

1단계: 연구문제 확인 연구문제의 확인 및 선정은 연구의 과정에서 가장 중요하고 우선적으로 해야 하는 단계이다. 연구문제의 확인은 연구에서 의도하고자 하는 것이 무엇인지를 제시하는 것이다. 연구문제가 분명해야만 그 다음에 추진해야 할 단계들이 분명해 진다.

2단계: 연구설계 개념화 앞에서 언급했듯이 교육연구에 있어서 가장 중요한 특징은 과학적 방법을 적용한다는 점이다. 연구를 통하여 이끌어낸 연구결과의 타당성은 그 결과가 어떻게 도출되었느냐에 달려있다. 따라서 연구설계는 연구문제에 대한 답을 어떻게 이끌어냈는지를 설명하는 중요한 단계이다. 연구설계는 말 그대로 연구에 대한 전반적인 설계로서, 연구대상, 측정절차, 표집방법, 분석방법과 관련된 일련의 논리적 배열 등이 고려되어야 한다.

3단계: 측정도구 개발 연구를 위한 정보를 수집하는 수단을 제공하는 것이 바로 측정도구이다. 예를 들어, 측정도구에는 관찰, 면담, 질문지, 검사지 등이 포함된다. 측정도구의 개발에서는 연구를 수행하는 실제적인 단계로서, 자료를 어떻게 수집할 것인지 그리고 어떤 측정도구를 사용할 것인지에 대해서 결정해야 한다.

4단계: 표본추출 연구자가 기대하고 있는 가설을 정확하게 판단하기 위해서는 올바르게 연구대상자를 선정해야 하는데 그것은 바로 표본의 추출과 관련된다. 표본을 추출하는 기본적인 목적은 연구의 비용과 노력을 최소화하고 추출된 표본과 모집단 간의 차이가 없도록 하는 것이다. 따라서 표본을 추출할 때는 전체 모집단을 대표할 수 있도록 해야 하며, 어떤 특정한 표본이 편향적으로 추출되지 않도록 하는 것이 중요하다.

5단계: 연구계획서 작성 앞서 언급한 1단계부터 4단계까지를 단계별로 처리했다면, 이제 그것들을 적절하게 종합하여 다른 사람들(예를 들어, 지도교수, 심사위원 등)에게 자신의 연구 계획에 대하여 발표할 필요가 있다. 이처럼 연구 문제와 연구 방법에 대하여 기술하는 것이 바로 연구계획서 작성이다. 연구계획서에는 무엇을, 왜, 그리고 어떻게 연구할 것인지에 대해서 기술되어야 한다. 연구계획서를 작성함으로써 연구자는 자신의 연구 계획을 다른 사람들에게 알릴 수 있으며, 그들로부터 평가와 검토를 받을 수 있다. 자신의 연구 계획에 대한 평가와 검토를 통하여 연구 계획을 수정하고 보완하게 된다.

6단계: 자료수집 연구문제 확인, 연구설계 개념화, 측정도구 개발, 표본 추출이 이루어진 다음에는 결과를 이끌어내기 위하여 자료를 수집하게 된다. 자료를 수집하는 데는 여러 가지 방법이 있는데, 검사, 질문지, 면담, 관찰 등이 여기에 포함된다. 따라서 자료를 수집하기 전에 미리 자료 수집 방법 및 절차에 대해서 결정을 해야 한다.

7단계: 자료분석 수집된 자료나 정보를 분석하는 방법은 자료의 유형에 따라 달라지는데, 자료의 유형은 크게 양적 자료와 질적 자료로 나누어진다. 양적 자료일 경우에는 주로 통계적 분석으로 처리되고, 질적 자료일 경우에는 주로 기술적 분석으로 처리된다.

8단계: 연구보고서 작성 연구보고서 작성은 연구에서 가장 마지막으로 이루어지는 것으로 가장 어려운 단계일 수도 있다. 이 보고서에는 연구내용과 연구방법이 자세하게 기술되어야 하며, 어떤 결과와 결론을 도출하였는지를 알기 쉽게 제시해야 한다. 또한 연구보고서는 각 기관에서 요구하는 형식에 맞게 기술되어야 한다.

5 수학교육연구의 분류

수학교육연구도 교육연구와 마찬가지로 분류 기준에 따라 여러 가지 방식으로 분류될 수 있다. 가장 일반적인 두 가지 분류 기준은 연구목적과 연구방법이다.

연구목적을 분류 기준으로 하면, 수학교육연구는 기초연구, 적용연구, 평가연구, 개발연구, 실행연구의 5가지로 분류할 수 있다.

첫째, 기초연구는 이론을 개발하기 위한 연구이다. Pavlov가 개를 대상으로 하여 자극-반응 이론을 개발한 것과 Piaget가 자신의 아이들을 관찰하여 인지발달이론을 개발한 것이 그 예이다. 즉, 기초연구는 당면한 수학교육적 문제를 해결하기 보다는 순수한 이론의 개발을 목적으로 한다.

둘째, 적용연구는 문제 상황에 이론을 적용하는 연구를 말한다. 즉, 적용 연구는 이론을 적용하여 교육적 문제를 해결하는데 유용한지를 판단하는 연구이다. 예를 들어, 자극-반응 이론이 학생들의 수학학력을 향상시키는데 효과적인지를 판단하는 연구, Bruner의 수학학습이론 중에서 대조와 변화의 원리를 적용한 연구가 그 예이다.

셋째, 평가연구는 어떤 교육 프로그램이나 교육과정의 가치나 효과를 결정하기 위한 연구이다. 예를 들어, 새롭게 개정된 수학과 교육과정은 학생들의 수학성취도 향상에 효과적인지를 평가하는 연구 또는 수학영재교육 프로그램의 효과를 평가하는 연구가 여기에 해당한다.

넷째, 개발연구는 학교에서 사용될 수 있는 효과적인 프로그램이나 교육자료, 교육과정 등을 개발하기 위한 연구를 말한다. 예컨데, 수학교사의 전문성 신장을 위한 교사교육 프로그램 개발 연구가 여기에 해당한다.

다섯째, 실행연구는 학교나 교실과 같은 현장의 문제를 해결하기 위하여 수행하는 연구를 말한다. 실행연구는 이론의 개발이나 이론의 일반적인 응용이 아닌 학급에서 발생한 문제점을 즉시 해결할 수 있는 연구이다(Hopkins, 2002).

연구방법을 분류 기준으로 하면, 수학교육연구는 역사연구, 기술연구, 상관관계연구, 인과-비교연구, 실험연구로 분류할 수 있다. 연구방법에 따라 수학교육연구를 분류하는 방식에 절대적 기준은 없다. 여기서는 Crowl(1993)이 분류한 방식에 따라 설명하고자 한다. Crowl은 교육연구를 크게 양적 연구와 질적 연구로 분류하였다([그림 1.4]). 양적 연구는 기술연구(조사연구와 관찰연구), 상관관계연구, 집단비교연구(인과-비교연구, 실험연구, 준실험연구)로 구분되며, 질적 연구는 문화기술적 연구와 역사연구로 구분된다.

양적 연구와 질적 연구는 교육연구에 대하여 서로 다른 패러다임과 접근방식

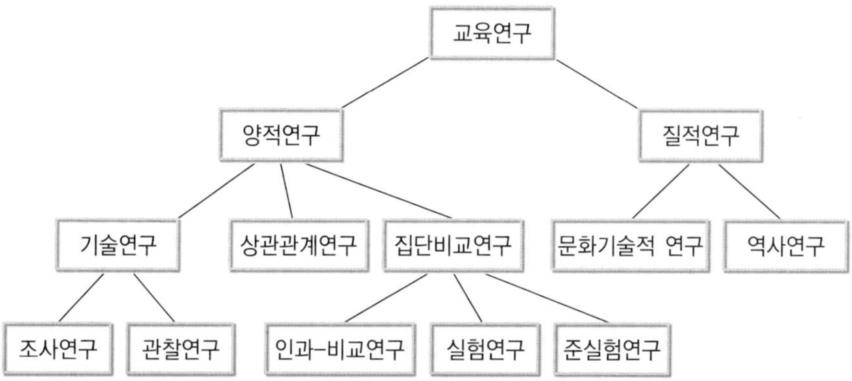

그림 1.4 교육연구의 분류

을 취한다. 즉, 사용하는 용어나 연구 방법, 서술 방식들이 서로 다르다는 의미다. 양적 연구와 질적 연구 간의 주요한 차이점을 요약하면 [그림 1.5]와 같다 (Gall, Gall & Borg, 2003).

	양적 연구	질적 연구
사회적 실체의 본질	• 객관적인 사회적 실체를 가정. • 사회적 실체는 시간과 장소에 관계없이 항상 동일함	• 사회적 실체는 거기에 참여하고 있는 사람들에 의하여 구성됨 • 사회적 실체는 상황에 따라서 끊임없이 구성됨
인과관계의 파악	• 기계론적 관점에서 사회적 현상들 간의 인과관계를 파악	• 인간의 의도가 사회적 현상들 간의 인과관계를 설명하는데 중요한 역할을 한다고 봄
연구자와 연구대상간의 관계	• 연구자는 연구대상과 분리된 객관적 입장을 유지	• 연구자는 연구대상과 밀접한 관계를 유지하고 관점을 공유
표본	• 모집단 전체 또는 대규모의 표본 연구	• 소규모의 사례 연구
연구내용	• 관찰가능한 인간의 행동을 연구 • 자연적 또는 인위적 환경에서 인간의 행동을 연구	• 각 개인들이 만들어낸 의미와 내적 현상을 연구 • 자연적인 환경에서 인간의 행동을 연구
연구방법	• 사회적 실체를 변인들로 분석	• 사회적 행동이 발생하는 맥락에서 총체적 관찰
자료수집	• 자료를 수집하기 전에 이론을 설정 • 사회적 현상을 설명하기 위하여 수치적 자료를 수집	• 자료를 수집한 후에 이론을 발견 • 사회적 현상을 설명하기 위하여 언어적, 도식적 자료를 수집
자료분석	• 자료를 분석하기 위하여 통계적 방법 사용	• 자료를 분석하기 위하여 귀납적 분석 방법 사용
일반화	• 추측통계를 적용하여 일반화	• 다른 유사한 사례를 찾음으로써 연구결과를 일반화
연구 보고서	• 객관적, 통계적 보고서	• 기술적, 해석적, 일화적 보고서

그림 1.5 양적 연구와 질적 연구의 비교

1. 양적 연구

양적 연구는 실증주의에 바탕을 두고 있으며, 객관적 실체를 가정하고 있다. 실증주의자들은 객관적인 관찰을 통하여 자연 현상과 사회 현상을 객관적이고 과학적으로 파악하려고 한다. 실증주의에 바탕을 둔 양적 연구자는 미리 가설을 설정한 다음에, 구체적으로 설계된 연구 절차에 따라 연역적으로 가설을 검증하는데 초점을 두고 있다. 연구자는 피험자와 분리되어 객관적 입장에서 측정 도구를 사용하여 자료를 수집하고, 수집된 자료를 수치화하여 자료를 분석하고, 통계적 방법으로 가설을 검증한다.

양적 연구의 일반적인 절차는 일반적으로 다음과 같다(성태제, 2006). 첫째, 가설(또는 연구문제)을 설정한다. 가설이란 변수들 간의 관계에 대한 잠정적인 진술로서, 이것은 이론과 경험에 의하여 설정된다. 둘째, 가설을 검증하기 위하여 실제 상황과 유사한 상황을 찾거나 설정한다. 셋째, 유사하게 설정한 상황에서 발생하는 자료를 수집한다. 실증주의에 입각한 양적 연구는 객관적 분석이 가능해야 하기 때문에 가시적으로 드러나는 자료를 수집해야 한다. 넷째, 수집된 자료를 통계적 방법으로 분석하여 가설을 지지하거나 기각한다.

기술연구 기술연구는 연구대상의 현재 상태에 관한 가설을 검증하기 위하여 실시한다. 연구대상의 특징을 판단하기 위하여 개인, 조직, 사건에 대하여 자료를 수집하고 여러 가지 통계적 기법을 동원하여 분석한다. 기술연구의 자료는 질문지, 면담, 관찰 등을 통하여 수집된다. 기술연구에는 실험처치와 같은 통제가 전혀 이루어지지 않는다. 예를들어, 수학학습에서 발생하는 학생들의 오류의 유형과 원인 분석 등은 기술연구의 범주에 속한다.

상관관계연구 상관관계 연구는 두 개 이상의 변인들 간의 상관관계를 조사하거나, 변인들 간의 상관관계를 이용하여 다른 변인의 변화를 예측하는 연구이다. 상관관계가 높다고 해서 인과관계를 의미하지는 않는다. 예를 들어, 자아개념과 수학성취도 사이의 상관관계가 높다고 해서 자아개념이 원인으로 작용하여 수학성취도를 높아졌다거나 반대로 수학성취도가 원인으로 작용하여 자아개념이 높아졌다는 것을 의미하지는 않는다. 인과관계는 인과-비교연구나 실험연구를 통하여 분석하게 된다. 예를 들어, 수학 불안과 수학성취도와의 관계를 상관관계연구로 수행할 수 있다.

인과-비교연구 이 연구는 어떤 집단의 행동 유형이나 성격 특성간의 인과관계를 밝히기 위한 연구이다. 그러나 인과-비교연구에서는 이미 발생한 원인을 분석하기 때문에, 원인을 조작하거나 통제하지 않는다. 즉, 인과-비교연구에서는 조작되지 않은 독립변인을 조작하지 않은 채 종속변인에서 어떠한 효과가 나타나는지를 분석한다. 수학적 문제해결력이 높은 학생들의 배경 원인을 분석하는 것과 같은 연구는 인과-비교연구의 예이다.

실험연구 이 연구도 인과-비교연구와 마찬가지로 어떤 집단의 행동 유형이나 성격 특성의 인과관계를 밝히기 위한 연구이다. 그러나 인과-비교연구와 달리, 실험연구에서는 이미 발생한 원인을 분석하는 것이 아니라 원인을 조작하거나 통제한다. 즉, 독립변인에 대한 실험 처치를 실시하여 종속변인에서 어떠한 효과가 나타나는지를 분석하는 연구이다. '탐구학습(독립변인)이 수학적 창의성(종속변인)에 미치는 영향'과 같은 연구는 실험연구의 예이다.

2. 질적 연구

질적 연구는 특정한 상황이나 환경에서 어떤 일이나 사건이 일어나고 있는지를 파악하고자 하는 것이다. 양적 연구가 객관적, 통계적, 가설검증적인 측면에 강조를 두는 반면에, 질적 연구는 주관적, 발견, 통찰, 해석적 측면에 강조를 둔다. 질적 연구의 특징은 다음과 같이 다섯 가지로 요약할 수 있다(Bogdan & Biklen, 2007).

첫째, 질적 연구에서는 자연적인 환경이 연구 자료의 직접적인 근원이며, 연구자 자신이 주된 연구 도구이다. 질적 연구에서 연구자들은 연구의 대상이 되고 있는 바로 그 환경에 직접 들어가서 어떤 일이 일어나는지, 그리고 어떤 역사적 상황이나 분위기에서 그러한 일들이 일어났는지를 이해하려고 시도한다. 이를 통하여 얻게 된 연구 자료들도 연구자가 기본적인 연구 도구라는 입장에서 해석되고 재검토된다.

둘째, 질적 연구는 기술적이다. 질적 연구는 '일화적'이라는 말로 표현되기도 한다. 그 이유는 질적 연구에는 직접 인용한 자료나 대화체적 내용이 포함되기 때문이다. 질적 연구에서는 철저하게 기술적인 자료의 수집을 시도한다. 예를 들어, 전사한 자료(프로토콜), 현장 기록, 사진, 비디오 테이프, 개인적 소품, 메모, 기타 기록물 등이 포함된다. 자료를 해석하는 과정에서, 질적 연구자들은 이들 자료를 수치화하려고 하지 않고, 자료들이 기록되거나 전사될 때의 처음 그 상태에서 분석을 시도한다.

셋째, 질적 연구에서는 결과나 산물보다는 과정에 관심을 갖는다. 과정을 분석하려는 질적 연구를 예로 들면, "수학수업에서 교사와 학생들은 어떻게 의미를 주고 받는가?", "교사의 기대에 의하여 학생들의 수학적 수행능력은 어떻게 영향을 받는가?"가 여기에 해당한다. 이 연구들은 어떤 현상으로 인하여 나타난 결과보다는 그 현상이 발생한 과정에 초점을 두고 있다.

넷째, 질적 연구에서는 수집된 자료를 귀납적으로 분석하는 경향이 있다. 질적 연구자들은 연구를 시작하기 전에 미리 갖고 있던 가설을 검증하기 위하여 자료나 증거를 수집하지 않는다. 오히려 연구자가 수집한 각각의 구체적인 자료들이 함께 통합되어 분석됨으로써 중요한 연구문제나 가설이 드러나게 된다. 이러한 방법으로 개발되는 이론은 서로 상호 관련된 많은 증거 자료들을 수집함으로써 생성된다. 이것은 위에서 아래로의 방식이 아닌 바닥에서 위로의 방식으로 현장이론(grounded theory)이라고 한다(Glaser & Strauss, 1967).

다섯째, 질적 연구에서는 '의미'가 매우 중요한 관심사이다. 질적 연구자들은 사람들이 그들의 삶에 의미를 부여하는 방법에 관심을 갖는다. 다시 말하자면, 질적 연구자들은 참여자들의 관점에 관심을 갖는다. 질적 연구자들은 연구하고 있는 사람들에 관하여, "그들은 어떤 경험을 하고 있는가?, 그들은 어떻게 자신의 경험을 해석하는가?, 그들은 자신이 살고 있는 세계를 어떻게 구조화하는가?"와 같은 점에 의문을 갖고 연구를 수행한다.

문화기술적 연구 문화기술적 연구는 문화인류학에서 시작된 연구 방법으로 어떤 문화의 특징을 과학적으로 설명하려는 연구이다. 문화기술적 연구자는 사회 현상을 있는 그대로의 기록에 초점을 맞추어 구체적이고 자세하게 기술하고자 한다. 대체로 문화기술적 연구는 연구자가 연구대상의 생활 속에서 참여관찰을 통하여 얻게 된 사람들의 가치, 지식, 기술을 정리하는 것에 관심을 갖고 있다. 즉, 연구대상이 되는 집단의 행동양식(언어, 태도, 인식, 가치, 행위 등)은 특정한 문화적 유형이나 사회문화적 환경에 근거해서 도출된다는 가정 하에, 그러한 행동 양식을 심도있게 기술하여 교육현상, 교육의 진행과정, 교육의 구조 등을 과학적으로 설명하려는 연구이다. 예를 들어, '수학수업에서 나타나는 사회수학적 규범 분석', '토의 학습에서 나타나는 학생들 사이의 수학적 상호작용 분석'이 문화기술적 연구의 예가 될 수 있다.

역사연구 역사연구는 과거의 사건을 연구하여 관련된 주제를 이해하고 설명하고자 하는 연구이다. 역사연구의 목적은 과거의 사건들의 인과관계 및 경향을 파악하고 결론을 내림으로써, 현재의 사건을 설명하고 미래의 사건을 예측하기 위한 것이다. 다른 연구보다 그렇게 많이 수행되지는 않지만, 과거의 경험에 비추어 더 잘 이해되고 해결될 수 있는 교육적 문제들도 많이 있다. 예를 들어, '수학과 교육과정의 변천과정 분석', '수학교과서의 단원구성 및 내용 전개 방식의 변천과정'과 같은 연구는 역사연구로 수행될 수 있다.

CHAPTER 02

연구주제 및 연구문제

- 연구주제의 선정
- 좋은 연구주제의 특성
- 연구주제의 진술
- 가설 또는 연구문제의 진술

1 연구주제의 선정

연구를 수행한다는 것은 적절한 연구주제를 선정하고, 선정된 연구주제에 대한 해답을 얻기 위한 과학적인 노력을 의미한다. 적절한 연구주제의 선정은 좋은 질문, 즉 교육적 상황과 관련된 중요한 질문을 던지는 것으로써, 연구주제를 선정하는 일은 초보 연구자가 가장 먼저 부딪히는 어려운 단계이다. 이는 연구하고자 하는 연구주제를 어느 영역에서 어떻게 선정해야 할까를 두고 고민하기 때문이다. 막상 연구주제를 선정하고자 하면 이미 다른 사람들이 연구를 모두 해 놓은 것처럼 느끼고 더 이상 연구할 문제를 발견해 내지 못한다. 그러나 사실 연구주제는 무궁무진하다.

예를 들어, 어느 연구자가 수학 수업에서 '소집단 협동학습의 효과'에 관심이 있다고 할 때, 소집단 협동학습의 효과를 무엇으로 보아야 하는가에 따라 수많은 연구주제를 선정할 수 있을 것이다. 물론 인지적 효과와 정의적 효과 모두에서 많은 연구가 되어 있기 때문에 연구가 더 이상 필요 없을 것처럼 느낄 수 있다. 하지만 이 분야의 연구들을 좀더 고찰해 보면, 의사소통에 관한 문제, 집단 구성 방법이 학습과 태도에 주는 영향에 관한 문제, 소집단 구성원들의 역할과 상호 작용의 영향에 관한 문제, 소집단 운영에 관한 교사의 역할에 관한 문제 등등과 같이 얼마든지 더 많은 연구주제들을 구체적으로 선정할 수 있을 것이다. 비록 방금 제시한 예들에 대해서도 많은 연구가 되어 있다고 하더라도 훨씬 더 구체적인 연구주제들을 선정할 수 있을 것이다.

그러나 수학교육에서 모든 문제가 다 연구 가능한 연구주제가 될 수는 없다. 예를 들어, "고등학교에서 이산수학을 가르치고 배워야 하는가?"라는 문제가 있을 때, 이 질문에 대답하기 위한 정보를 수집할 수 있는 방법이 없기 때문에 연구가 가능하지 못하다. 이 질문에 대한 답은 어디까지나 가치 판단에 의해서 결정될 문제이다. 즉, 가치는 옳고 그른 것, 적절하고 부적절한 것에 대한 개념이므로 사실적으로 관찰할 수 있는 근거가 없다. 이 문제에 대한 가치 판단은 사회적 요구, 국가적 요구, 철학적 요구, 학습자의 요구 등에 의해서 결정될 수 있다. 다만, "고등학교에서 이산수학을 가르쳐야 할 필요성에 대하여 관련된 사람들(예를 들면, 수학자, 수학교육학자, 수학교사 등)의 인식이 어떠한가?"라는 문제는 연구가 가능할 수 있다.

한편, 어떤 연구주제는 연구는 가능할 수 있으나 연구를 실행할 수 없는 경우가 있다. 연구가 가능하다는 것은 자료의 수집과 분석이 가능하다는 것을 뜻한다. 그러나 자료를 수집하는 것이 너무 어렵거나 윤리적인 문제에 봉착할 때 연구를 실행할 수 없을 수 있다. 예를 들어, '초등학생들의 수면 시간과 수학 학업 성취도와의 관계' 라는 연구주제를 가지고 실험연구를 하고자 할 때, 수면 시간을 연구자가 임의로 통제하게 되면 이것은 윤리적인 문제가 될 수 있으므로 연구를 실행할 수 없다. 윤리적인 문제라 함은 연구자가 피험자에게 정신적 또는 육체적 피해를 줄 수 있거나 피험자의 사생활을 침범해서는 안 된다는 의미를 갖는다. 그러나 이와 똑같은 연구주제를 가지고 조사연구를 할 때에는 연구를 실행할 수 있을 것이다. 다만 이와 같은 연구가 교육적으로 의미가 있는가의 여부는 또 다른 문제이다. 다른 예로, 한 연구자가 수학과 교육과정에 관심을 갖고 '6개 대륙에 있는 국가들의 수학과 교육과정 비교' 라는 연구주제를 가지고 연구하기를 원한다고 할 때, 물론 연구가 가능할 수는 있겠으나 자료의 수집과 분석이 만만치 않을 것이다. 엄청난 경비와 시간으로 인해 개인이 연구를 실행하기에는 역부족일 것이다.

연구주제를 선정하기 위한 표준화된 일련의 절차는 없다고 하더라도 적어도 몇 가지 요인을 고려하는 것은 연구주제를 선정하는 데 있어서 도움이 될 수 있다.

첫째, 연구주제는 연구자 개인뿐만 아니라 적어도 교육 공동체가 함께 인식하고 있는 공통 관심사이어야 한다. 교육적 맥락에서 선정된 연구주제들이 그 연구주제들과 관련된 연구 영역에서 어떤 위치에 있는지 또는 어떤 입장인지가 확실해야 한다. 이를 확실하게 하기 위해서 연구주제와 관련된 지식 또는 정보가 충분해야 한다. 연구주제는 연구하고자 하는 연구주제와 관련된 정보 또는 경험이 전혀 없는 상태에서 수행될 수는 없다.

둘째, 연구주제에 대한 독창성의 문제로, 연구주제는 항상 관련된 지식을 확장하거나 당면한 문제해결에 초점을 두어야 한다. 선정된 연구주제는 관련된 교육 영역에서 실제적이거나(교육현장에 적용 가능하거나) 또는 지식을 확장하기 위한 이론을 개발함으로써 교육에 공헌할 수 있어야 한다.

셋째, 연구자가 연구를 수행할 수 있는 연구주제인가의 문제이다. 연구를 수행하기 위해서는 기본적으로 자료 수집이 가능한가?, 연구자의 노력과 경비가 충분한가? 등을 먼저 고려해야 한다.

넷째, 연구주제를 선정하기 위해서는 연구하고자 하는 영역에서의 이론과 선행연구를 고찰하는 것이 필요하다. 선행연구로부터 유도된 연구주제는 교육에서 참된 과학적 발전에 공헌한다는 입장에서 바람직할 뿐만 아니라 그 이론에 기초해서 연구주제를 선정할 때 연구주제가 보다 명료화될 수 있다. 또한 현재의 연구 현황을 살펴보는 것은 연구주제를 선정하게 된 당위성을 제시할 수 있다. 물론 연구자의 경험에서 연구주제를 선정할 수 있으나 경험 그 자체만으로는 연구주제를 선정한 당위성을 제시하기에는 부족하기 때문에, 그 경험을 뒷받침해 줄 수 있는 이론을 찾아야 할 것이다.

비록 연구주제를 선정하는 표준적인 단계는 아니라 하더라도, 연구주제를 선정하는 데 있어서 위에 제시된 고려사항들을 항상 염두에 두면서 다음과 같은 단계로 연구주제를 구체화할 수 있을 것이다.

첫 번째 단계는 우선 관심이 있는 일반적인 연구주제를 선정하는 일이다. 예를 들면, 교육과정, 평가, 교수 방법, 문제해결, 개인차, 학습 프로그램의 효과, 학습태도, 수학교사의 역할, 수학교실의 규범, 수학적 창의성, 학생들의 수학적 능력, 등등과 같이 많은 전문적인 영역을 생각할 수 있을 것이다. 물론 이 예들은 서로 배타적이기보다는 서로 관련되어 있을 수 있다는 점에 유의해야 한다. 일단 연구해야 할 연구주제가 결정되면 가급적 관련된 많은 정보(또는 문헌 등)를 수집하고 그 분야에 대한 지식과 이해를 향상시킬 수 있도록 노력해야 한다.

두 번째 단계에서는 일반적인 연구주제로 부터 연구 가능한 특수한 연구주제로 연구의 범위를 좁혀 나가야 한다. 연구주제를 좁히기 위한 주요한 방법은 선정된 연구분야의 현재의 상태에 대하여 개관 또는 요약을 하는 것이다. 이것은 연구의 배경이나 연구의 필요성을 진술할 때 배경 설명에 필요한 부분이 되기 때문에 매우 중요하다. 예를 들어, 한 연구자가 '초등학생들의 수학적 능력'에 관심이 있다고 하자. 이 연구자는 특정한 내용(예를 들면, 자연수 또는 분수 계산 능력, 도형 개념 이해 능력, 공간 감각 능력, 수와 연산에서의 감각 능력, 측정 능력, 어림 능력, 방정식 해결 능력, 등등)에서의 수학적 능력으로 연구주제를 좁힌 다음, 이 분야에서의 연구 현황이 어떤가를 조사할 필요가 있다. 그리고 이를 바탕으로 더 연구해야 할 연구주제를 발견하는 것이 필요하다. 또 다른 예를 들어 보면, '수학적 창의성'에 관심이 있는 연구자가 있다고 하자. 이 연구자는 수학적 창의성에 관련된 정보들을 수집한 다음, 특정한 내용(개인차, 훈련 방법, 측정과 평가 방법, 등등)으로 연구주제를 좁힌 다음, 이 분야에서의 연구 현황이 어떤가를 고찰하고, 이를 바탕으로 더 연구해야 할 연구주제를 발견할 수 있을 것이다.

2 좋은 연구주제의 특성

넓은 의미에서 본다면, 연구자가 어떤 현상에서 나타나는 문제점을 인식하고 그것을 해결하고자 하는 의문은 모두 연구주제가 될 수 있다. 그러나 모든 의문이 연구주제가 될 수 있는 것은 아니다. 그러한 의문들 중에는 연구하기 매우 어렵거나 불가능한 것도 있기 때문이다. Powers외(1985)에 따르면, "우리 주변에는 잠재적으로 가능한 연구주제들이 많이 있으나, 그것들을 유의미한 방법으로 구성하는 것은 쉬운 일이 아니다."(p.38) 연구의 수행 가능성은 연구기간, 소요비용, 표집 가능성, 기타 여건과 수행능력 등에서 면밀히 검토되어야 한다. 가령, 정신지체아동의 계산 능력 개발을 위한 수업 프로그램의 효과를 연구한다고 할 때, 연구자는 우선 정신지체아동을 표집할 수 있어야 한다. 즉, 그런 아동을 연구에 참여시키려면 아동의 부모, 학교, 담임교사의 허락과 협조를 얻을 수 있어야 한다. 아울러 연구기간과 비용의 측면을 고려한다면 연구 자체가 불가능할 수도 있을 것이다. 또한 연구자는 연구주제와 관련하여 여러 분야에 대한 이론적 지식이 있어야 하며, 연구를 수행하는데 적용되는 연구방법론에 대해서도 많은 지식이 있어야 한다.

연구자의 관심과 학문적 성숙 및 노력에 따라 연구주제가 선택되는데, 연구를 성공적으로 수행하기 위해서는 명료하고 좋은 연구주제를 선정해야 한다. 좋은 연구주제는 다음과 같은 특성을 갖고 있다.

첫째, 연구 가능한 연구주제이어야 한다. 앞에서도 언급한 바와 같이, 연구 가능한 연구주제라 함은 자료의 수집과 분석이 가능해야 한다.

둘째, 실제적 또는 이론적으로 교육에 공헌할 수 있는 연구주제이어야 한다. 즉, 교육현장에서 또는 교육적 지식의 확장에 도움이 될 수 있는 연구주제이어야 한다.

셋째, 연구자 개인에게 도움이 되는 연구주제이어야 한다. 다시 말하면, 연구를 통해서 연구자가 새로운 지식을 획득함은 물론, 연구자 개인의 현재의 전문성을 보다 풍부하게 해 줄 수 있는 연구주제이어야 한다는 의미이다.

3 연구주제의 진술

좋은 연구주제를 선정하였다면 적절하게 진술되어야 한다. 그 연구가 효과적으로 진행될 수 있는 형태로 되기 위해서는 통상적으로 어떤 재작업이 필요하다. 만일 연구주제가 애매하거나 과도하게 광범위한 용어들로 진술된다면, 실제로 무엇이 조사되었는지 불분명하기 때문에 연구결과를 적용하는 데 있어서 어려움이 있을 것이다. 특히 초보 연구자일수록 연구주제를 너무 광범위하게 진술하는 경향이 있다. 예를 들면, '수학적 사고력 신장을 위한 함수지도 방법'과 같은 연구주제가 대표적인 예가 될 수 있다. 왜냐하면, '수학적 사고력 신장'이라는 표현은 매우 넓은 의미를 내포하고 있으며, '함수지도'라는 표현 역시 수학 내용 중 특수한 한 분야의 내용이지만 '함수'라는 내용조차도 범위가 매우 넓다. 따라서 이 연구는 연구의 범위가 너무 광범위하기 때문에, 연구결과를 도출하고 적용하는데 어려움이 있게 된다.

다음의 예들은 처음에 연구주제를 선정한 다음, 재작업을 통해서 구체적으로 진술한 것을 보여주고 있다. 특히, 앞에서 언급한 연구주제의 선정 단계와 관련지어 생각하면 연구주제를 명료화 하는데 도움이 될 것이다. 즉, 최초의 진술은 연구주제의 선정에서 연구자가 관심 있는 영역을 나타내며, 재작업의 진술은 연구자가 연구 가능한 연구주제로 좁힌 것을 보여 준다.

〈예 1〉 최초: 초등학교 학생들의 수학적 문장제 지도
재작업: 분석적 방법을 통한 초등학교 6학년 학생들의 수학적 문장제 지도 효과

〈예 2〉 최초: 초등학교 5-6학년 학생들의 분수 계산 지도
재작업: 탐구학습을 통한 초등학교 5-6학년 학생들의 분수 계산 지도 효과

〈예 3〉 최초: 수학적 창의성
재작업: 개방형 교수법이 초등학교 4학년 학생들의 수학적 창의성에 미치는 효과

재작업: 초등학교 4학년 학생들의 수학적 창의력과 관찰력과의 상관관계

〈예 4〉 최초: 대수적 사고
재작업: 중학교 학생들의 대수적 사고의 발달에 관한 특성 분석
재작업: 중학교 1학년 학생들의 대수적인 일반화 능력 분석

〈예 5〉 최초: 중학생들의 수학적 추론 능력
재작업: 중학교 학생들의 추론 능력 발달에 미치는 성장 배경 요인 분석

〈예 6〉 최초: 고등학교 학생들의 수학적 능력
재작업: 고등학교 2학년 학생들의 이차방정식 문제 해결에서 나타난 오류의 유형과 원인 분석

연구주제의 진술은 연구를 수행하는 데 있어서 연구자에게 바람직한 방향을 제공해 주도록 명료하게 진술되어야 한다. 위의 모든 예에서는 모집단을 제한하여 정의하기 위하여 학교급과 학년이 제시되어 있으며, 또한 연구방법과 절차를 암시하고 있음을 알 수 있다. 그러나 연구주제의 진술 그것만으로는 단지 연구를 위한 일반적인 방향만을 제공할 뿐이지 가설과 연구문제와 같은 구체적인 정보를 포함하지는 않는다. 명확한 연구의 방향을 정하기 위하여 연구자는 연구주제를 좀더 구체화한 가설(또는 연구문제)을 제시하지 않으면 안 된다.

4 가설 또는 연구문제의 진술

가설은 선정된 연구주제에서 직접적으로 유도되며, 이 가설은 연구결과에 대한 짐작이나 추측 또는 기대를 나타내는 선언적 형태로 진술한다. 일반적으로 가설은 어떤 현상에 대한 일반화를 추구하는 특성을 취하게 되며, 가설검증이라는 접근법에 의해 추측했던 가설을 '지지' 또는 '기각' 하는 결정을 내리게 된다. 여기서 '지지' 의 의미는 연구자가 짐작이나 추측 또는 기대했던 대로 그

결과가 나왔다는 것을 의미하며, '기각'은 짐작하거나 추측했던 대로 나오지 않았다는 것을 의미한다. 연구자들의 기호에 따라 가설 대신 연구문제를 사용하는 경우도 많다. 연구문제는 반드시 의문문의 형태로 진술하게 되며, 연구문제에 대한 결과 분석은 가설검증과 같은 분석방법을 사용하게 된다. 또한 연구결과를 진술할 때는 기각 또는 지지라는 표현을 구태여 사용할 필요는 없다.

1. 가설설정의 목적과 좋은 가설의 특성

가설설정의 목적 가설은 발생되었거나 발생될 어떤 행동, 현상, 또는 사건을 위한 잠정적인 설명으로서, 연구주제에 포함되어 있는 변인들 간의 관계에 대한 연구자의 짐작이나 추측 또는 기대를 진술한다. 연구는 연구자가 관심 있는 연구주제에 대하여 참과 거짓을 판단하기 위한 증명을 하는 것이 아니라, 연구주제 자체에 내포되어 있는 보다 구체적인 의문들에 답하기 위하여 수집된 자료를 분석한 결과를 제시하는 것이다. 통상적으로 가설은 연구를 수행하기 전에 잠정적으로 설정하지만, 연구를 수행하는 과정에서 특히 문헌을 검토한 후 변인들 간의 관계를 보다 명료하게 하기 위해 또는 연구자의 제반 사정 특히 연구자의 연구 가능성을 고려해 수정 · 보완될 수 있다.

가설은 일련의 연구 과정 전체에 결정적인 영향을 주기 때문에 가설을 설정하는 작업은 연구 과정에서 매우 핵심적인 부분이다. 즉, 가설은 연구 대상, 측정도구, 연구설계와 절차, 자료수집과 분석, 그리고 결론에 영향을 준다. 가설은 연구자의 주관적 선택이 아니라, 이론적 또는 경험적 근거를 바탕으로 설정되기 때문에, 연구자는 가설설정의 배경 및 근거를 논리적으로 설명할 수 있어야 한다.

좋은 가설의 특성 가설은 연구자의 경험만으로 설정될 수는 없다. 관련된 영역에 관해서 충분한 문헌검토를 한 후에 설정될 때, 연구의 이론적 근거가 분명하며 연구의 타당성을 인정받을 수 있다. 그러므로 좋은 가설은 이전의 연구와 관련되어야 하며 그 분야에 대한 지식을 확장하는 데 공헌을 할 수 있어야 한다. 또한 가설은 합리적인 설명으로 진술되어야 한다. 예를 들어, 어떤 학급의 학생들이 다른 학급에 비해 수학 성적이 현저히 나쁘다고 했을 때, 성적이 나쁜 이유를 “학생들이 늦잠을 많이 자기 때문이다. 또는 안경을 쓴 학생이 다른 학급에 비해 많기 때문이다.”라고 가설을 세운다면, 이것은 합리적이지 못할 것이다. 대신 “학생들의 수학 학습에 대한 태도가 현저히 불량하다. 또는 지도교사의 특수한 교수법이 학생들에게 적절치 못하다.”라는 설명이 보다 합리적인 가설일 수 있다.

좋은 가설은 변인들 간의 관계를 측정 가능한 용어로 정의하고, 명백하고 간결하게 진술한다. 간결하지만 명백하게 진술된 가설은 독자들이 보다 쉽게 이해할 수 있으며, 적절한 검증 방법을 선택할 수 있게 하고, 자료분석 후에 결론을 용이하게 내릴 수 있게 한다. 마지막으로 잘 진술되고 정의된 가설은 검증 가능해야 한다. 다시 말하면, 자료를 수집하고 분석하는 것이 가능해야 하며, 이를 바탕으로 가설을 지지하거나 기각하는 것이 가능해야 한다. 예를 들어, “수학을 가르치기 위한 가장 좋은 방법은 학생들의 두뇌를 수학적인 두뇌로 전환하는 것이다.”라고 가설을 설정했다면, 이 가설은 자료수집과 분석이 가능할 것인가? 또한 검사가 가능할 것인가? 결론적으로 이 가설은 검증이 가능하지 않을 것이다.

Mason과 Bramble(1978)은 가설을 진술할 때 유의해야 할 점을 다음과 같이 제시하였다.

첫째, 선언적 형태로 제시되어야 한다.

둘째, 두 개 또는 그 이상의 변인들 간의 관계를 설명해야 한다.

셋째, 검증 가능해야 한다.

넷째, 제시된 변인들 또는 관계들에는 애매성이 없어야 하며, 이를 위해 변인들이 조작적으로 정의되어야 한다.

다섯째, 기존의 지식이나 연구를 바탕으로 연구결과에 대한 추측이 반영되어야 한다.

2. 가설 또는 연구문제의 진술

가설은 어떻게 유도되는가에 따라 귀납적 가설과 연역적 가설, 또는 어떻게 진술되는가에 따라 영가설(귀무가설)과 대립가설(연구가설)로 분류될 수 있으며, 필요에 따라 다른 형태로 진술될 수 있다.

귀납적 가설과 연역적 가설 귀납적인 가설은 관찰에 기초한 일반화이다. 여러 상황에서 특수한 사례들을 통하여 공통적인 현상을 서로 관련짓기 위하여 잠정적인 설명, 즉 귀납적 가설이 설정된다. 예를 들어, 중학교 학생들의 대수적 사고의 발달에 대하여 연구하고자 할 때, 중학교 1-3학년 학생들의 공통적인 사고 과정에 나타날 수 있는 공통적인 현상을 가설로 설정할 수 있을 것이다.

연역적 가설은 이론으로부터 유도되며, 주어진 이론을 지지하고 확장하고, 또는 반박하는 증거를 제시하고 앞으로의 연구를 시사함으로써 교육에 공헌한다. 예를 들어, Bruner가 주장한 수학학습 원리인 '대조와 다양화의 원리'로부터 "수학적 개념 지도에서 예와 예가 아닌 것의 다양한 제시는 학생들의 오개념 형성을 예방하는데 도움을 줄 것이다."와 같은 가설을 유도한 다음, 이 가설을 검증함으로써 이 이론을 지지하거나 반박할 수 있을 것이다.

영가설과 대립가설 일반적으로 연구에서 검증하는 가설을 영가설이라고 하고, 영가설과 반대되는 진술을 대립가설이라고 한다. 영가설과 대립가설을 설정하는 배경에는 연구를 통하여 범할 수 있는 오류 즉 잘못된 판단과 관련이 있다. 예를 들어, 전통적인 수학 교수법과 컴퓨터를 활용한 수학 교수법에 의하여 수학성취도에 차이가 있는가를 연구할 때, 연구자가 범할 수 있는 오판은 두 가지 경우이다. 즉, 두 교수법에 의한 수학성취도에 차이가 없는데 차이가 있다고 판단하거나 두 교수법에 의한 수학성취도에 차이가 있는데 차이가 없다고 판단하는 경우이다. 두 오판 중에서 심각한 오판은 두 교수법에 의한 수학성취도에 차이가 없음에도 불구하고 차이가 있다고 판단하는 경우이다. 이런 오판을 하게 되면, 학생들에게 컴퓨터를 활용한 수학 교수법을 강요할 수 있기 때문이다. 영가설은 심각한 오판을 피하기 위한 내용으로 진술되고 대립가설은 영가설의 반대되는 사실로 진술된다. 결국, 영가설은 연구자의 주장과 반대되는 진술이고, 대립가설은 연구자의 주장을 잠정적으로 나타낸 진술이다. 위의 예에서 영가설은 "두 교수법에 따른 수학성취도에는 차이가 없다"가 되고, 대립가설은 "두 교수법에 따른 수학성취도에는 차이가 있다"가 된다.

영가설의 단점은 연구자가 연구 결과, 문헌에 기초한 기대, 통찰, 그리고 논리에 대한 진정한 기대를 거의 표현하지 않는다는 것이다. 즉, 영가설은 변인 간에 관계 또는 차이가 없다는 것으로 진술되기 때문에, 관찰에서 발견된 현상들의 관계가 진정한 관계가 아니고 우연한 관계라고 보고 진술한다. 영가설의 이러한 단점을 보완하기 위한 한 가지 접근방법은 연구자가 기대하는 연구결과를 바탕으로 대립가설을 설정하는 것이다.

다음의 〈예 1〉은 위의 제시된 가설을 영가설로, 〈예 2〉는 대립가설로 나타낸 것이다.

〈예 1〉 탐구방법으로 이분모 분수의 덧셈과 뺄셈 원리를 학습한 5학년 학생들과 전통적인 방법으로 학습한 학생들은 분수계산력에 유의미한 차이가 없을 것이다. (영가설)

〈예 2〉 탐구방법으로 이분모 분수의 덧셈과 뺄셈 원리를 학습한 5학년 학생들과 전통적인 방법으로 학습한 학생들은 분수계산력에 유의미한 차이가 있을 것이다. (대립가설)

지시적 가설과 비지시적 가설 연구가설은 연구자가 자료 수집과 분석을 통하여 검증할 때 변인들 간의 관계에 대하여 짐작이나 추측 또는 기대하고 있는 결과를 진술한다. 연구가설은 지시적(또는 지향적) 가설로 진술되거나 비지시적(또는 비지향적) 가설로 진술된다. 지시적 가설은 관계 또는 차이의 상태를, 비지시적 가설은 단순히 관계 또는 차이가 존재한다는 것을 나타낸다.

예를 들어, '탐구방법을 통한 분수계산학습이 5학년 학생들의 분수 계산력에 미치는 효과' 라는 연구주제에 대하여, 다음의 〈예 3〉은 지시적 가설, 〈예 4〉는 비지시적 가설로 나타낸 것이다.

〈예 3〉 탐구방법으로 이분모 분수의 덧셈과 뺄셈 원리를 학습한 5학년 학생들은 전통적인 방법으로 학습한 학생들보다 분수 계산력이 높을 것이다. (지시적 가설)

〈예 4〉 탐구방법으로 이분모 분수의 덧셈과 뺄셈 원리를 학습한 5학년 학생들과 전통적인 방법으로 학습한 학생들은 분수 계산력에 유의미한 차이가 있을 것이다. (비지시적 가설)

기대하고 있는 연구 결과에 대하여 확신이 있을 때는 지시적 가설로 진술할 수 있으나, 연구 결과가 어느 방향에서 더 좋은 결과가 나올지에 대하여 확신이 없을 때에는 비지시적 가설로 진술하는 것이 좋다. 지시적 가설과 비지시적 가설들은 통상적으로 서로 다른 유형의 통계적 검증 방법, 즉 지시적 가설 검증은 단측검증(one-tailed test) 방법을, 비지시적 가설 검증은 양측검증(two-tailed test) 방법을 사용한다(검정방법은 11장에서 자세하게 취급될 것이다).

연구문제의 진술 앞에서도 언급한 바와 같이, 연구자의 기호에 따라 가설로 진술하지 않고 의문문 형태의 질문으로 대신하는 경우도 많다. 예를 들어, 위에서 제시한 〈예 1〉, 〈예 2〉, 〈예 3〉, 〈예 4〉의 가설은 〈예 5〉와 같이 하나의 질문으로 대신할 수 있다.

〈예 5〉 탐구방법으로 이분모 분수의 덧셈과 뺄셈 원리를 학습한 5학년 학생들과 전통적인 방법으로 학습한 학생들은 분수 계산력에 유의미한 차이가 있는가? (연구문제)

3. 용어의 정의

연구주제, 가설 또는 연구문제들은 변인들과 조건들을 나타내기 위하여 특별한 용어들을 사용해서 진술한다. 이 용어들은 연구주제의 연구 맥락에서 의미가 있어야 하며, 이들 특별한 용어들에 대한 의미를 제시하는 것이 필요하다.

상수와 변인 상수는 연구대상자인 모든 개개인에 대한 동일한 조건 또는 특성을 가리키며, 변인(또는 변수)은 서로 다른 개개인을 위한 서로 다른 가치 또는 조건을 취하는 특성이다. 예를 들어, 어떤 연구자가 중학교 1학년 학생들의 수학성취도에 대한 서로 다른 두 교수방법의 효과에 관심을 갖고 연구를 수행한다고 할 때, '학년수준'은 연구대상자들이 모두 중학교 1학년 학생들이기 때문에 상수이다. 이 특성은 모두에게 동일하며 일정한 조건을 나타낸다. 서로 다른 교수방법들이 적용된 후, 연구에 참여한 중학교 1학년 학생들은 수학성취도 검사를 사용하여 수학성취도를 측정할 수 있는데, 이 때 이 학생들 모두가 이 검사에서 동일한 점수를 받을 가능성은 거의 없다. 즉, 적어도 모든 개개인들은 동일한 점수를 얻지 못할 것이기 때문에 수학성취도 검사에 대한 점수는 변인이 된다. 이 예에서 또 다른 변인을 찾을 수 있다. 즉, 교수방법이 그것이다. 수학성취도 점수는 다양한 척도를 통하여 다양한 측정값으로 표현될 수 있는 양적 변인이지만, 교수방법은 단지 두 개의 범주(두 개의 교수방법)로 구성되는 범주적 변인으로서 '조건' 변인이라 할 수 있다. 다시 말하면, 연구에 참여한 중학교 1학년 학생들은 두 교수방법 중 어느 하나에 대응되어 참여하도록 분류된다.

독립변인과 종속변인 위의 예에서 보듯이 변인들에는 또 다른 변인의 유형이 있다. 연구에서 자주 언급되는 독립변인과 종속변인이 바로 그것이다. 이 변인들은 원래 수학에서 유래한 변인들로써, 독립변인은 종속변인에 영향을 준다고 가정하는 변인이며, 종속변인은 독립변인에 의해 영향을 받는다고 가정하는 변인이다. 통상적으로 독립변인은 조작(manipulation) 또는 처치

(treatment)되는 것으로 생각하는 경향이 있으나, 독립변인 모두가 그런 것은 아니다. 예를 들면, 실험연구를 암시하고 있는 '분석적 방법을 통한 초등학교 6학년 학생들의 수학적 문장제 지도효과'에서, 독립변인은 분석적 방법으로서 이것은 조작되는 변인이고, 지도 효과를 문장제 해결능력을 측정한 점수로 한다면 문제해결 점수가 종속변인이 된다. 그러나 다른 예로 인과-비교연구인 '중학생들의 추론능력 발달에 미치는 성장배경 요인분석'에서 독립변인은 성장 배경 요인들이며, 이 요인들은 이미 발생된 요인들로 연구자가 조작할 수 없다. 또한 이 연구에서 종속변인은 추론능력 발달의 정도이다.

다른 가능한 변인들의 유형 어떤 연구에서든 연구결과에 영향을 줄 가능성이 있는 변인(이 변인들은 통제되지 않은 독립변인임)들이 있을 수 있으며, 이러한 변인들을 통틀어 외래변인(extraneous variables)이라고 일컫는다. 이러한 변인들은 연구자가 그 영향을 제거하거나 최소화할 수 있도록 통제해야 한다. 예를 들면, 실험연구에서 학생의 학습 양식, 교사의 인성과 교수방법 양식 등은 연구결과에 영향을 줄 수 있는 대표적인 변인으로 중재변인(intervening variables)이라고도 부른다. 외래변인들을 통제하기 위한 방법은 6장에서 자세하게 다룰 것이다.

용어의 개념적 정의와 조작적 정의 어떤 연구에서든 주요 변인들과 조건들은 정의되어야 한다. 주요 변인에 대한 정의는 그 변인의 의미를 밝히는 개념적 정의(conceptual definition)와 그 의미를 갖고 있는 변인을 어떻게 측정할 것인지를 설명하는 조작적 정의(operational definition)가 있다. 용어의 정의를 내리는 목적은 연구자의 연구결과를 다른 사람들과 공유하는데 해석상의 오류를 방지하기 위한 것이다. 연구에서 변인들과 조건들은 개념적으로 정의되어야할 뿐만 아니라 조작적으로 정의되어야 한다. 연구주제나 가설 또는 연구문제에 포함된 변인이나 조건들이 애매하게 제시되는 경우가 흔히 있다. 다음의 예를 살펴보기로 하자.

연구주제: 분석적 방법을 통한 초등학교 6학년 학생들의 수학적 문장제 지도 효과
연구 문제: 1. 분석적 방법과 전통적 방법과의 차이
1-1. 분석적 방법을 적용한 학생들과 전통적 방법을 적용한 학생들은 문장제에 제시된 수량 관계를 이해하고 표현하는 능력에서 차이가 있는가?
1-2. 분석적 방법을 적용한 학생들과 전통적 방법을 적용한 학생들은 문장제 해결 능력에서 차이가 있는가?
연구 문제: 2. 분석적 방법과 전통적 방법의 특정 집단에서의 효과
2-1. 분석적 방법과 전통적 방법은 수학적 능력이 각각 상, 중, 하인 학생들 중 어느 집단에서 더 효과적인가?

위의 예에서, '분석적 방법과 전통적 방법', '초등학교 6학년 학생들', '수학적 문장제와 해결 능력', '수량관계를 이해하는 능력과 표현하는 능력', '수학적 능력과 상, 중, 하 수준' 등의 용어들은 그 의미가 분명하지 않다. 본 연구의 수행에서 '분석적 방법과 전통적 방법'은 어떤 특징을 가지고 있으며, 서로 어떤 점에서 차이가 있는지가 분명해야 하며, 또한 '수학적 문장제'는 어떤 내용(예를 들면, 일차방정식)의 범위에서 어떤 종류(예를 들면, 농도문제, 속도문제)의, 또한 어떤 수준(예를 들면, 일단계 또는 다단계)의 문장제인지가 명확하지 않으면 독자들이 혼란을 느낄 수 있다. 특히 '해결 능력', '이해하는 능력', '표현하는 능력', '수학적 능력과 상, 중, 하 수준'과 같은 용어들은 양으로 측정하기 위하여 어떤 도구를 사용하고, 그 능력들을 어떻게 판단해야 할 것인지에 관한 과정 또는 조작을 분명하게 제시하지 않으면 안 된다. 이와 같은 노력을 용어에 대한 '조작적 정의'라 부른다. 즉, 조작적 정의는 특정 현상이나 상태가 존재하는지를 확인하기 위하여 연구자가 그것들을 유발시키기 위해 실행하는 조작이나 조건들을 진술하는 것이다(김병성, 1995).

용어에 대한 조작적 정의는 연구결과를 일반화하는 데에 도움이 되기 때문에 이론적 근거를 바탕으로 수요자가 합의할 수 있는 타당한 의미에서 정의해야 하며, 지나치게 엉뚱한, 다시 말하면 연구자 개인에게만 의미가 있는 그런 의미로 정의하지 않도록 유의해야 한다. 또한 글로 용어를 정의하는 과정에서

그 의미를 정확하게 전달하기에 어려움이 있을 때는 예를 가지고 그 의미를 보충 설명하는 경우도 좋은 방법이 될 수 있다.

CHAPTER

03 문헌검토

- 문헌검토의 목적과 중요성
- 문헌검토의 범위와 출처
- 문헌검토의 절차 및 요약

1 문헌검토의 목적과 중요성

연구자가 연구를 수행하는 초기에 가장 필수적으로 해야 할 과제 중 하나는 연구와 관련된 문헌들을 세밀히 조사하는 것이다. 연구주제를 선정한 후, 연구가 적절한 맥락에서 진행될 수 있도록, 그리고 연구가 효과적으로 진행될 수 있도록 하기 위해서는 연구주제와 관련된 정보가 필요하다. 이러한 문헌을 고찰하는 것은 많은 시간이 요구되며, 때로는 힘이 들고 지겨운 일이 될 수도 있다. 그러나 문헌을 고찰함으로써 자신의 연구문제를 명료화하고 구체화할 수 있으며 연구방법을 세련화시킬 수 있다. 그리고 연구주제와 관련된 지식의 기반을 확장할 수 있기 때문에 반드시 필요한 일이다.

문헌의 검토는 연구자가 연구하고자 하는 연구주제에 적합한 정보를 손쉽게 얻기 위하여 연구주제에 관련하여 다른 연구자들이 무엇을 발견하였는가를 알아보기 위하여 시도하는 활동이다. 이 활동은 다음과 같은 세 개의 질문에 초점을 두고 진행한다.

① 정보를 어디에서 찾을 수 있는가?
② 정보가 발견된 후에 무엇을 해야 하는가?
③ 그 정보로 무엇을 할 것인가?

첫 번째 질문은 정보를 찾을 수 있는 장소를 의미한다. 정보를 손쉽게 찾을 수 있는 곳은 우선 도서관이나 마이크로필름 카드(microfiche) 또는 인터넷 웹사이트일 것이다. 컴퓨터를 이용하여 연구주제와 관련된 핵심 단어를 검색하면, 유용한 정보를 얻을 수 있다. 두 번째 질문은 발견한 정보들을 어떻게 조직하고 요약할 것인가를 의미한다. 세 번째 질문은 찾은 정보들이 연구주제에 적합한가의 여부를 판단하는 것을 의미한다. 이 질문은 비판적 분석과 관련된 것으로 찾아 낸 정보들을 여러 가지 관점, 즉 연구방법과 절차는 잘 수행되었는지, 연구주제와 직접적으로 관련된 정보인지 등등에 관한 생각을 하도록 하게 한다.

훌륭한 연구가 되기 위해서는 많은 시간과 노력을 기울여 문헌검토를 해야 한다. 문헌검토는 다음과 같은 목적으로 수행된다. 첫째, 연구자가 수행하려는 연구주제와 관련된 연구가 이미 수행되었는가를 판단하기 위한 것이다. 이것은 연구의 중복을 피할 뿐만 아니라 연구주제에 적절한 논리적 틀의 개발을 위한 이해와 통찰을 제공한다. 다시 말하면, 문헌검토는 연구자에게 무엇이 행해졌고, 또 무엇이 행해져야 할 필요가 있는가에 대한 정보를 제공함으로써 연구자가 가설 또는 연구문제를 설정하는 근본적인 이유와 연구의 타당성을 제시하는 근거가 될 수 있다. 즉, 이 타당성은 연구의 필요성에 대한 근거가 될 수 있다. 예를 들어, 연구주제가 '중학교 2학년 학생들의 수학성취도에 대한 문제해결학습과 전통적인 학습의 효과 비교' 라고 하자. 10여편의 관련된 연구가 이미 수행되어 이들 연구에서 수학 성취도에 유의미한 차이가 없었지만, 이 연구들 중 일부는 문제해결 학습이 어떤 특수한 종류의 학생들에게는 다른 학생들보다 더 효과가 있다는 것을 암시하고 있을 수 있다. 이 때 연구자는 특수한 종류의 학생들에 대한 수학성취도에 대하여 같은 연구를 하기 위한 연구주제를 재설정할 수 있을 것이다. 따라서 연구의 필요성을 진술할 때 관련된 연구들을 분류하고 진술해 줌으로써 연구자가 수행하려는 연구가 어떤 입장에서 교육에 공헌할 수 있는가를 명백하게 제시할 수 있다.

둘째, 연구 가능한 연구문제를 선택할 수 있으며 구체화할 수 있다. 학회지나 학회에서 발표되는 논문, 또는 학위 논문은 결론 뒤에 앞으로 연구를 더 행하였으면 하는 연구주제들을 제언하고 있기 때문에, 이를 통하여 새로운 연구주제를 발견할 수 있다. 또한 관심 있는 연구 분야에 대한 문헌검토를 통하여 특정 분야에서 구체화된 연구문제들을 설정할 수 있다. 예를 들면, 중학생들의 기하 증명에 대하여 관심이 있을 때, 이 분야에 대한 문헌검토를 통하여 중학생들의 기하 증명에 대하여 어떤 내용을 더 연구해야 할 것인가를 발견할 수 있을 것이다. 즉, 중학생들의 기하 증명의 어려움의 원인은 무엇인지, 기하 증명을 보다 효과적으로 학습시킬 수 있는 방법은 무엇인지, 기하 증명에서 나타나는 체계적인 오류의 유형과 원인은 무엇인지, 등등 무수한 연구주제를 가지고 구체적인 연구문제들을 발견할 수 있을 것이다.

셋째, 연구에서 사용할 수 있는 연구계획과 방법적인 절차를 제공받을 수 있다. 이 정보는 연구자가 다른 연구자가 범했던 잘못을 되풀이하지 않게 하며, 그들의 경험으로부터 연구방법과 절차에 대한 아이디어를 제공받는 데 도움이 된다. 그러나 연구를 수행하다 보면 예상치 못한 어려움이 있을 수 있는데, 그 대부분이 연구방법과 절차에 대한 문제가 될 수 있다. 이 때 다른 연구자들은 어떻게 이러한 문제점을 극복했는가에 대한 정보가 필요하며, 연구자가 수행하려는 연구주제와 관련된 학문 분야 이외의 분야에서 행해진 유사한 연구를 검토한 후 이 연구로부터 해결할 수 있는 정보를 제공받을 수 있다. 즉, 연구자는 사전에 수행된 연구를 참고함으로써 연구를 수행할 때 나타날 수 있는 문제점을 미연에 방지할 수 있다.

넷째, 문헌을 검토하는 또 다른 주요 목적은 연구자가 수행한 연구결과의 해석을 용이하게 한다는 점이다. 다시 말하면, 연구자가 수행한 연구결과들은 이전에 발견했던 결과들과 비교해서 이전의 연구결과를 지지하거나 지지하지 않는가의 입장에서 논의할 수 있다. 만일 이전에 발견했던 것들과 일치하지 않으면 그 차이점에 대한 근거를 제공하면서 다른 사람이 연구한 것과의 차이점을 설명할 수 있으며, 그 차이점을 해결하도록 하는 후속연구를 제안할 수 있다. 만일 연구결과가 다른 연구들의 결과와 일치한다면, 좀더 확장된 연구대상과 범위로 일반화할 수 있다.

2 문헌검토의 범위와 출처

1. 문헌검토의 범위

초보 연구자일수록 문헌검토를 얼마만큼 넓고 깊게 해야 할지에 대해 어려움을 갖고 있는 것 같다. 그들은 연구주제와 직접적으로 관련 있는 문헌들을 모두 검토해야 하는 것으로 이해하고 있는 경우가 많으며, 어느 정도까지 문헌을 검토해야 할지를 판단하는 데 어려움을 갖는다. 사실 경험이 많은 연구자들도 경우에 따라서는 문헌검토의 범위를 판단하는 것이 항상 손쉬운 일은 아니다. 그 이유는 문헌검토의 범위를 판단하기 위한 정해진 공식이 없기 때문이다. 문헌검토의 범위를 결정하는 것은 결국 연구자의 판단에 따를 수밖에 없으며, 이 판단은 연구에 대한 경험이 쌓일수록 쉬워진다. 다음은 초보 연구자들이 문헌을 검토하는데 있어서 도움을 줄 수 있는 몇 개의 일반적인 지침이 될 수 있을 것이다.

첫째, 문헌검토에서 연구주제와 관련하여 발견한 모든 정보를 진술하려고 하지 않도록 한다. 예를 들어, 이미 많은 연구가 되어 있는 분야인 수학적 문제해결학습과 관련된 어떤 연구를 하고자 할 때, 종종 어떤 연구자들은 '문제와 문제해결의 뜻'에서부터 시작해서 문제해결에 관련된 모든 정보를 기술하는 것을 볼 수 있다. 물론 이와 같은 정보를 진술할 필요가 있거나 또는 연구주제와 연구문제에 직접적으로 관련되어 있는 경우에는 그것들을 진술해야 할 것이다. 그렇지 않은 경우에는 이미 이와 같은 정보들에 대한 의미는 거의 일반적으로 알려져 있는 정보이기 때문에 이 부분을 진술하는 데 시간과 노력을 낭비할 필요는 없을 것이다.

둘째, 연구주제와 직접적으로 관련된 정보들을 중심으로 진술하도록 한다. 방금 위에서 제시한 예에서, 수학적 문제해결학습과 관련된 문헌을 검토하려면 우선 수학적 문제해결학습과 관련해서 연구된 것들을 연구자의 관점에서 몇 개의 분야로 분류하고, 그 분류된 분야들을 간략하게 개관한 다음, 연구자가 수행하려는 연구주제가 어떤 분야에 속하는가를 판단한다. 다음에는 그 분야에서 연구된 것들을 구체적으로 검토한다. 그렇게 함으로써 연구자가 연구를 수행하려는 연구가 어떤 분야에서 교육에 공헌을 할 수 있는가를 알 수 있으며, 또한 연구의 타당성에 대한 근거를 제시할 수 있게 된다. 따라서 문헌검토의 범위는 연구자가 연구하려는 연구주제와 직접적으로 관련된 문헌을 중심으로 하는 것이 좋다.

셋째, 연구가 거의 안 된 새로운 연구주제는 통상적으로 연구를 위한 논리적인 틀과 가설을 설정하기 위한 확실한 이론적 근거를 개발하기 위하여 그 문제에 관련된 연구들에 대한 검토가 필요하다. 다시 말하면, 문헌검토를 할 때 연구주제와 직접적으로 관련된 연구가 전혀 없거나 거의 없을 때는 다른 분야에서 연구된 문헌들을 검토함으로써 자신의 연구를 수행할 수 있는 아이디어를 구할 수 있다. 예를 들어, 수학교육과 관련된 어떤 새로운 연구를 수행하고자 할 때 과학교육 분야를 포함하여 교육과정, 교육심리, 인지심리 등등의 분야에서 연구된 유사한 연구들이 도움이 될 수 있다.

2. 문헌검토의 출처

연구자가 연구주제 및 연구문제와 관련된 정보를 찾고자 할 때, 가장 기본적으로 접해야 하는 출처는 크게 두 가지의 기본적인 유형, 즉 1차 자료와 2차 자료로 나눌 수 있다.

1차 자료 1차 자료라 함은 각 연구자가 직접 작성한 연구논문을 말한다. 즉, 학위논문을 비롯하여 학회에서 발표한 논문이나 학술단체에서 발행한 학회지 등이 1차 자료에 해당된다. 1차 자료는 연구자가 연구 과정과 결과를 구체적으로 기록한 보고서이므로 구체성과 과학성을 지니고 있어 많은 연구자들이 세부적인 연구내용을 참조하기 위하여 문헌검토에서 가장 중요한 대상이 된다. 우리나라의 경우 학위논문에 대한 검색은 '한국교육학술정보원(KERIS)', '국회도서관' 등을 통해 조사할 수 있다. 미국의 경우, 박사 논문의 요약은 '*Dissertation Abstracts International*'에서, 석사 논문의 요약은 '*Master Abstracts International*'에서 조사할 수 있다. 그 밖에 Educational Resources Information Center(ERIC), Education Index, Psychological Abstracts 등을 통해 발표된 많은 논문들의 요약된 내용을 조사할 수 있다.

수학교육과 관련된 1차 자료의 대표적인 예는 우리나라 한국수학교육학회에서 발간하는 '수학교육', '초등수학교육', '수학교육연구', '수학교육논문집' 등이 있으며, 대한수학교육학회에서 발간하는 '수학교육학연구', '학교수학' 등이 있다. 미국의 경우는 The National Council of Teachers of Mathematics(NCTM)에서 발간하는 '*Journal for Research in Mathematics Education*', '*Teaching Children Mathematics*', '*Mathematics Teaching in the Middle School*' '*Mathematics Teacher*'를 들 수 있다. 이 이외에 수학교육과 관련하여 참고할 수 있는 외국의 학술지로는 '*For the Learning of Mathematics*', '*Educational Studies in Mathematics*', '*Journal of Mathematical Behavior*' 등이 있다.

2차 자료 2차 자료는 직접 연구하지 않은 저자가 쓴 문헌으로 대표적인 것은 교과서나 일반 서적을 들 수 있으며, 수학교육연구와 관련된 2차 자료는 수학교육과 직·간접으로 관련된 도서들이다. 예를 들어, 수학적 문제해결과 창의성에 관한 연구를 하려면, 2차 자료인 인지심리학에 관한 책으로부터 문제해결과 창의성에 관한 기초 지식을 획득한 후, 1차 자료로서 문제해결과 창의성에 관한 연구 논문들을 검토하게 된다. 좋은 2차 자료는 많은 연구 결과를 인용하여 다양한 이론을 소개하고 연구자들의 의견을 왜곡하지 않은 것으로써, 연구 논문에서 서술한 세세한 내용들을 간결하게 정리하고 기록한 문헌이다. 또한 가능하면 가장 최근에 발간한 서적부터 검토하는 것이 바람직하다.

특히, 수학교육과 관련하여 광범위한 내용을 수록하고 있는 다음과 같은 2차 자료들을 참고하면, 연구주제에 대한 일반적 지식뿐만 아니라 연구주제와 관련하여 보다 구체적인 정보를 얻을 수 있을 것이다.

- Handbook of Research on Mathematics Teaching and Learning(1992)
- International Handbook of Mathematics Education(1996)
- Handbook of Research Design in Mathematics and Science Education(2000)
- Handbook of International Research in Mathematics Education(2002)
- Handbook of Research on the Psychology of Mathematics Education(2006)
- The Handbook of Mathematics Teacher Education(2008)
- Second Handbook of Research on Mathematics Teaching and Learning(2007)

3 문헌검토의 절차 및 요약

문헌검토의 절차 연구문제를 정하고 연구를 수행하는데 있어서 문헌검토는 중요한 역할을 한다. 문헌을 검토하기 위해서는 몇 가지 활동이 차례로 수행되어야 한다. 문헌연구의 효과를 극대화하기 위해서는 문헌검토를 체계적이고 구조적인 절차에 따라 진행해야 한다. 문헌검토는 다음과 같은 순서로 이루어진다([그림 3.1]).

첫째, 연구주제와 관련된 핵심단어가 무엇인지를 확인한다. 참고한 문헌 및 자료를 검색하기 위해서는 연구하고자 하는 연구주제와 관련하여 핵심적인 단어를 결정해야 한다.

둘째, 연구주제와 관련된 핵심단어를 검색한다. 연구주제나 연구문제와 관련된 용어를 몇 개로 한정하여 도서관의 색인이나 인터넷 검색을 한다.

셋째, 핵심 단어에 의하여 2차 자료를 검토한다. 연구주제와 관련된 2차 자료인 일반 서적을 참고하여 개괄적인 지식과 정보를 구하고 이를 통하여 연구문제를 보다 구체화할 수 있다.

넷째, 2차 자료를 바탕으로 1차 자료를 검토한다. 1차 자료인 관련 연구 논문들을 검토하고 이를 통하여 최근의 연구 동향을 파악한다.

다섯째, 검토한 자료들을 자료의 중요성에 따라 분류하고 목록화한다.

여섯째, 관련 연구 논문들 중에서 연구주제와 밀접하게 관련된 논문을 찾아서 전문을 읽고 그 내용을 요약 · 정리한다.

일곱째, 연구보고서에 포함시킬 참고문헌의 목록 및 이론적 배경을 작성한다.

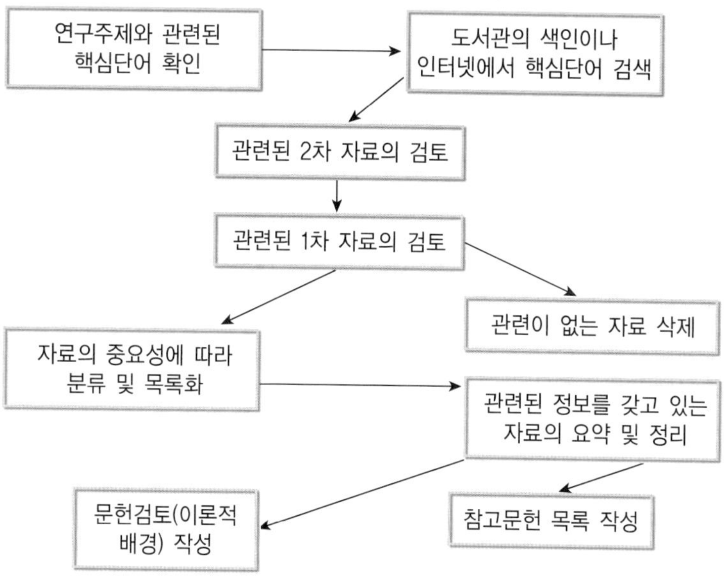

그림 3.1 문헌검토의 절차

[그림 3.1]에 제시한 절차는 이론적인 절차를 제시한 것일 뿐, 실제로 문헌검토는 한 번에 완성되는 것이 아니다. 연구주제를 선정하기 이전부터 시작해서 보고서가 완성될 때까지 지속적으로 이루어져야 한다. 연구를 수행하기 전에 대부분의 문헌검토를 해야 할 필요가 있지만, 다른 연구들의 연구결과와 비교

하고 통합하는 과정에도 문헌검토가 이루어져야 한다.

문헌검토의 요약 문헌검토가 이루어지고 난 후, 검토한 내용들에서 필요한 '논문 요약지'로 정보를 요약 · 정리함으로써 연구자가 연구 수행과정에서 인용을 할 때 매우 유용하게 사용할 수 있다. 요약 · 정리할 때는 다음과 같은 항목들을 중심으로 정리하면 도움이 된다.

〈논문 요약지〉

- 제목
- 저자
- 인용내용 또는 인용문(페이지 기록)
- 출처
  - 학회지명(또는 도서명)
  - 출판년도 및 출판지역과 출판사, Vol., No., pp.
- 요약 내용
  - 연구문제 및 가설(또는 연구문제)
  - 연구대상의 특징과 표본의 수
  - 측정방법 및 측정도구
  - 연구 설계 및 절차
  - 연구문제에 대한 주요 결과
  - 결론 및 논의의 주요 내용
  - 제언

04 연구대상의 표집

CHAPTER

1 표집과 표본의 개념

인간을 대상으로 하는 교육연구에서 모집단의 모든 구성원들을 연구에 포함하는 경우는 시간과 노력이 엄청나게 많이 들기 때문에 흔한 일은 아니다. 이것은 모집단이 크거나 조사 지역이 넓게 흩어져 있는 조사연구에서 특히 그렇다. 한 예로, 우리나라 전국에 있는 초등학교와 중 · 고등학교 교사들에게 새로 개정되는 수학과 교육과정에 대한 의견을 묻는 조사연구를 실행한다고 할 때, 초등학교 교사들과 중 · 고등학교 수학교사들의 의견을 한 명도 빠짐없이 조사하는 것이 가장 바람직할 수는 있으나, 이 조사를 하기 위한 경비는 물론 시간과 노력이 엄청나게 들 것이다. 따라서 많은 연구에서는 일반적으로 표본(sample)을 사용하는 경우가 많다. 만일 표본을 사용해서 얻은 정보가 전체를 대상으로 얻은 정보와 동일하기만 하다면 구태여 전체를 대상으로 조사를 할 필요가 없을 것이다. 그러나 실제로는 모집단에서 추출된 표본이 항상 모집단을 대표한다고 볼 수는 없다.

표본은 표집(sampling)에 의해 이루어지며, 표집은 정의된 모집단을 대표할 수 있는 다수의 개인들을 표본으로 추출하는 과정이다. 이 때 추출된 개인들을 일컬어 표본이라 하며, 표본은 모집단의 부분집합이고, 모집단은 연구자가 연구결과들을 일반화하려고 의도된 집단을 말한다. 때문에 표집의 목적은 모집단에 관한 정보를 정확히 알 수 있는 입장에서 실행되어야 함은 두 말할 필요가 없을 것이다. [그림 4.1]은 모집단에서 추출된 표본의 통계적 특징을 이용하여 모집단의 통계적 특성을 추론하는 과정을 나타낸 것이다.

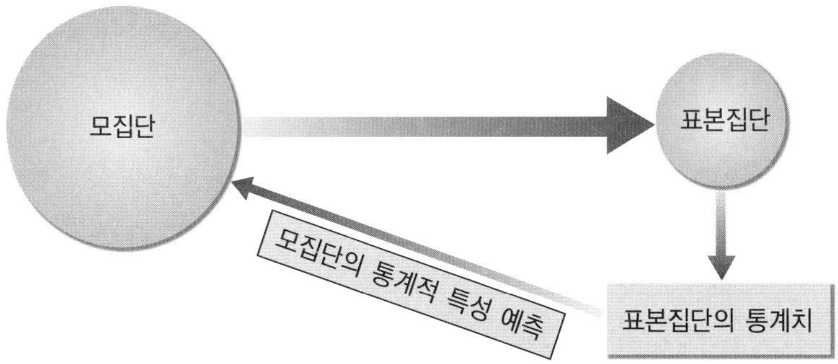

그림 4.1 표집과 표본의 개념

표본을 추출하는 방법과 상관없이 표집의 첫 번째 단계는 모집단을 분명하게 정의하는 것이다. 앞에서도 언급한 바와 같이, 모집단은 연구자가 연구결과를 일반화하기를 원하는 집단이다. 일반적으로 연구결과가 일반화되기를 원하는 이상적인 모집단을 '목표 모집단(target population)', 연구자가 표본을 추출하는 현실적인 모집단을 '이용할 수 있는 모집단(accessible population)' 또는 '이용 가능한 모집단(available population)' 이라고 한다. 예를 들어, 연구자가 고등학교 2학년 학생들의 이차방정식 문제해결에서 나타나는 오류의 유형과 원인을 분석하기 위해, 충청북도 청주시에 있는 모든 고등학교를 대상으로 20% 만큼의 학교를 선택한 다음, 이들 학교의 2학년 학급에서 1개씩의 학급에 있는 학생들을 표집하였다고 하자. 이 때 '목표 모집단' 은 충청북도 모든 고등학교 2학년 학생이며, '이용할 수 있는 모집단' 은 충청북도 청주시에 있는 모든 고등학교 2학년 학생으로 생각할 수 있을 것이다. 다만 여기서 유의할 점은 표본으로 선택된 청주시의 2학년 학생들의 속성이 충청북도 전체 지역의 2학년 학생들의 속성을 얼마만큼 대표할 수 있느냐 하는 것이다. 때문에 '목표 모집단'은 연구자가 연구결과를 일반화하기를 원하는 이상적인 모집단이 된다.

2 표집방법

표본추출은 연구를 수행하는 데 있어서 매우 중요한 단계이다. 모집단을 대표할 수 있는 표본을 추출함으로써 연구결과들을 일반화할 수 있다. 만일 연구결과가 그 연구에 참여한 집단에만 적용 가능한 것이라면, 동일한 연구를 집단마다 무한정으로 반복하지 않으면 안 될 것이다. 따라서 연구결과를 일반화할 수 있는 표본의 선택은 매우 중요하다고 할 수 있다.

무작위 추출과 무작위 할당 무작위 추출과 무작위 할당은 서로 다른 것이지만, 두 가지 모두 모집단에 대한 대표성을 확보하고 표본들의 편중(bias) 현상을 제거하기 위해 사용된다. 무작위 추출(random selection)은 모집단으로부터 모집단을 대표하기 위하여 그 일부를 무작위로 추출하는 방법이다. 반면에, 실험연구에서 주로 사용되는 무작위 할당(random assignment)은 연구대상을 연구 집단(예를 들어, 실험집단과 통제집단)에 무작위로 할당하는 방법을 말한다. 특히 모집단 전체에서 연구대상을 추출하기 어려운 경우, 즉 '기존집단(intact group)'을 사용하게 되는 실험연구에서는 이미 존재하는 기존집단을 서로 다른 처치나 집단에 무작위 할당한다. 여기서 무작위 할당도 중요하겠지만, 더욱더 중요한 것은 기존집단이 모집단을 대표할 수 있느냐 하는 것이다. 즉, 아무리 무작위 할당이 잘 되었더라도 기존집단이 모집단을 대표할 수 없다면, 연구결과의 외적타당도에 심각한 문제가 된다. 따라서 연구에서 기존집단을 이용하여 무작위 할당을 했다면, 기존집단이 모집단을 대표하는지를 논리적으로 설명해야 한다. Wiersma(1985, p. 190)는 무작위 추출과 무작위 할당의 차이를 [그림 4.2]와 같이 도식화하여 설명하고 있다.

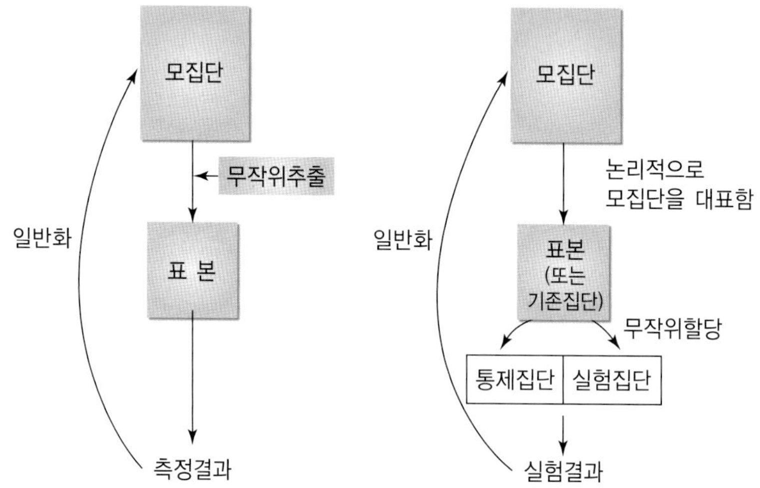

그림 4.2 무작위 추출과 무작위 할당의 비교

무작위 추출과 무작위 할당을 좀 더 알아보기 위하여, 다음의 예를 살펴보기로 하자.

〈예 1〉 K대학 학생생활연구소의 한 연구원이 신입생 560명 중에서 112명의 표본을 무작위로 추출한 다음에 대학생활에 대한 그들의 태도에 관해 조사했다.

〈예 2〉 A대학의 한 학습심리학 교수가 개설한 인지심리학 강좌에 2학년 학생 90명이 수강하고 있다. 이 교수는 세 가지 유형의 자료를 사용하는 학습 실험을 수행하려고 한다. 90명 학생 모두가 참여할 것이며, 세 가지 유형의 자료 각각에 30명씩의 학생들을 무작위 할당시킬 것이다.

〈예 1〉에서, 112명의 표본 학생들은 560명을 대표하며, 수행된 연구결과는 신입생 모두에게 일반화가 가능하다. 〈예 2〉에서, 학생들을 세 가지 유형의 자료에 무작위 할당했기 때문에 편중 현상을 제거하고 있다. 그러나 90명의 학생들이 대표하는 모집단은 무엇인가? 분명한 것은 이 학생들은 보다 큰 모집단에서 무작위로 추출되지 않았다는 점이다. 이들이 실험에 참여된 이유는 단지 인지심리학 강좌에 등록했기 때문이다. 어떤 점에서, 이들은 그들 자신을 스스로 추출했다고 볼 수 있다. 이 상황에서 그 교수는 90명의 학생들이 모든 대학에 등록한 2학년 학생들을 대표한다고 주장할 수 있겠는가? 만일 90명의 학생들의 속성이 A대학의 학생들과 거의 같고 다른 대학의 2학년 학생들의 속성과도 거의 같다면, 연구결과는 모든 대학의 2학년 학생들에게 일반화할 수 있을 것이다. 그러나 이 실험에서, 모집단에 대한 연구결과의 일반화는 90명의 학생들이 대표적이지 못하기 때문에 실험에 참여한 90명에 한해서만 일반화될 수 밖에 없다.

표집방법은 매우 다양하므로 연구목적과 연구상황에 따라 적합한 표집방법을 선택하여야 한다. 표집방법은 일반적으로 확률적 표집(probability sampling) 방법과 비확률적 표집(non-probability sampling) 방법으로 구분한다(성태제, 시기자, 2007). 전자는 모집단에 속하는 구성원들이 표본으로 추출될 확률을 객관적으로 파악할 수 있도록 설계된 표집방법인 반면, 후자는 확률을 고려하지 않고 연구자의 주관적 판단에 의해 표본을 추출하는 방법이다.

1. 확률적 표집방법

1) 단순무작위표집

단순무작위표집(simple random sampling)은 정의된 모집단의 구성원들이 표본으로 추출될 수 있는 확률이 모두 같으며, 각각의 모든 구성원들이 서로 다른 구성원의 선택에 영향을 주지 않는 독립적인 기회를 갖도록 표본을 추출하는 과정이다. 또한 이 표집방법은 반드시 모집단의 대표성을 보증하는 것은 아니지만, 모집단을 대표할 수 있다고 믿는 표본을 얻기 위한 가장 간단한 방법이다. 예를 들면, '이용할 수 있는 모집단' 인 6학년 학생 1,000명 중에서 100명의 표본을 추출한다고 할 때, 각 개인이 표본으로 뽑힐 확률은 모두 $\frac{1}{10}$로 같으며, 다른 표본의 추출에 영향을 주지 않는다.

단순무작위표집은 다양한 방법으로 실행할 수 있다. 앞에서 언급한 바와 같이, 중요한 점은 표본으로 추출될 수 있는 확률이 모두 같고, 독립적인 기회를 갖는 그런 방법으로 표본을 추출해야 한다는 점이다. 예를 들어, 10명 중에서 2명을 단순무작위표집으로 추출한다고 할 때, 각 개인의 이름을 같은 크기의 종이에 각각 쓴 다음, 모자나 다른 용기에 넣고서 그것들을 보지 않고 2장을 뽑는 것은 가장 손쉬운 방법이다. 그러나 모집단의 인원이 많고 표본의 수가 클 때, 이와 같은 방법은 적절하지 못하다. 이런 경우에 보다 효과적으로 표본을 추출하는 방법으로 난수표(〈부록 3〉)를 이용하는 것이 일반적이다.

단순무작위표집의 예　다음은 난수표를 활용하여 단순무작위표집으로 표본을 추출하는 과정을 보여주는 예이다(〈표 4.1〉).

① 모집단의 크기를 확인하고 정의하기: 모집단의 인원은 모두 500명

② 표본의 크기를 결정하기: 20%인 100명

③ 모집단의 구성원들 모두에 각각 일련 번호 붙이기: 001에서부터 500까지 (모집단의 인원이 세 자리의 수이므로 세 자리의 수로 번호를 붙인다.)

④ 난수표에서 임의의 수를 선택하기: 가로줄의 5번째와 세로줄의 11번째에 있는 수 45,690이 선택되었다.

⑤ 표본 숫자 결정하기: 45,690에서 앞에서부터 세 자리의 수 456을 선택하든가 또는 뒤에서부터 세 자리의 수 690을 선택한다. 이 예에서는 456을 선택하기로 한다. 456은 500까지의 수 범위 안에 있으므로 표본으로 선택한다.

⑥ 이동 방향 결정하기: 표본을 선택하기 위해 숫자 45,690에서 상하로 이동을 할지 아니면 좌우로 이동할지를 결정한다(때로는 대각선에 따라 선택하기도 한다.) 이 예에서는 먼저 아래로 이동을 한 다음, 오른쪽으로 이동을 하기로 한다.

표 4.1 전형적인 난수표의 예

	가로줄									
세로줄	1	2	3	4	5	6	7	8	9	10
10	96754	17676	55659	44105	47361	34833	86679	23930	53249	27083
11	34357	88040	53364	71726	45690	66334	60332	22554	90600	71113
12	06318	37403	49927	57715	50423	67372	63116	48888	21505	80182
13	62111	52820	07243	70031	89292	84767	85693	73947	22278	11551
14	47534	09243	67879	00544	23410	12740	02540	54440	32949	13491
15	98614	75993	84460	62846	59844	14922	49730	73443	48167	34770
16	24856	03648	44898	09351	98795	18644	39765	71058	90368	44104
17	96887	12479	80621	66223	86085	78285	02432	53342	42846	94771
18	90801	21472	42815	77408	37390	76766	52615	32141	30268	18106
19	55165	77312	83666	36028	28420	70219	81369	41943	47366	41067

⑦ 계속해서 표본을 선택하기: 45,690 바로 아래의 수는 50,423이며, 처음 세 자리의 수는 504이므로 이 수는 무시한다. 다음의 수 89,292에서 892 역시 무시되고, 23,410에서 234는 범위 안에 있는 수이므로 표본으로 선택된다. 같은 방법으로 100명이 추출될 때까지 계속하며, 이때 같은 수가 다시 나오면 역시 무시한다. 또한 5번째 가로줄에 있는 수가 부족할 때에는 오른쪽의 가로줄 6번째로 이동해서 계속한다.

단순무작위표집의 장단점 이 표집의 장점은 첫째, 모집단을 대표할 수 있는 표본을 추출할 가능성이 가장 높으며, 둘째, 표본을 추출하는 방법이 가장 손쉽다는 점이다. 반면에, 이 표집의 최대 단점은 실제로 시행하기가 어렵다는 점이다. 지역이 넓거나 모집단의 크기가 클 경우 더욱 그러하다.

2) 층화표집(또는 유층표집)

층화표집(stratified sampling)은 모집단 안에 동일한 속성을 갖는 하위집단들이 존재하고 있을 때 모집단을 구성하고 있는 각각의 하위집단들을 대표할 수 있는 표본을 각각의 하위집단 안에서 무작위로 추출하는 방법을 말한다. 이 표집은 일반적으로 두 가지 유형, 즉 동등층화표집과 비례층화표집으로 나눈다. 동등층화표집은 각각의 하위집단에서 동일한 수의 표본을 무작위로 추출하는 것을 말한다. 만일 모집단에 5개의 하위집단이 존재한다면, 표본 크기의 $\frac{1}{5}$만큼씩을 각 하위집단에서 추출하게 된다. 비례층화표집은 모집단에 있는 각 하위집단의 크기에 비례하여 표본을 추출하는 것을 말한다.

동등층화표집의 예 어떤 연구자가 어느 도시에 있는 모든 교사들을 대상으로 교사들의 수학적 신념에 관한 조사연구를 수행하기로 하고, 전체 교사의 수를 조사하였더니 〈표 4.2〉와 같았다고 하자.

표 4.2 어느 도시의 전체 교사의 수

유치원	초등학교	중학교	고등학교	합계
500명	1500명	1200명	800명	4000명

이 연구자가 모집단의 20%(800명)를 표본의 크기로 결정하였다면, 각각의 하위집단에서 표집한 표본의 수는 각 하위집단에 있는 모집단 수에 상관없이 모두 $800 \times \frac{1}{4}=200$(명)이 된다(〈표 4.3〉).

표 4.3 동등층화표집에 의한 각 하위집단의 표본 크기

	유치원	초등학교	중학교	고등학교	합계
모집단의 크기(명)	500	1500	1200	800	4000
표본의 크기(명)	200	200	200	200	800

비례층화표집의 예 〈표 4.2〉의 예를 가지고 비례층화표집을 한다고 하자. 먼저 모집단 전체 크기에 대한 각 하위집단에 있는 모집단의 크기의 비율(%)을 계산한 다음, 전체 표본의 크기(800명)에 대한 각 하위집단의 표본의 크기를 그 비율에 따라 계산하면 된다(〈표 4.4〉, 〈표 4.5〉).

표 4.4 비례층화표집에 의한 각 하위집단의 모집단에 대한 비율

	유치원	초등학교	중학교	고등학교	합계
모집단의 크기 (명)	500	1500	1200	800	4000
모집단에 대한 비율(%)	$100\times\frac{500}{4000}$ =12.5	$100\times\frac{1500}{4000}$ =37.5	$100\times\frac{1200}{4000}$ =30	$100\times\frac{800}{4000}$ =20	100

표 4.5 비례층화표집에 의한 각 하위집단의 표본 크기

	유치원	초등학교	중학교	고등학교	합계
모집단의 크기 (명)	500	1500	1200	800	4000
표본의 크기 (명)	$800\times\frac{12.5}{100}$ =100	$800\times\frac{37.5}{100}$ =300	$800\times\frac{30}{100}$ =240	$800\times\frac{20}{100}$ =160	800명

비례층화표집은 〈표 4.4〉와 〈표 4.5〉의 방법을 간단히 하여 〈표 4.6〉과 같이 간편하게 계산할 수 있다. 즉, 전체 모집단의 크기에서 표본의 크기를 20%로 결정할 때, 각각의 하위집단의 크기에 $\frac{20}{100}$을 곱해서 계산할 수 있다.

표 4.6 비례층화표집에 의한 각 하위집단의 표본 크기(간편셈)

	유치원	초등학교	중학교	고등학교	합계
모집단의 크기 (명)	500	1500	1200	800	4000
표본의 크기 (명)	$500\times\frac{20}{100}$ =100	$1500\times\frac{20}{100}$ =300	$1200\times\frac{20}{100}$ =240	$800\times\frac{20}{100}$ =160	$4000\times\frac{20}{100}$ =800

층화표집의 장단점 이 표집의 장점은 첫째, 층화에 대한 정보가 확실하고 표집이 정확하면 표본의 대표성을 높여줄 수 있다. 둘째, 하위집단들의 특성을 알 수 있으며 하위집단들 간의 비교가 가능하다. 단점은 하위집단들을 분류할 때 분류 기준이 분명치 않으면 표본의 속성이 모집단의 속성을 대표하지 못한다.

3) 군집표집

모집단 내에서 개인별로 추출할 수 없거나 또는 너무 많은 경비가 들 때, 집단을 표본으로 추출하는 경우가 있다. 이와 같은 경우를 군집표집(cluster sampling)이라 일컫는다. 즉, 군집표집은 표집의 단위가 개인이 아닌 집단이라는 것이 특징이다. 다시 말하면, 표본은 광범위한 모집단에서 무작위로 추출되며, 표본으로 추출된 집단의 모든 구성원들이 표본으로 선택된다. 예를 들어, 연구자가 서울의 5학년 학생들의 수학 문장제 해결력에 관한 연구를 수행한다고 할 때, 서울의 5학년 학생들의 목록을 작성한 다음, 단순무작위표집으로 학생들을 추출하는 것은 거의 불가능하다. 때문에 우선 서울의 각 교육구청별로 학교 목록을 작성한 다음, 각 교육구청별로 학교를 대상으로 단순무작위표집을 하고, 표집이 된 학교에서 5학년 교실을 추출하게 되며, 추출된 5학년 교실에 있는 학생 모두가 표본으로 선택된다. 이와 같이 몇 개의 단계를 통해서 행하는 군집표집을 '다단계(multistage) 군집표집' 이라고 한다.

군집표집에서 유의해야 할 점은, 위의 예와 같이 서울의 어느 한 교육구청에서 추출된 학교중에 A학교가 포함되어 있고 이 학교의 5학년 학급이 6개라고 할 때, 이 학교의 5학년 6개 학급은 모두 유사한 특성을 가진다는 점이다. 따라서 표집된 한 학교에서 많은 학급을 추출하기 보다는 여러 학교에서 적은 수의 학급들을 추출하는 것이 모집단의 특성에 보다 근접하게 추정할 수 있게 된다. 예를 들면, 한 학교에서 6개 학급을 표본으로 하기 보다는 6개 학교에서 1학급씩을 표본으로 하는 것이 좋다.

군집표집의 예 앞의 〈표 4.2〉의 경우를 가지고 군집표집을 하는 방법을 생각해 보기로 하자. 모집단의 크기는 4,000명이고 표본의 크기는 800명이다. 연구자는 조사 대상 학교의 전체 목록을 갖고 있으며, 그 수는 200개라고 하자. 비록 학교당 교사들의 수는 다양하다고 하더라도 학교당 평균 교사 수는 4,000÷200=20(명)이며, 군집으로 추출될 학교 수는 800÷20=40(개)이다. 따라서 40개 학교에 있는 교사들 모두를 표본으로 선택한다. 여기서 유의할 점은 처음에 표본의 크기를 800명으로 설정하였다 하더라도 표본의 크기가 달라질 수 있다는 것이다. 이것은 표집된 집단들이 통상적으로 같은 크기가 아니기 때문이다. 결과적으로 정확한 표본 크기는 표본이 추출된 후에야 알 수 있다.

군집표집의 장단점 이 표집의 장점은 첫째, 시간과 경비를 절약할 수 있다는 점이며, 둘째 모집단이 매우 크거나 넓은 지역에 흩어져 있을 때 표집이 보다 손쉽다. 반면에 단점은 첫째, 단순무작위표집보다 표집오차(sampling error)가 발생할 가능성이 더 크다. 표집오차는 표본에서 얻어진 연구결과와 모집단 전체에서 얻어진 연구결과 사이의 오차를 말한다. 특히 여러 단계를 거쳐 표집을 하는 경우 각 단계마다 오차가 발생하기 때문에 표집오차가 발생할 가능성이 더 커진다. 셋째, 군집의 수가 적을수록 역시 표집오차가 발생할 가능성이 커진다. 표집오차의 발생이 커질수록 추측 통계를 적용하는 것이 적절하지 못할 수 있다. 때문에 군집표집을 사용할 경우에는 표집오차를 줄일 수 있는 방법을 숙고해야 한다.

4) 계통표집

계통표집(systemic sampling)은 모집단의 목록에서 k만큼씩의 일정한 간격을 두고 표본을 추출하는 방법으로, 이 표집은 첫 번째로 추출된 표본이 전체 표본을 결정한다. 즉, 모집단의 구성원들은 어떤 형태, 예를 들어 이름이 가나다 순서로 되어 있고 k=4라고 할 때, 네 개의 이름 중에서 무작위로 추출된 사람이 3번째라고 하자. 그러면 표본으로 추출되는 이름은 3번째, 7번째, 11번째, 15번째, … 와 같이 4씩 간격을 두고 자동적으로 추출하게 된다. 이 예에서 알 수 있듯이, 이 표집은 모집단의 구성원들이 추출될 가능성이 독립적이지 못하다. 이러한 점에서 이 표집방법은 경우에 따라서는 심각한 편중 현상이 나타날 수 있다.

극단적인 한 예를 들면, 한 연구자가 어느 도시의 중학교 2학년 학생들의 방정식 해결능력에 대한 연구를 수행하기 위해 그 도시에 있는 모든 중학교 2학년 학생들의 명단을 수집하였다고 하자. 불행히도 그 명단들은 수학성적 순서로 되어 있었고 연구자는 이 사실을 모르고 있다. k의 값을 계산한 결과 13이었다. 이 연구자는 각 학교의 학급에서 2명씩의 표본을 추출하기로 하고(전체 표본 수와 같게 하기 위하여) 첫 번째 표본을 어느 한 학교에 있는 중학교 2학년 한 학급 명단의 처음 13명 중에서 무작위로 추출했더니 9번째 학생이 추출되었고, 다음으로는 22번째가 자동적으로 추출되었다. 따라서 이 연구자는 각 학교의 학급 명단이 수학성적 순서로 되어 있는 상황에서 9번째와 22번째 학생들을 추출하게 되었다. 이와 같은 경우에 표본으로 추출된 학생들은 전체 모집단의 특성을 대표한다고 할 수 있겠는가?

계통표집의 예 〈표 4.2〉의 경우를 가지고 계통표집을 하는 방법을 생각해 보기로 하자. 모집단의 크기는 4,000명이고, 표본의 크기는 800명이다. 4,000명의 명단은 가나다 순서로 되어있다. k의 값은 4,000÷800=5이다. 따라서 처음 5명 중에서 무작위로 1명을 추출한다. 첫 번째 표본이 3번째 사람이라고 한다면, 그 다음의 표본은 자동적으로 8번째, 13번째, 18번째, 23번째, … 로 추출되고, 표본의 크기가 800명이 될 때까지 이와 같은 방법으로 계속 추출된다.

계통표집의 장단점 이 표집의 장점은 단순무작위표집보다 작업이 쉽다는 것이고, 단점은 모집단의 구성원들이 표본으로 선택될 가능성이 비독립적이기 때문에 추출된 표본의 편중 현상이 있을 수 있다는 점이다. 즉, 모집단을 대표하지 못할 가능성이 높다.

2. 비확률적 표집방법

가장 좋은 기법을 사용하여 표본을 추출한다고 하더라도 표본이 모집단을 대표한다고 보증하지는 못한다. 다시 말하면, 훌륭한 표집방법에 의해 추출된 표본이라고 하더라도, 표본을 통해 얻어진 연구결과와 모집단 전체를 통해 얻어진 연구결과 사이에는 표집오차가 있을 수 있다. 따라서 연구를 수행할 때 가장 유의해야 할 것 중의 하나가 바로 표집오차를 줄이려는 노력일 것이다. 이 표집오차의 발생이 적게 나오게 하는 노력이 바로 무작위표집방법이다. 그럼에도 불구하고 표본을 추출할 때 무작위표집을 사용하지 못하는 경우가 흔히 발생하게 된다. 그 대표적인 표집방법들이 다음에 설명하고 있는 비확률적 표집방법들이다. 이 방법들은 표집오차가 발생할 가능성이 매우 높은 방법들이다. 그러므로 이러한 방법들을 사용할 때는 연구결과에 대한 일반화의 가능성을 어느 집단까지 적용할 수 있을까를 염두에 두어야 한다.

1) 목적표집

목적(purposeful) 표집 또는 의도적(purposive) 표집은 판단표집(judgement sampling)이라고도 하며, 연구의 특정한 목적에 따라 연구자가 표본을 의도적으로 선택하는 것을 말한다(이종승, 1989). 예를 들면, 연구자가 초등학교 수학영재들의 발달 특성에 대해 관심이 있다고 할 때, 연구자는 수학영재들과 그들의 부모를 표본으로 선택하게 된다. 이 표집방법을 적용하기 위해서 연구자는 표집의 대상에 대하여 구체적인 기본 지식을 갖고 있어야 하며, 표본을 선택할 때 연구목적에 맞는 표본을 선택하기 위하여 충분한 노력을 겸해야 한다. 보통 목적표집은 질적 연구에서 많이 사용되며, 연구결과는 극히 제한된 상황에서 일반화를 시도하게 된다. 다시 말하면, 연구결과의 적용 범위가 매우 제한적이라는 점을 간과해서는 안 된다.

2) 편의표집

편의표집(convenience sampling)은 무작위 표집방법을 실행하기에 어려운 상황에서 연구자가 손쉽게 이용 가능한 개인 또는 집단을 선택하여 표본으로 사용하는 방법을 말한다. 이 표집에 의해 선택된 표본들을 대상으로 연구를 수행하였을 때에는 연구결과를 일반화 하는데 역시 극히 제한적이다. 때문에 연구에 참여한 개인이나 집단이 다른 개인이나 집단에 대하여 '비교 가능한' 특성(예를 들면, IQ 점수, 표준화검사 점수, 국가나 지역사회에서 실시한 성취도검사, 사회 · 경제적 지위 등등)들을 자세하게 제시해 주는 것이 바람직하다. 이것은 제한적이나마 연구결과를 일반화하려는 데 도움을 줄 수 있기 때문이다. 편의표집은 지원자 표집과 이용가능한 집단 표집으로 구분할 수 있다.

지원자 표집 연구자가 비록 무작위로 표본을 추출하였다고 하더라도, 선택된 표본들 중 일부가 연구에 참여하기를 원하지 않을 수 있으며, 그 결과 연구에 참여하는 표본의 특성은 이미 처음에 표집 했던 표본과 그 특성이 달라질 수 있다. 이것은 무작위 표집의 의미가 상실될 수 있다는 것을 의미한다. 또한 경우에 따라서는 윤리적 문제 때문에 표본으로 선택된 개인에게 연구에 참여하는 것에 대한 동의를 얻어야 할 필요가 있을 수 있다. 지원자 표집은 연구의 목적에 동의하는 개인이나 집단을 선택하는 것을 말한다(Borg & Gall, 1989). Rosenthal과 Rosnow(1975)는 지원자와 비지원자의 비교 연구를 통하여 지원자가 비지원자에 비해 학력, 사회적 지위, 지적 능력, 사회적 인정에 대한 욕구, 사교적 능력 등에서 더 높다고 지적하고 있다. 따라서, 지원자 표집으로 연구대상을 선정할 경우에는 이러한 점을 고려해야 하며, 연구결과를 일반화하는데 유의해야 한다.

이용 가능한 집단 표집 이 표집은 연구자가 가장 이용하기 쉬운 집단을 선택하여 연구를 수행하는 경우를 말한다. 예를 들면, 연구자가 중학교 2학년 학생들의 기하 학습에 대하여 관심이 있어 연구를 수행하고자 할 때, 연구자 본인이 재직하고 있거나 특정한 학교의 중학교 2학년 학생들을 표본으로 선택하는 경우이다. 이와 같은 경우, 연구결과의 일반화를 적용할 수 있는 '이용할 수 있는 모집단(accessible population)'과 더 나아가서 '목표 모집단(target population)'은 연구자가 재직하고 있거나 특정한 학교에 국한하게 된다. 따라서 앞에서 언급한 바와 같이, 타 집단에 대한 적용 가능성을 보다 넓히기 위해서는 표본으로 선택한 집단에 대하여 '비교 가능한' 특성을 구체적으로 기술하여야 한다.

3) 할당표집

할당표집(quota sampling)은 통상적으로 모집단의 구성원들을 모두 면담하는 것이 불가능한 조사연구에서 가장 자주 사용된다. 이 표집은 선택하고자 하는 표본의 집단별 분포를 미리 알고, 그에 맞추어 각 집단 내에서 할당된 수만큼의 표본을 연구자가 임의로 추출하는 방법이다. 예를 들어, 연구자가 교사들의 수학적 신념에 관심을 갖고 연구를 수행하는 경우에, 교사 경력이 10년 미만, 10년 이상 20년 미만, 20년 이상으로 나누어 각각의 경력에 맞추어 면담해야 할 교사 수를 임의로 할당하여 면담을 행하는 경우이다. 또한 면담해야 할 교사를 정할 때 쉽게 접근이 가능한 교사들로 결정되는 경우가 많다.

할당표집은 모집단을 여러 개의 하위집단으로 구분하여 표집을 한다는 측면에서 층화표집과 비슷하지만, 연구자의 주관적인 판단으로 표본을 구성한다는 점에서 편의표집이나 목적표집과 유사하다.

3 표본의 크기

초보 연구자들로부터 가장 많이 듣는 질문 중의 하나가 "표본의 크기를 얼마로 해야 하는가?"이며, 이에 대한 답변은 "충분히 크게"라는 것이다. 여기서 '충분히 크게'의 의미는 매우 애매하다. 그렇다고 표본의 크기가 무조건 크면 클수록 좋은가라는 것도 문제가 있다. 필요 이상의 표본을 추출해서 이용한다면 거기에 따르는 불필요한 노력과 경비가 따를 것이다. 예를 들어, 초등학교 1학년 300명을 모집단이라고 했을 때, 299명, 298명, 또는 297명을 표집했다면 어떻겠는가? 또 표본의 크기가 충분하지 않은 경우에는 모집단을 대표할 수 있는 대표성에 문제가 따른다. 초등학생 300명 중에서 1명, 2명, 또는 3명을 단순무작위표집했다면, 이 표본은 모집단을 대표할 수 없을 것이다.

Borg와 Gall(2003)은 상관관계연구에서는 일반적으로 사례의 수가 최소 30명이어야 하며, 인과-비교 연구와 실험연구에서는 비교하기 위한 각각의 집단에 최소 15명, 조사연구에서는 주된 하위집단의 각각에 적어도 100명, 그리고 하위집단을 세분화한 보다 더 작은 하위집단에는 20~50명 정도의 사례 수가 필요하다고 하고 있다. 그러나 이것은 대략적인 기준에 불과한 것으로 Borg와 Gall(2003)은 다음과 같은 조건에서는 표본의 크기를 보다 크게 하는 것이 필요하다고 주장한다.

- 연구결과에 영향을 줄 수 있는 통제되지 않은 변인들이 많을 때
- 효과 크기가 작을 것으로 예상될 때
- 집단들을 하위집단으로 나누어야 할 때
- 연구 수행 과정에서 탈락률이 높을 것으로 예상될 때
- 높은 수준의 통계적 유의성, 통계적 검증력, 또는 두 가지 모두가 요구될 때
- 모집단의 구성원들이 연구되고 있는 변인들에 대하여 매우 이질적일 때
- 종속변인에 대한 신뢰할 수 있는 측정이 유용하지 않을 때

결론적으로 말해서, 표본의 크기를 결정하는 절대적인 규칙은 없다. 연구의

목적과 방법, 종류, 자료수집 방법 및 비용, 연구대상의 손실 등을 고려하여 표본의 크기를 결정해야 한다. Gay(1996)는 표본의 크기를 정하기 위하여 5가지의 일반적인 원칙을 제시하고 있다.

- 모집단의 크기가 크면 클수록, 모집단 크기에 대한 표본의 크기의 비율은 작아진다.
- 모집단의 크기가 작을 때, 예를 들어 100 또는 그 이하 일 때, 전체 모집단을 표본의 크기로 한다.
- 만일 모집단의 크기가 대략 500(400 내지 600)이면, 50%가 표본이 된다.
- 만일 모집단의 크기가 대략 1500이면, 20%를 표본으로 한다.
- 모집단의 크기가 어떤 한계점(약 5000)을 넘으면, 모집단의 크기에 상관없이 표본의 크기는 400이 적절하다.

한편, 통계적으로 표본의 크기를 결정하는 방법은 다음과 같다(박도순, 2002). 표본의 크기를 통계적으로 결정하기 위해서는 연구자가 설정한 통계적 유의수준에 따른 허용 오차, 측정도구의 신뢰도 등을 고려해야 하는데, 이 때 오차의 허용범위와 단순무작위표본의 크기의 관계는 〈표 4.7〉과 같다. 가령,

표 4.7 오차의 허용범위와 단순무작위표집의 크기와의 관계

오차의 허용 범위	신뢰수준	
	95% 수준	99% 수준
1%	9,604	16,587
2%	2,401	4,147
3%	1,067	1,843
4%	600	1,037
5%	384	663
6%	267	461
7%	196	339

오차의 허용범위를 3%로 잡을 경우, 95%의 신뢰수준에서는 1,067명의 표본이 필요하며, 99%의 신뢰수준에서는 1,843명의 표본이 필요하다. 그러나 〈표 4.7〉을 사용하여 표본의 크기를 결정할 때는 단순무작위표집에서만 사용할 수 있다는 점에 주의해야 한다.

CHAPTER 05

측정과 검사

- 측정의 의미와 목적
- 표준화검사
- 타당도
- 신뢰도

1 측정의 의미와 목적

모든 연구들은 가설을 검증하거나 연구문제에 답을 하기 위하여 자료의 수집을 필요로 한다. 인간을 대상으로 하는 교육연구에서는 인간의 특성이 쉽게 드러나지 않기 때문에, 그러한 특성을 드러나게 하기 위하여 측정을 한다. 이러한 인간의 비가시적인 특성을 측정하기 위하여 측정도구가 사용된다. 예를 들어, 어떤 연구자가 "지능과 창의성 사이에는 어떤 관계가 있는가?"에 대해서 연구한다고 하자. 이 연구에서 가장 중요한 요소는 지능과 창의성인데, 이 요소들은 직접적으로 관찰될 수 있는 것이 아니다. 다만, 이 요소들을 나타내주는 지표, 즉 관찰 가능한 행동을 통해서 그것들을 관찰할 수 있을 뿐이다. 관심을 갖고 있는 행동 요소에 대한 지표를 적용하는 것이 바로 측정이라고 할 수 있다. 일반적으로 교육연구에서 측정(measurement)은 "측정되어야 할 개인이나 집단의 특성 또는 속성에 수를 대응시키는 절차"(Kerlinger, 1973, p. 426)를 말한다. 즉, 개인이나 집단의 특성을 구체화하기 위하여 정해진 규칙에 따라 그 특성에 수치를 부여하는 절차를 측정이라고 한다.

교육연구를 수행할 때 가장 중요한 과제 중 한 가지는 지능, 성취도, 적성, 성격, 흥미, 태도, 자아-존중감 등등과 같은 특성들을 측정할 수 있는 측정도구를 개발하는 것이다. 교육연구와 마찬가지로 수학교육연구도 매우 광범위한 현상을 다루기 때문에, 여러 가지 변인들을 측정할 수 있는 측정 도구들이 요구된다. 수학학습에 대한 연구에서는 인지적 측면에서의 성취도, 지능과 같은 고유의 능력, 그리고 학생들의 태도와 같은 정의적 측면을 측정할 필요가 있다. 때로는 학생뿐만 아니라, 교사, 교육행정가, 학부모와 같이 수학교육과 관련된 사람들의 의견이나 성향을 조사할 필요가 있을 것이다.

교육연구에서 사용되는 측정도구로는 주로 검사와 질문지를 사용한다. 지적 능력이나 학업성취도와 같은 인지적 측면을 측정하기 위해서는 검사가 주로 사용되고, 태도나 신념, 가치관, 감정 등과 같은 정의적 측면을 측정하기 위해서는 질문지가 사용된다(Gay, 1996). 검사는 정답이 있는 문항들로 구성되나 질문지는 정답이 없는 문항들로 구성되며, Likert 척도와 같은 평정법을 적용하여 측정된다. 검사내용에 따라 인지적 검사는 지능검사, 적성검사, 성취도검사, 창의성검사 등으로 나누어지며, 정의적 검사는 성격검사, 자아개념검사, 태도검사, 학습유형검사 등으로 구분된다.

교육연구에서 자료를 수집하기 위한 주된 방법으로는 다음의 세 가지가 흔히 사용된다.

- 학교성적과 같은 기존의 이용 가능한 자료의 사용
- 연구자가 직접 개발한 도구의 사용
- 표준화된 도구의 사용

기존의 이용 가능한 자료를 사용하면 노력이 적게 들어 편리할 수 있으나, 이러한 유형의 자료수집이 적절한 연구는 많지 않다. 왜냐하면 연구자가 연구하려는 연구목적이나 연구문제에 부합하지 않는 경우가 많기 때문이다. 또한 초보 연구자일수록 학교성적과 같은 이용 가능한 자료의 사용에서 오류를 범하는 경우를 자주 볼 수 있다. 예를 들면, 연구자가 실험연구 설계에서 실험반과 비교반의 동질성 여부를 판단하기 위하여 학교성적(예를 들면, 중간고사 또는 학기말 고사)을 사전검사로 이용하고, 사후검사로 학교성적이 아닌, 예를 들어 문제해결력검사를 실시한다고 할 때, 학교성적은 사전검사로 인정되지 못한다. 왜냐 하면, 실험설계에서의 사전검사와 사후검사는 동일검사이거나 동형검사이어야 하기 때문이다.

연구자가 직접 개발한 도구를 사용하여 자료를 수집하는 방법은 일반적으로 연구자들이 특정한 연구목적을 위해 많이 사용하는 방법이지만 몇 가지 제한점을 갖는다. 첫째, 도구를 개발하는데 많은 시간, 노력, 기능이 필요하며, 둘째, 개발된 도구의 타당도(validity)와 신뢰도(reliability)가 문제가 될 수 있으며, 셋째, 개발된 도구는 사용한 연구에 한해서만 의미를 갖는다는 점이다. 다시 말하면, 다른 연구에서는 적용의 범위가 매우 제한적이라는 점이다.

표준화된 도구의 사용은 연구자가 직접 자료를 개발하는 것보다 여러 가지 면에서 장점을 가지고 있다. 첫째, 표준화된 측정도구를 선택하기 위해 필요한 시간은 연구자가 직접 도구를 개발하는 시간보다 훨씬 적게 들며, 둘째, 필요한 지식과 기능을 가진 전문가들에 의해 개발되며, 셋째, 동일한 측정도구를 사용한 서로 다른 연구들의 결과가 비교될 수 있으며, 마지막으로, 표준화된 도구는 여러 다른 연구자들에 의해 연구의 반복을 용이하게 한다는 점이다.

2 표준화검사

앞에서 언급한 바와 같이 표준화된 측정도구를 사용하면 여러 가지 이점이 있다. 표준화된 측정도구를 일컬어 표준화검사(standardized test)라고 한다. 표준화검사는 일반적으로 전문가들에 의해 개발되기 때문에 잘 구성되어 있다고 볼 수 있다. 표준화검사란 "모집단을 대표하는 피험자를 표집하여 동일한 지시와 절차에 의하여 시행한 후 객관적 채점방법에 의하여 규준이 만들어진 검사"로(성태제, 시기자, 2007, p.147), 검사 설명서(test manual)를 포함하고 있다. 검사 설명서는 표준화검사의 매우 중요한 특성으로, 검사를 시행하는 데 필요한 지시, 절차, 채점 방법 및 결과 해석 방법 등이 설명되어 있다. 또한 객관성이 있으며 타당도와 신뢰도를 겸비한 자료라는 점이 특징이다. 객관성이란 개인의 점수에 대하여 누가 채점을 하더라도 본질적으로 항상 같은 점수가 나온다는 것을 의미한다. 타당도는 검사가 측정하고자 하는 것을 얼마나 잘 측정하는가와 관련되며, 신뢰도는 검사 결과가 일관된 결과를 나타내는가와 관련된다. 〈부록 1〉에는 국내의 주요 표준화검사를 제시하였으며(김석우, 최태진, 2007), 〈부록 2〉에는 외국의 주요 표준화검사를 제시하였다(Roger, 1995; Anastasi, 1982).

표준화검사의 또 다른 특징은 앞에서 언급한 바와 같이, 채점방법에 의하여 규준이 만들어진 검사, 즉 규준점수를 제공함으로써 검사에서 받은 점수의 상대적 위치를 알려주는 역할을 한다. 대부분의 표준화검사는 원점수에 대응되는 백분위수나 z-점수와 T-점수와 같은 표준점수 등을 포함하고 있으며, 표준화검사의 분포는 정규분포라는 것을 가정한다.

백분위수 표준화검사에서 얻은 자료를 크기순으로 늘어놓아 100등분한 값을 말한다. 예를 들어, 원점수가 80점인 학생의 백분위수가 15라는 의미는 이 학생의 상대적인 서열이 상위에서부터 15퍼센트에 해당한다는 것을 나타낸다.

z-점수 z-점수는 평균을 0, 표준편차를 1로 나타내는 점수를 말하며, z-점수를 계산하는 공식은 아래와 같다.

$$z = \frac{x - \bar{x}}{s} \text{ (}x\text{는 점수, }\bar{x}\text{는 평균, }s\text{는 표준편차)}$$

따라서 z-점수는 소수로 표현되는 경우가 있으며, 원점수가 평균점수 미만인 경우에는 음수가 된다. 예를 들어, 400점 만점인 대학수학능력검사에서 평균이 230점이고, 표준편차가 40일 때, 어떤 학생이 200점을 얻었다면 이 학생의 z-점수는 3이며, 평균보다 낮은 −1편차 범위에 속함을 알 수 있다. 즉, −1

편차와 −2편차 사이에 있으며, −1편차에 더 가깝다.

$$z = \frac{200 - 230}{40} = -0.75$$

***T*−점수** 음수로 표현되는 z−점수의 불편함을 해결하기 위해 T−점수로 환산하는 방법이 생겼으며, T−점수는 평균을 50, 표준편차는 10으로 하는 점수를 말하며, T−점수를 계산하는 공식은 아래와 같다.

$$T = 50 + 10z$$

예를 들어, 위에서 z−점수가 −0.75인 학생의 T−점수는 42.5이다.

$$T = 50 + 10 \cdot (-0.75) = 42.5$$

위의 예에 대한 원 점수, z−점수, T−점수 간의 관계를 정규분포 상태의 그래프에 나타내면 [그림 5.1]과 같다.

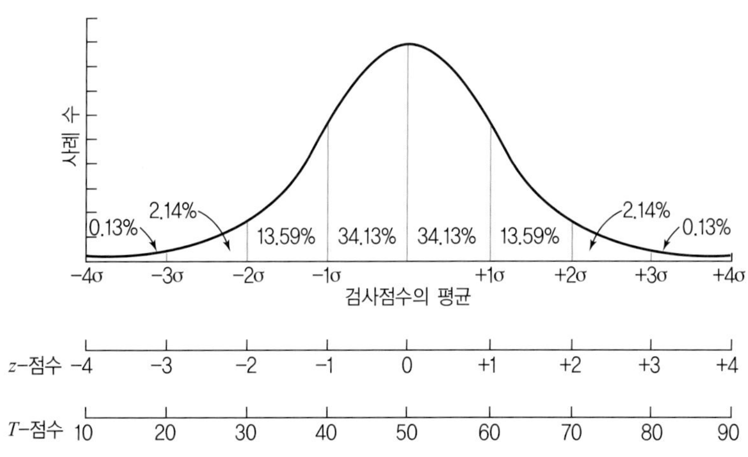

그림 5.1 정규분포 상태에서의 검사점수들 간의 관계

3 타당도

타당도에 대한 가장 단순한 정의는 검사가 측정하고자 하는 것을 얼마나 잘 측정하는가의 정도를 말하며, 결과적으로 타당도가 높다는 것은 검사에서 얻은 점수에 대한 해석이 타당하다는 것을 의미한다. 타당도에 대한 공통된 오개념은 검사 자체가 "타당한가? 또는 타당하지 않은가?"라고 질문하는 것이다. 사실 어떤 검사든 검사 그 자체만 보고 타당도를 판단할 수 없다. '타당하다' 라는 것은 검사가 특정한 목적과 특정 집단에 대해서 타당한가 또는 타당하지 않은가를 알아보는 것이다. 타당도를 말하고자 할 때에는 '무엇을 위해서 그리고 누구를 위해서 타당한가?' 를 말하지 않으면 안 된다.

Gronlund와 Linn(1990)은 타당도를 이해하는데 있어서 다음의 네 가지 주의점을 제시하고 있다.

> 첫째, 타당도는 피험자 집단에 사용된 측정도구나 검사에 의하여 얻어진 결과의 해석에 대한 적합성이지 검사 자체와 관련된 것은 아니다. 그러므로 편의상 검사의 타당도라 표현하지만 정확히 말하자면 검사 결과에 기초한 해석에 대한 타당성을 말하는 것이다.
> 둘째, 타당도는 정도의 문제다. 타당도가 있다 혹은 없다로 말하는 것이 아니라 어느 정도, 즉 낮다, 적절하다, 높다 등으로 표현하여야 한다.
> 셋째, 타당도는 특별한 목적이나 해석에 제한된다. 즉, 한 검사가 모든 목적에 부합할 수 없듯이 이 검사는 무엇을 측정하는 데 타당하다고 표현하여야 한다.
> 넷째, 타당도는 단일한 개념이다. 타당도 개념을 다양한 종류로 구분하기 보다는 다양한 종류의 근거에 기초한 단일한 개념으로 해석하고 있다
> (성태제, 시기자, 2007, pp. 164-165에서 재인용).

타당도에는 몇 개의 서로 다른 유형, 즉 내용(內容, content) 타당도, 구인(構因, construct) 타당도, 공인(共因, concurrent) 타당도, 예측(豫測, predictive) 타당도로 구분된다. 타당도는 그것들이 결정되는 서로 다른 방법 때문에 논리적(logical) 타당도 또는 준거-관련(criterion-related) 타당도로

분류된다. 내용 타당도는 기본적으로 판단을 통해서 결정되기 때문에 논리적 타당도에 포함되며, 공인 타당도와 예측 타당도는 다른 준거에 대한 수행에 관련지어서 결정하기 때문에 준거-관련 타당도에 포함된다.

1. 내용 타당도

내용 타당도는 검사가 의도된 영역을 측정하는 정도를 말하며, 이 타당도를 알아보기 위해서는 문항 타당도와 표집 타당도 모두가 필요하다. 문항 타당도는 검사문항들이 의도된 내용 영역을 대표하여 측정되는가의 여부와 관계되며, 표집 타당도는 검사가 전체 내용 영역을 표본으로 얼마나 잘 추출되는가와 관계된다. 예를 들어, 초등학교 5학년 학생들을 대상으로 실시한 수학 문제해결 검사의 문항들이 5학년 수준에 맞는 문제해결능력을 측정할 수 있는 문항으로 구성되어 있고 이 문항들이 문제해결력을 측정할 수 있는 문제들을 대표하고 있을 때, 이 검사를 통해 얻은 점수가 문제해결능력 점수로 적합하다고 판단할 수 있을 것이다.

내용 타당도에 대한 판단은 전문가에 의하여 검사가 측정하고자 하는 속성을 제대로 측정할 수 있는가를 주관적으로 판단하기 때문에 검사도구의 타당성 입증은 논란이 야기될 수 있다. 이러한 문제점을 해결하기 위한 방법은, 문항을 개발 또는 선정하기 위한 기준(예를 들면, 이원분류표)을 정하고 이 기준에 따라 문항을 개발하거나 선정할 때 전문가에게 이 기준이 적절한지의 여부와 문항들이 이 기준을 만족하고 있는지를 판단하게 하는 방법이다.

내용 타당도는 기본적으로 학업성취도 검사와 같은 종류의 타당도를 입증할 때 자주 사용되지만, 내용 타당도는 많은 연구에서 문제점이 있는 것으로 드러나고 있다. 예를 들면, 동일한 내용을 지도하는 데 있어서 서로 다른 접근 방법의 효과를 알아보기 위해 사후검사로 학업성취도 검사를 실험집단에 시행하였다고 했을 때, 내용 타당도가 다른 집단에 비하여 어느 한 집단에 더 타당한 경우가 있을 수 있으며, 결국 사후검사의 차이는 교수방법의 차이라기보다는 사용한 검사의 탓일 수 있다. 왜냐 하면, 검사 문항이 어느 한 집단에 더 타당하게 구성되어 있을 수 있기 때문이다. 이와 같은 경우의 직접적인 한 예로, 새수학(New Math)을 가르칠 때의 접근 방법과 새수학 이전의 전통적인 수학을 가르칠 때의 접근 방법에서 강조하는 내용이 다를 수 있다(Latterell, 2004; 박성선, 2008). 즉, 새수학은 개념과 원리의 이해를 강조하는 반면에 전통적인 수학은 계산 기능을 강조하고 있어서, 검사문항의 구성이 새수학의 입장에서 구성되었다고 할 때 측정하고자 하는 내용 영역이 비록 같다고 하더라도 새수학을 배운 집단에는 타당한 검사가 될 수 있지만 전통적인 수학을 배운 집단에는 타당한 검사가 되지 않을 수 있다.

2. 구인 타당도

구인 타당도는 조작적으로 정의되지 않은 인간의 심리적 특성이나 성질을 구인으로 분석하여 조작적으로 정의를 내린 후, 검사가 조작적으로 정의한 구인을 제대로 측정하는 정도를 말한다. 구인(construct)이란 심리적 특성이나 행동 양상을 설명하기 위하여 가정하는 심리적 요소를 말한다. 예를 들어, 창의성이라는 구인을 측정하고자 할 때에는 창의성이 민감성, 정교성, 유창성, 융통성, 독창성 등등의 구인으로 구성(고안된 것임)되어 있다는 조작적 정의에 근거하여 검사도구를 개발하여 시행한 뒤, 이 검사도구가 이와 같은 구인들을 측정하고 있는지를 판단하여 구인 타당도의 정도를 말하게 된다.

구인 타당도를 입증하기 위한 과정은 쉬운 과제는 아니지만, 기본적으로 구인과 관련된 이론에서 유도된, 즉 구인을 구성하는 요소들이 무엇이고, 이것들의 조작적 정의가 타당한지를 밝히는 과정이 포함된다. 다시 말하면 이론에서 유도된 가설들을 검증하는 과정이 필요하다. 예를 들어, "불안이 높은 사람은 불안이 낮은 사람보다 일하는 시간이 더 많을 것이다"라는 가설과 관련된 검사문항은 실제로 이와 같은 현상이 나타날 때 구인 타당도가 있다고 할 수 있다. 구인 타당도의 높고 낮은 정도는 통계적인 방법, 예를 들면, 상관관계분석, 회귀분석, 요인분석, 구조방정식 모형을 통하여 그 정도를 측정할 수 있다.

3. 공인 타당도

공인 타당도는 한 검사의 점수가 이미 타당성이 입증된 다른 검사의 점수와 관련되는 정도를 말한다. 즉, 새로운 검사도구를 개발할 때 타당성을 검증하기 위하여 기존에 타당성을 입증 받은 다른 검사와의 유사성 혹은 연관성에 의하여 타당성의 정도를 검증하는 방법이다.

공인 타당도는 관계를 알아봄으로써 결정되며, 관계에 대한 정도는 새로운 검사에 대한 점수와 이미 타당성을 입증 받은 검사 또는 준거가 되는 검사에 대한 점수와의 상관관계로 판단한다. 만일 상관계수가 높으면 공인 타당도는 높다고 할 수 있다. 예를 들어, 어떤 연구자가 수학문제해결력 검사 도구를 새로 개발하고자 할 때, 새로 개발한 수학문제해결력 검사 도구에 대한 학생들의 점수와 이미 개발되어 사용되고 있는 수학문제해결력 검사 도구에 대한 학생들의 점수와의 상관계수가 만일 0.95라고 한다면, 공인 타당도는 매우 높다고 할 수 있다. 따라서 공인 타당도는 기존에 타당성을 입증 받은 검사 도구가 없을 경우 타당도를 추정할 수 없으며, 기존에 타당성을 입증 받은 검사 도구가 있다 할지라도 그 검사 결과와의 관계를 조사해야 하기 때문에 기존의 검사에 의존할 수 밖에 없다.

4. 예측 타당도

예측 타당도는 검사가 미래의 상황에서 개인을 얼마나 잘 예측할 수 있는가의 정도를 말한다. 예를 들어, 대학수학능력시험의 점수가 높은 학생이 대학교에 입학한 후에도 학교 성적이 높게 나온다면, 예측 타당도는 높다고 할 수 있을 것이다. 미국에서 대학원을 진학하고자 하는 학생들에게 시행하고 있는 GRE(Graduate Record Examination) 검사의 타당도는 예측 타당도로 검정되는 한 대표적인 예라고 할 수 있다. 일반적으로 적성검사, 인성검사, 대학수학능력검사 등은 예측 타당도를 중요시하는 검사들이다.

예측 타당도 역시 공인 타당도와 같이 상관계수에 의해 추정된다. 미래의 행위에 대한 측정은 이전에 만들었던 검사로 다시 측정하는 것이 아니기 때문에, 미래의 행동을 측정하는 데 어려움이 있을 수 있다. 다시 말하면, 예측 타당도는 동시에 측정하는 것이 불가능하기 때문에 예측 타당도를 검증하기 위해서는 일정 기간 동안의 시간이 필요하다.

4 신뢰도

측정도구에 대한 신뢰도는 기본적으로 검사가 측정하려는 것이 무엇이든 간에 검사를 다른 시기에 동일한 피험자들에 대하여 시행할 경우에 동일한 결과 또는 유사한 결과가 나오기를 기대하는 정도를 말한다. 다시 말하면, 신뢰할 수 있는 검사라는 것은 본질적으로 그 검사를 시기를 달리해서 동일한 피험자에게 여러 번 반복해서 시행하더라도 검사 결과로 얻어진 점수들이 얼마나 안정적으로 일치하는가의 정도를 말한다. 만일 동일한 피험자에게 같은 검사를 시행할 때마다 차이가 많이 난다면 그 검사는 신뢰할 수 없을 것이다. 예를 들어, 표준화검사로 개발된 '중학교 1학년용 수학문제해결력 검사' 를 통하여 표본으로 추출된 중학교 1학년 학생들에게 한달 전에 시행했을 때의 평균 점수가 52점이었는데, 오늘 시행했을 때의 평균점수가 93점이었다면 이 검사는 신뢰할 수 없을 것이다.

신뢰도는 통상적으로 상관계수로 나타내며, 상관계수의 크기는 0에서 1.00까지이다. 신뢰계수가 0이라는 것은 검사도구를 전혀 신뢰할 수 없다는 것을 의미한다. 신뢰계수가 1이라는 것은 검사도구를 완벽하게 신뢰할 수 있다는 것을 의미하며, 이것은 측정되고 있는 변인에 대하여 피험자가 가지고 있는 진정한 능력(또는 상태)을 완전하게 반영하였다는 것을 의미한다. 그러나 실제로 신뢰계수가 1인 경우는 있을 수 없을 것이다. 왜냐하면 어떤 검사를 시행하던 간에 검사결과에는 여러 가지 이유로 인해서 측정오차(errors of measurement)가 발생할 수 있기 때문이다. 검사결과로 얻어진 피험자의 점수 (X)와 피험자의 진정한 점수(T), 측정오차(e)와의 관계는 다음의 식으로 나타낼 수 있다.

$$X = T + e$$

측정오차는 검사 그 자체의 특성(예를 들어, 애매한 검사문항 때문에 학생들에게 혼동을 주는 경우), 검사를 시행할 당시의 피험자의 상태(예를 들어, 피험자가 매우 피곤하거나 의욕이 적은 경우), 검사를 시행할 때의 환경(예를 들어, 분위기가 불안정한 경우, 온도가 아주 높거나 낮은 경우), 검사를 시행하는 시간(예를 들어, 오전에 시행하는 경우와 오후에 시행하는 경우), 그리고 이상의 것들이 복합적으로 작용하여 발생할 수 있다. 따라서 측정오차가 적으면 적을수록 신뢰도는 높아진다. 바꾸어 말하면, 신뢰도가 높으면 높을수록 측정오차는 점점 적어진다.

임의로 발생하는 측정오차는 신뢰도에 영향을 주지만, 측정오차가 체계적이거나 일정하게 나타나면 타당도에 문제가 있음을 의미한다. 예를 들어, 수학학업성취도 검사가 피험자들에게 너무 어려워서 피험자들이 획득한 점수들이 일률적으로 낮았다면, 이 검사의 문항이 피험자들의 수준에 적합하지 않다는 것을 의미하기 때문에 이것은 검사의 타당도와 관련된다고 할 수 있다. 그러나 이 검사의 결과가 매번 일정하게 나온다면 이 검사는 신뢰할 수 있다. 예를 들어, 어떤 학생의 수학학업성취도 검사에 대한 진정한 점수는 90점이지만 검사결과 점수가 70점일 수 있으며(타당도가 낮음), 검사를 볼 때마다 70점일 수도 있다(신뢰도가 높음). 이 예에서, 타당도와 신뢰도와의 관계를 알 수 있다. 즉, 타당한 검사는 신뢰할 수는 있으나 신뢰할 수 있는 검사가 반드시 타당하다고는 할 수 없다. 다시 말하면, 검사가 측정하려고 하는 것을 측정하지 않는다고 하더라도, 즉 타당하지 않은 검사라고 하더라도 검사결과가 매번 같거나 유사하게 나올 수 있으므로 신뢰도는 높을 수 있다. 만일 검사결과가 안정적이지 못하면 이 검사는 타당도뿐만 아니라 신뢰도도 낮다고 할 수 있다. 결국, 신뢰도란 측정하려는 것을 얼마나 안정적으로 일관성있게 측정하는냐(일관성), 즉 검사도구가 얼마나 정확하게 오차없이 측정을 하느냐(신뢰성)의 문제다.

신뢰도를 검증하는 방법에는 여러 가지 방법이 있으며, 각각의 검증방법에 따라 서로 다른 종류의 일관성을 취급한다. 신뢰도의 종류에는 크게 보아 검사-재검사 신뢰도, 동형검사 신뢰도, 내적일관성 신뢰도로 나눌 수 있다. 또한, 내적일관성 신뢰도는 반분검사 신뢰도, 문항내적일관성 신뢰도(Kuder-Richardson 방법, Cronbach 방법)으로 나누어진다.

검사-재검사 신뢰도, 동형검사 신뢰도는 동일한 집단에 대하여 두 번 측정하여 얻은 두 검사 결과간의 상관계수로 결정하며, 문항내적일관성 신뢰도는 검사의 각 문항이 그 검사의 다른 모든 문항들과 그리고 전체 검사와 어떻게 관련되는가로 결정한다. 반분검사 신뢰도와 문항내적일관성 신뢰도는 한 집단에 대하여 한번 실시한 검사 결과를 기초로 하여 추정하는 반면에, 검사-재검사 신뢰도와 동형검사 신뢰도는 한 집단이 두 번의 검사(동일 또는 동형)를 시행하여 상관계수로 나타낸다.

1. 검사-재검사 신뢰도

검사-재검사(test-retest) 신뢰도는 동일한 검사를 동일 피험자 집단에게 일정한 시간 간격을 두고 두 번 시행한 점수들 간의 일치하는 정도를 말하는 것으로, Pearson의 단순적률상관계수로 신뢰도를 추정하며, 이 계수는 검사도구의 안정성에 대한 지표가 된다.

검사-재검사 신뢰도는 동형검사를 이용할 수 없을 때, 피험자가 두 번째 검사에서 첫 번째 검사에 대한 반응을 기억할 가능성이 없을 때, 다시 말하면 피험자의 기억이 소멸되었다고 여겨질 때 사용할 수 있다. 일반적으로 재검사를 시행하기까지는 2~3개월 정도를 안정적인 기간으로 설정하지만(이종성, 1996), 검사도구의 특성, 측정내용에 따라 달라질 수 있다. 예를 들어, 검사문항이 역사적인 사실들로 구성되어 있을 때와 대수 문제로 구성되어 있을 때 각 문항에 대한 답을 기억할 수 있는 기간이 다를 수 있을 것이다.

검사-재검사 신뢰도의 문제점은 앞에서도 언급한 바와 같이, 재조사를 실시하기 위한 시간 간격을 얼마로 하는가의 문제이다. 시간 간격이 너무 짧으면, 첫 번째 검사에 대한 기억으로 인하여 '안정성 계수(coefficient of stability)'가 낮아진다. 반면에 시간 간격이 너무 길면, 예를 들어 6개월 또는 1년인 경우, 이 기간 동안에 피험자의 성숙 또는 학습으로 인하여 피험자의 능력이 더 좋게 변화될 수 있으므로 역시 안정성 계수가 낮아진다. 또한 검사를 두 번 시행하는 것에 따르는 어려움이다. 즉, 동일한 검사 환경, 검사에 대한 동일한 동기와 검사 태도를 만드는 것이 어렵다.

$$r_{xy} = \frac{\sum z_x z_y}{N}$$

Z_x, Z_y는 각각 검사 X와 재검사 Y에 대한 z-검사 점수,
Σz_x, z_y는 Z_x, Z_y의 합,
N은 검사 인원수를 의미한다.

다음은 Pearson의 상관관계로 검사-재검사의 신뢰도 계수를 구하는 공식이다.

2. 동형검사 신뢰도

동형(equivalent forms) 검사는 검사에 포함된 실제적인 문항들을 제외하고 모든 방법에서 동일한 두 개의 검사를 말한다. 다시 말하면, 검사의 두 형태는 동일한 변인을 측정하고, 문항수, 구조, 난이 수준이 같아야 하며, 검사를 시행하기 위한 절차, 점수를 부여하는 방법, 점수에 대한 해석 등이 모두 같아야 한다. 만일 동일 집단에게 이 두 개의 검사를 실시한다면, 사실상 점수의 평

균과 함께 점수의 분포도 두 검사 모두에서 필수적으로 동일해야 한다. 동형검사 신뢰도는 동일집단에 동시에 시행한 두 검사 간의 유사성을 측정하는데, Pearson의 단순적률상관계수로 신뢰도를 추정한다. 이 계수는 검사도구의 동등성(equivalence)에 대한 지표가 된다. 만일 두 형태의 검사가 서로 다른 시간에 시행된다면 신뢰도 계수는 검사-재검사와 동형 검사 신뢰도가 결합한 '안정성과 동등성 계수(coefficient of stability and equivalence)' 를 가리킨다. 다음의 예는 동형검사 문항을 나타낸다.

〈예 1〉 다음 방정식에서 ①과 ②는 동형검사 문항이다.

① $2x+5=-3x-10$

② $3x+8=-4x-6$

〈예 2〉 다음의 문장제에서 ①과 ②는 동형검사 문항이다.

① 수빈이네 집은 닭과 토끼를 기르고 있다. 닭과 토끼는 모두 25마리이고, 다리의 수는 모두 76개라고 한다. 닭과 토끼는 각각 몇 마리인가?

② 어느 주차장에 오토바이와 승용차가 주차되어 있다. 오토바이와 승용차의 수는 모두 32대이고, 바퀴의 수는 모두 100개라고 한다. 오토바이와 승용차는 각각 몇 대인가?

동형검사 신뢰도는 피험자가 첫 번째 검사에 대한 반응을 기억할 가능성이 있을 때, 서로 다른 형태의 두 검사가 이용 가능할 때, 그리고 두 검사의 형태가 피험자의 점수에 크게 영향을 주지 않을 것이라는 확신이 있을 때 사용하는 것이 적절하다. 교육연구에서, 형태가 서로 다른 검사(동형검사)를 동일집단에 시행할 때 하나는 사전검사로, 또 다른 하나는 사후검사로 사용하기도 한다.

동형검사 신뢰도의 단점은 사실상 모든 조건에서 동일한 두 가지 형태의 검사 도구의 제작이 어렵다는 점으로, 동등성의 결함은 측정오차의 근원이 된다. 또한 검사-재검사 신뢰도와 마찬가지로 검사를 동시에 두 번 시행하는 어려움이 따른다.

3. 내적일관성 신뢰도

1) 반분검사 신뢰도

반분검사 신뢰도(split-half reliability)는 내적일관성 신뢰도의 일반적인 유형으로, 단 한 번의 검사만을 시행하기 때문에 검사-재검사 신뢰도의 추정에서 검사 조건의 차이로 인해서 발생할 수 있는 측정오차가 제거된다. 검사가 매우 길거나 한 집단에 동일검사를 다른 시간에 두 번 시행하거나, 또는 동형검사를 시행하는 데 어려움이 있을 때 특히 적절하다.

반분검사 신뢰도는 검사 문항을 두 부분으로 양분한 후(예를 들면, 홀수 번호의 문항과 짝수 번호의 문항, 전반부 문항과 후반부 문항, 또는 무작위로 나누는 방법), 두 부분 검사의 점수에 대한 유사성을 추정하는 방법으로써, 두 부분 검사의 상관계수를 구한 다음 Spearman-Brown 교정 공식에 의해 계산한다.

반분검사 신뢰도의 문제점은 검사를 두 부분으로 나누는 방법에 따라 신뢰도 계수가 달라질 수 있다는 점이다. 특히, 계산의 빠르기를 측정하기 위한 속도 검사일 경우에는 문항들의 전반부와 후반부로 나누는 방법은 사용하지 않는 것이 좋다. 왜냐 하면 능력이 부족한 피험자는 시간이 부족하여 후반부에 대한 응답을 하지 못하는 경우가 생길 수 있기 때문이다.

다음은 반분검사 신뢰도를 추정하기 위한 Spearman-Brown 교정 공식이다.

$$r = \frac{2e}{1+e}$$

e는 두 부분검사의 상관계수,
r은 전체 검사의 신뢰도 계수를 나타낸다.

예를 들어, 문항 수가 50개인 검사가 있다고 하자. 홀수 번호인 문항 25개에 대한 점수들과 짝수 번호인 문항 25개에 대한 점수들의 상관계수 e가 0.80(일단 문항 수가 각각 25개씩인 동형검사 신뢰도로 반분검사 신뢰도를 예측한 것임)이라면, 이 계수는 50문항이 아닌 단지 25문항에 대한 신뢰도일 뿐이기 때문에 전체 검사문항 50개에 대한 신뢰도는 다시 교정해서 추정하게 된다. 즉, Spearman-Brown 교정 공식을 적용하면, r은 0.89로 교정된다.

$$r = \frac{2(0.80)}{1+0.80} = \frac{1.60}{1.80} = 0.89$$

2) 문항내적일관성 신뢰도

문항내적일관성 신뢰도는 상관관계가 아닌 내적일관성, 즉 검사의 각 문항들이 그 검사의 다른 모든 문항들과 그리고 전체 검사와 어떻게 관련되는가의 추정으로 구해진다. 이 신뢰도는 일반적으로 Kuder-Richardson 공식 즉, *KR-20* 또는 *KR-21* 공식을 적용하는 방법과 Cronbach alpha(α) 방법을 적용한다.

Kuder-Richardson 방법 신뢰도를 구하기 위한 이 방법은 모든 가능한 반분 방법에 의해 계산된 반분검사 신뢰도의 평균으로 신뢰도를 추정하는 것이다. *KR-20*과 *KR-21*은 각각의 문항을 이분법(예를 들면, 옳고 그름, 1 또는 0)에 의해 점수를 부여하는 방법을 사용하며, *KR-21*은 *KR-20* 방법을 보다 간편하게 계산하도록 고안된 방법이다.

$$KR\text{-}20 = \left(\frac{k}{k-1}\right)\left(1 - \frac{\Sigma p(1-p)}{\sigma^2}\right)$$

$$KR\text{-}21 = \left(\frac{k}{k-1}\right)\left(1 - \frac{M(k-M)}{k\sigma^2}\right)$$

k는 문항 수
p는 문항별 통과율
M은 산술평균
σ^2은 표준편차의 제곱을 나타낸다.

다음의 〈표 5.1〉에서 *KR-20*과 *KR-21*을 계산하는 예를 보기로 하자.

표 5.1 *KR-20* 계산과정에 대한 예

문항번호 / 학생성명	1	2	3	4	점수 합	평균(M)	표준편차(σ)의 제곱
김아린	1	0	0	0	1	M=2.0	σ^2=1.667
나경호	1	1	0	0	2		
단영주	0	0	1	1	2		
마석민	0	0	0	0	0		
박두진	1	1	0	1	3		
성경희	1	1	1	1	4		
p	0.67	0.50	0.33	0.50	$\Sigma p(1-p)$=0.944		
$(1-p)$	0.33	0.50	0.67	0.50			
$p(1-p)$	0.222	0.250	0.222	0.250			

$$KR\text{-}20 = \left(\frac{4}{4-1}\right)\left(1-\frac{0.994}{1.667}\right) = 0.58$$

$$KR\text{-}21 = \left(\frac{4}{4-1}\right)\left(1-\frac{2(4-2)}{2(1.667)}\right) = 0.53$$

Cronbach alpha (*α*) 방법 alpha(*α*) 계수 또는 Cronbach alpha(*α*) 계수로 나타내어지는 이 방법은 *KR-20*의 일반화된 공식으로 문항 점수가 이분법으로 계산된 경우는 물론 이분법에 의한 점수가 아닐 때, 예를 들어, 0, 1, 2, 또는 3점과 같이 문항에 따른 점수 부여의 가치가 다를 때 사용된다. 또한 이 방법은 검사를 두 부분으로 나누지 않아도 되는 장점과 문항 간의 일관성에 의하여 단일한 신뢰도 추정 결과를 얻을 수 있는 장점이 있기 때문에 앞에서 언급한 검사-재검사, 동형검사, 반분검사 신뢰도가 가지고 있는 문제점을 극복할 수 있어 흔히 사용되는 방법이다. 그러나 이 방법의 문제점은 검사도구의 신뢰도가 다소 낮게 나오는 경향이 있다는 점이다.

다음은 Cronbach alpha(*α*) 계수를 구하는 공식이며, SPSS 통계 프로그램으로 구하는 방법은 11장에 제시되어 있다.

$$\alpha = \left(\frac{k}{k-1}\right)\left(1 - \frac{\Sigma(\sigma_i)^2}{\sigma^2}\right)$$

k는 문항 수
$(\sigma_i)^2$은 문항별 표준편차의 제곱,
σ^2은 점수 전체의 표준편차를 나타낸다.

다음의 〈표 5.2〉는 Cronbach α를 계산하는 방법을 나타낸 것이다.

표 5.2 Cronbach α 계산과정에 대한 예

문항 번호 / 학생 성명	1	2	3	4	점수 합계
김아린	4	3	4	4	15
나경호	2	5	6	8	17
단영주	3	5	5	3	16
마석민	1	3	1	1	6
박두진	5	5	5	4	19
성경희	4	3	4	4	15
값	1.81	1.00	2.00	1.58	σ^2=16.89
$\Sigma(\sigma_i)^2 = 1.81 + 1.00 + 2.00 + 1.58 + 6.39$					
$\gamma = \left(\frac{4}{4-1}\right)\left(1 - \frac{6.39}{16.89}\right) = 0.82$					

4. 평가자 신뢰도

검사도구에 대한 신뢰도 이외의 또 다른 신뢰도가 조사되어야 할 필요가 있다. 그러한 상황은 통상적으로 긴 문장으로 응답하는 논술형검사, 응답에 적어도 한 단어 이상의 단어들을 포함하는 단답형검사, 등급척도, 관찰도구와 같이 점수 부여에서 주관성이 작용할 때 발생한다. 이러한 상황에서 점수와 등급을 정하는 방법은 측정오차의 근원이 되기 때문에 평가에 대한 평가자의 일관성

을 추정하는 것이 필요하다.

평가자 신뢰도는 평가자간 신뢰도(inter-judge reliability)와 평가자내 신뢰도(intra-judge reliability)로 구분한다. 전자는 두 명 또는 그 이상의 독립적인 평가자에 대한 신뢰도를 말하며, 후자는 개별적인 평가자들의 점수 부여에 대한 신뢰도를 말한다. 다시 말하면, 전자는 점수 또는 등급의 결과가 평가자들 간에 어느 정도로 유사한가를 추정하게 되며, 후자는 한 평가자가 모든 측정 대상에 대하여 점수 또는 등급을 일관성 있게 측정하는가를 추정한다.

양적 연구에서의 평가자내 또는 평가자간의 신뢰도는 이미 앞에서 언급했던 상관관계분석을 사용하여 추정하기도 하지만 단순히 일치하는 정도를 퍼센트(%)로 표현할 수도 있다.

〈표 5.3〉은 평가자 3명이 학습자 5명의 수행에 부여한 점수를 나타낸 것이다. 〈표 5.4〉에서 첫 번째 평가자(R_1)와 두 번째 평가자(R_2)와의 신뢰도는 .41이며, 두 번째 평가자(R_2)와 세 번째 평가자(R_3)와의 신뢰도는 .59로 낮은 반면에, 첫 번째 평가자(R_1)와 세 번째 평가자(R_3)와의 신뢰도는 .97로 매우 높다. 즉, 두 번째 평가자(R_2)는 첫 번째(R_1)와 세 번째 평가자(R_3)와의 상관관계에서 낮은 정도를 보임으로써 점수 부여 기준이 다른 두 평가자와 다르다는 것을 알 수 있다. 특히 〈표 5.3〉에서, 두 번째 평가자(R_2)가 학습자 E에게 9점을 주었다는 것에 의문이 생길 수 있으며 재검의 필요성이 발생한다.

표 5.3 평가자 3명이 학습자 5명의 수행에 부여한 점수

학습자 \ 평가자	R_1	R_2	R_3
A	9	8	9
B	10	9	9
C	6	6	5
D	8	7	7
E	6	9	6

(성태제, 시기자, 2007, p. 202)

표 5.4 3명의 평가자간 신뢰도

	R_1	R_2
R_2	.41	
R_3	.97	.59

(성태제, 시기자, 2007, p. 202)

5. 측정의 표준오차

신뢰도는 또한 측정의 표준오차(standard error of measurement)로 표현할 수 있다. 기본적으로 측정의 표준오차는 주어진 크기에 대한 오차를 얼마나 기대할 수 있는가에 대한 추정으로, 측정의 표준오차가 작으면 높은 신뢰도를 의미하고, 크면 낮은 신뢰도를 의미한다. 만일 검사를 완벽하게 신뢰할 수 있다면(이런 검사는 실제로 없지만), 피험자가 획득한 점수는 측정오차가 없는 진짜의 점수일 것이다. 동일한 검사를 동일한 집단에 몇 번이고 시행한다면 각 개인의 점수는 변할 수도 있을 것이다. 신뢰도가 높으면 그 변화는 적을 것이고, 신뢰도가 낮으면 그 변화는 클 것이다.

한 집단에 한번 검사를 시행하여 얻은 자료를 사용함으로써 측정의 표준오차를 추정할 수 있다. 다시 말하면, 측정의 표준오차는 개인이 획득한 점수와 진짜의 점수 사이에 얼마나 많은 차이가 있는가의 추정을 통해서 알 수 있다. 다음은 측정의 표준오차를 구하는 공식이다.

$$SE_m = \sigma\sqrt{1-r}$$

SE_m는 측정의 표준오차
σ는 검사 점수의 표준편차,
r은 신뢰도 계수를 나타낸다.

예를 들어, 문항 수가 25개인 검사에서, 표준편차가 5이고, 신뢰도계수가 0.84일 때, 측정의 표준오차는 다음과 같다.

$$
\begin{aligned}
SE_m = \sigma\sqrt{1-r} &= 5\sqrt{1-0.84} \\
&= 5\sqrt{0.16} \\
&= 5\,(0.4) \\
&= 2
\end{aligned}
$$

위의 예시에서 알 수 있듯이, SE_m은 σ와 r의 함수이다. 따라서 SE_m이 작으면 작을수록 신뢰도는 높아지고, σ가 작을수록 측정의 SE_m이 작아지므로 신뢰도는 높아진다. 또한 r이 작으면 작을 수로 SE_m이 커지므로 신뢰도는 낮아진다.

CHAPTER 06 실험연구

- 실험연구의 의미와 목적
- 실험설계
- 실험 타당도에 대한 위협

1 실험연구의 의미와 목적

'실험' 이라는 용어는 일상생활에서 흔히 그리고 폭넓게 사용하는 말이다. 만일 누군가가 어떤 새로운 방법 또는 절차를 시도(원인의 제공)한 후, 그것의 결과 또는 효과를 확인하기를 원할 때, 이 과정을 '실험' 이라는 말로 표현한다. 예를 들어, Thomas Edison이 서로 다른 필라멘트 자료들을 사용(원인 제공)하여 어느 것이 작동하는지(결과 또는 효과)를 알아보기 위한 시도를 한 것은 바로 실험을 한 것이라 말할 수 있다.

실험을 잘 하기 위해서는 실험을 수행하기 전에 계획을 세우는 실험설계가 필요하며, 실험설계를 수립할 때에는 실험자가 반드시 '원인' 을 만들어 제공한 후, '결과' 또는 '효과' 를 예측하는 것이 필요하다. 물론 실험을 할 때 그 결과나 효과를 예측하지 못할 수도 있으며, 또한 결과나 효과가 예측한 것과 같지 않을 수도 있다. 실험을 하고자 할 때에는 결과나 효과에 대한 예측을 잘 하는 것이 반드시 필요한 것은 아니지만, 예측을 잘하면 실험을 성공적으로 수행하는 데 훨씬 도움이 된다(실험이 여러 가지 이유로 실패했을 때를 생각해 보아라).

실험연구는 원인-효과 관계에 대한 가설 검증을 진정으로 할 수 있는 유일한 연구 유형으로, 실제적이고 이론적인 교육문제에 대한 해법과 교육발전에 대한 가장 타당한 접근법을 제공하는 대표적인 연구방법이다.

실험연구에 대한 설계를 할 때에는 적어도 하나 이상의 '독립변인'을 조작(manipulation)하고 효과에 영향을 줄 수 있는 관련된 변인들은 완전히 통제하여, 독립변인에 대한 효과가 '종속변인'에서 어떻게 나타나는가를 측정할 수 있는 방법을 생각해야 한다. 독립변인에 대한 이 조작은 다른 유형의 연구와 실험연구를 구별하는 중요한 특성이다. 실험변인(experimental variable)이라고도 하는 독립변인은 차이를 유발시킬 수 있는 활동이나 처치를 의미한다. 독립변인에는 조작이 가능한 실험변인과 조작이 불가능한 유기체변인이 있을 수 있다. 예를 들면, 교수방법, 학습자료의 유형, 학습집단의 크기, 과제의 양과 같은 변인들은 조작이 가능한 실험변인이 될 수 있으나, 성별, 종교, 연령, 인종과 같은 변인들은 조작이 불가능하다. 준거변인(criterion variable)이라고도 하는 종속변인은 독립변인의 결과로 발생하는 집단들에서의 변화 또는 차이이다. 여기서 중요한 점은 종속변인은 측정 가능한 결과이어야 한다는 것이다. 한 예로, 2장에서 언급한 다음의 간단한 실험연구의 예에서 독립변인과 종속변인을 구별해 보기로 하자.

연구 주제: 분석적 방법을 통한 초등학교 6학년 학생들의 수학적 문장제 지도 효과

연구문제: 1. 분석적 방법과 전통적 방법과의 차이

1-1. 분석적 방법을 적용한 학생들과 전통적 방법을 적용한 학생들은 주어진 문장제에 제시된 수량 관계를 이해하고 표현하는 능력에서 차이가 있는가?

1-2. 분석적 방법을 적용한 학생들과 전통적 방법을 적용한 학생들은 주어진 문장제 해결 능력에서 차이가 있는가?

연구문제: 2. 분석적 방법과 전통적 방법의 특정 집단에서의 효과

2-1. 분석적 방법과 전통적 방법은 수학적 능력이 각각 상, 중, 하인 학생들 중 어느 집단에서 더 효과적인가?

위의 예에서, 독립변인은 '분석적 방법'과 '전통적 방법'으로 조작된 변인이며, 이것들은 모두 실험변인(실험처치, 또는 단순히 처치(treatment)라고도 일컫는다)이다. 종속변인은 '수학적 문장제 지도 효과'로, '주어진 문장제에 제시된 수량 관계를 이해하고 표현하는 능력'과 '주어진 문장제 해결 능력'으로 측정 가능한 변인이다. 종속변인인 이것들은 검사를 통해 얻은 점수를 이용하여 독립변인인 분석적 방법과 전통적 방법 간의 차이를 비교한다. 이것을 간단히 나타내면 [그림 6.1]과 같다.

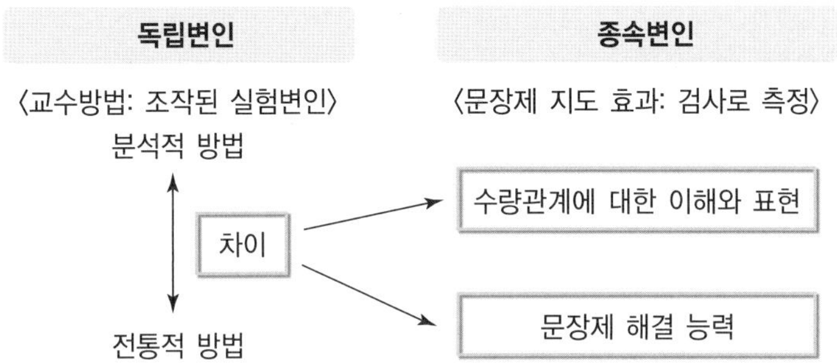

그림 6.1 독립변인과 종속변인과의 관계를 나타낸 한 예

위의 예에서 볼 수 있듯이, 교육연구에서 실험연구는 전형적으로 두 개의 집단, 즉 실험집단과 통제집단(또는 비교집단)을 포함한다. 통제집단은 실험집단에 적용한 처치의 효과를 비교하기 위한 목적으로 필요하다. 위의 예에서, 실험집단은 분석적 방법을 적용하는 집단이며, 통제집단은 전통적인 방법을 적용하는 집단을 가리킨다. 일부 초보 연구자들이 갖고 있는 공통적인 오개념은 통제집단이 전혀 처치를 받지 않는다고 생각하는 것이다. 만일 통제집단에 어떠한 처치도 적용하지 않는다면 이는 공정하지 못하기 때문에, 통제집단은 적어도 일상적인 방법이나 또는 실험집단에 적용하는 접근 방법과는 다른 접근 방법을 처치로 적용해야 한다.

또한 실험연구에서 주의를 해야 할 점은 실험집단과 통제집단은 적용되는 처치 이외의 다른 조건들에 대해서는 모두 동일해야 한다는 점이다. 만일 동일하지 않다면, 실험처치에 대한 효과에서 차이가 발생했다고 하더라도 그 차이의 원인이 반드시 적용된 처치 때문에 발생하였다고 말할 수 없다. 다시 말하면, 그 효과는 처치 이외의 다른 조건이 그 효과에 영향을 줄 수 있기 때문이다. 또한 실험연구에서는 처치에 대한 효과의 주요한 차이를 발견하기 위해서 실험집단에 대한 처치와 통제집단에 대한 처치에서 분명한 차이가 있도록 해야 하며, 실험처치에 대한 효과가 발생할 수 있도록 실험기간이 충분이 길어야 한다. 실험처치에 대한 차이가 분명하지 않거나 실험기간이 짧으면, 그 효과의 유의미한 차이를 발견할 가능성은 매우 적어지게 될 것이다.

실험연구에서의 조작과 통제 앞에서도 언급한 바와 같이, 독립변인에 대한 직접적인 조작은 실험연구가 다른 유형의 연구와 구별되는 중요한 특성이다. '조작'은 쉽게 말하면 연구자가 서로 다른 가치나 형태를 이용하여 원인을 만들어 주는 것을 의미하며, '통제(control)'는 종속변인의 수행에 어떤 영향을 줄 수 있는 간섭변인(intervening variable)이나 외래변인(extraneous variable)의 영향을 제거하려는 노력을 말한다. 실험 절차에서 통제를 하는 목적은 첫째, 실험집단과 비교집단을 비교할 때 비교 가능하도록 하기 위해 처치 이외의 다른 조건들을 동일하게 하기 위함이며, 둘째, 실험 후 효과에서 차이가 있을 때 그 차이의 원인은 오로지 독립변인 때문에 그 차이가 발생하였다는 것을 설명하기 위함이다.

잘 설계된 실험연구의 준거 Wiersma(1985)는 실험연구의 설계가 잘 되었는지의 준거로 아래의 여덟 가지를 제시하고 있다.

① 적절한 실험 통제 : 실험결과들을 올바르게 해석할 수 있도록 실험 조건들을 적절히 통제하고 있는가?

② 인위성에 대한 존재 여부 : 실험결과를 교실과 같은 자연적 환경으로 일반화할 수 있는가?

③ 비교를 위한 기반 : 실험 효과의 여부를 결정하기 위한 어떤 비교방법나 비교대상(예를 들어, 통제집단)이 있는가?

④ 자료의 적절성 : 자료는 연구문제 또는 가설을 검증하는데 적절한가?

⑤ 오염되지 않은 자료 : 자료는 실험 절차에서 불충분한 측정 또는 오류에 의해 영향을 받지 않고 실험 효과를 적절하게 반영하고 있는가?

⑥ 혼동을 일으키는 관련된 변인 : 종속변인에 영향을 줄 수 있는 변인들에 대한 통제는 잘 되어 있는가?

⑦ 대표성 : 실험결과를 일반화할 수 있는 무선화(randomization), 즉 피험자의 무작위 추출과 무작위 할당이 잘 되어 있는가?

⑧ 용이성 : 실험설계는 단순하고 수행하기가 용이하며, 또한 해석도 용이한 설계인가?

2 실험 타당도에 대한 위협

잘 설계된 실험연구의 준거는 실험 타당도를 얼마나 향상시키느냐로 요약될 수 있으며, 1장에서 언급한 교육연구의 타당도와 개념적으로 동일하다. 즉, '실험이 타당하다' 라는 말은 실험 후의 결과가 오직 독립변인의 탓이라고 판단할 수 있으며, 그 결과를 실험 환경의 범위를 넘어 다른 상황에 일반화할 수 있다는 것을 의미한다.

실험 타당도는 내적 타당도와 외적 타당도로 구분되며, 실험연구에서의 내적 타당도는 종속변인에 대한 관찰 또는 측정된 차이들이 다른 어떤 변인이 아닌 조작된 독립변인의 직접적인 결과라는 조건을 말한다. 아울러 독립변인이 아닌 다른 어떤 변인들에 대한 통제가 잘 되어 있을 때 그 결과 해석을 정확히 할 수 있게 된다. 외적 타당도는 결과들을 실험 환경 이외의 환경과 다른 집단에 일반화할 수 있거나 또는 적용할 수 있는 조건을 말한다.

내적 타당도와 외적 타당도와의 관계에서, 내적 타당도를 최대로 하기 위해서는 실험실과 같은 환경에서 피험자들과 조건들 전체에 걸쳐 매우 엄격한 통제가 필요하다. 하지만 통제가 많은 상황일수록 현실성이 적어지고 실험실이 아닌 다른 상황에 그 결과들을 일반화 할 수 있는 가능성(외적 타당도)은 낮아지게 된다. 그렇다고 해서 외적 타당도를 높이기 위해 종속변인에 영향을 줄 수 있는 외래변인들을 통제하지 않으면 내적 타당도가 낮아지는 문제가 발생하게 된다. 때문에 연구자는 통제와 현실 사이의 균형을 위해 애쓰지 않으면 안 된다. 만일 선택을 한다면, 통제를 거의 안하는 것보다는 오히려 통제가 가능한 것은 통제하는 것이 좋다. 그 이유는 내적 타당도가 없는 연구는 가치가 없기 때문이다. 연구의 내적 타당도와 외적 타당도를 함께 높이는 연구 전략은 내적 타당도의 안전을 위해 우선 높게 통제된 환경에서 효과를 설명하는 것이고, 다음에 외적 타당도의 안전을 위해 더욱 자연적인 환경에서 그 연구를 다시 시행하는 것이다.

실험연구를 계획하거나 연구결과를 평가할 때 이들 타당도를 저해할 수 있는 요인들 중에는 내적 타당도에 위협이 되거나, 외적 타당도에 위협이 되는 것, 또는 양쪽 모두에 위협이 될 수 있는 외래변인들이 있다. 따라서 이들 변인들이 타당도에 왜 위협이 되는가를 아는 것과 통제 방법을 아는 것은 연구자가 실험연구를 성공적으로 수행하는 데 많은 도움이 된다.

1. 내적 타당도에 대한 위협

Campbell과 Stanley(1971)는 내적 타당도에 대한 위협으로 다음의 8개 요인들을 제시하였다. 그러나 이들 위협들은 적절한 실험설계를 사용함으로써 통제할 수 있다.

역사적 사건(history) 실험처치와 관계없이 실험기간 동안에 돌연히 어떤 사건 또는 사태가 발생하여 종속변인에 대한 수행에 영향을 주는 것을 말하며, 연구가 길어지면 길어질수록 이 요인이 발생할 가능성은 점점 커진다. 예를 들어, 한 연구자가 중학교 2학년 학생들을 대상으로 기하 증명 지도에 대한 교수법을 실험하고 있는 동안에 매스컴에서 한국의 한 수학자가 기하영역에서 새로운 이론을 개발하여 필드상(수학분야에서의 노벨상과 같은) 수상자로 선정되었다는 뉴스가 대대적으로 보도되었다고 하자. 이 뉴스로 인해 실험에 참여한 학생들이 기하 증명에 대하여 평상시와 다른 그 이상의 효과를 나타낼 수 있기 때문에 사후검사에 영향을 줄 수 있다.

성숙(maturation) 피험자들이 연구기간 동안에 발생할 수 있는 육체적 또는 정신적 변화를 말하며, 이 변화는 종속변인에 대한 측정에서 피험자들의 수행능력에 영향을 줄 수 있다. 특히 실험기간이 길어질수록 지적, 신체적 변화가 실험결과에 영향을 줄 가능성은 더 커진다. 예를 들어, 수학 보충학습 프로그램의 효과를 알아보기 위하여 1년 동안 실험을 하였더니 효과가 있었다고 하자. 이 효과는 수학 보충학습 프로그램으로 인한 효과라고 하기 보다는 어쩌면 이 실험기간 동안에 연구대상 학생들의 성숙에 의한 변화에 따른 효과일 가능성을 배제할 수 없다.

검사(testing) 사전검사와 사후검사 사이에 어떤 처치가 있든 없든 상관없이 사전검사를 시행하는 것이 사후검사 점수를 향상시킬 수 있다. 특히, 사전검사를 실시한 후, 사후검사를 실시할 때까지의 기간이 짧으면 짧을수록 발생할 가능성이 높아지며, 검사가 사실적 정보를 측정하는 내용으로 구성되어 있을 때 검사의 내용을 기억하는 것이 보다 쉽기 때문에 발생할 가능성이 높아진다.

검사도구(instrumentation) 신뢰도가 부족한 측정도구의 사용으로 인해 수행에 대한 평가가 타당하지 못한 경우를 말한다. 만일 사전검사와 사후검사가 다르거나 난이도가 같지 않으면 이 요인이 발생할 수 있다. 다시 말하면, 사전검사와 사후검사의 결과에 차이가 있을 때, 이 차이가 처치의 효과인지 아니면 검사도구 자체의 차이 때문인지가 불확실하게 된다. 예를 들어, 수학 성취도 검사를 사전검사로 문제해결력 검사를 사후검사로 실시한 후, 사전검사 결과보다 사후검사 결과의 점수가 더 높게 나왔다고 했을 때, 이 차이가 처치 때문인지 아니면 검사도구의 차이 때문인지 알 수가 없다. 난이도와 관련된 예를 들면, 사전검사와 사후검사로 계산력 검사를 했더라도 사전검사가 사후검사보다 어려운 경우에는 사후검사에서 나타난 계산력이 실제로 향상된 것보다 더 높게 나올 수 있으며, 사전검사가 사후검사보다 쉬었을 경우에는 향상된 정도가 실제로 향상된 것보다 더 낮게 나올 수 있을 것이다. 또한 관찰을 통해서 자료를 수집할 때, 연구의 시작과 말미에서 관찰자가 동일한 관점에서 평가하지 않을 경우에도 이 요인이 발생할 수 있다.

통계적 회귀(statistical regression) 이것은 피험자들을 극단적인(아주 낮거나 높은) 점수에 기초하여 선택할 때 통상적으로 발생하며, 사전검사에서 아주 높은 점수를 받은 피험자가 사후검사에서 보다 낮은 점수를 받는 경향, 그리고 사전검사에서 아주 낮은 점수를 받은 피험자가 사후검사에서 보다 높은 점수를 받는 경향을 말한다. 예를 들면, 연구자가 100문항으로 구성된 수학기초 기능에 관한 4지 선다형 검사를 사전검사로 실시한 후, 연구를 위해 성적이 낮은 30명의 학생들을 연구대상자로 선택하였다고 하자. 그런데 이 30명의 학생들이 정답을 모르는 상태에서 각 문항의 답을 추측으로 하였다면 25점을 받을 것이라고 기대할 수 있을 것이다. 그러나 실제로 어떤 학생은 추측을 잘못해서 25점보다 더 낮은 점수를 받을 수도 있고, 또 어떤 학생은 우연히 25점보다 더 높은 점수를 받을 수도 있을 것이다. 어떤 처치도 없이 이들 30명의 학생들에게 두번째 검사를 할 때 역시 기대되는 점수는 여전히 25점일 것이다. 따라서 첫 번째 검사에서 매우 낮은 점수를 받은 학생들은 두번째 검사에서 보다 25점에 가까운 점수를 받을 수 있을 것이고, 처음에 높은 점수를 받은 학생들 또한 25점에 가까운 점수를 받을 수도 있을 것이다. 이러한 경향은 평균 쪽으로 접근하려는 회귀성향을 나타낸다. 이와 같이 만일 학생들이 그들의 낮은 사전검사 점수 때문에 선택되었다면 그들의 사후검사는 처치에 상관없이 보다 높은 점수를 받을지도 모른다. 연구자가 이들을 대상으로 실험을 한다면 그들의 사후검사에 의한 결과는 처치의 효과인지 또는 우연의 탓인지 판단하기가 어려워진다. 반대로 사전검사에서 아주 높은 학생들을 선택하였을 때 이들 학생들의 사전검사 점수가 우연에 의해 높은 점수를 받았다면 역시 같은 현상이 나타날 것이다.

피험자의 차별적 선택(differential selection of subjects) 이 요인은 이미 구성되어 있는 집단의 구성원을 피험자로 사용할 때 통상적으로 발생한다. 집단의 구성원들은 연구를 시작하기 전부터 이미 차이가 있을 수 있기 때문에, 사후검사의 차이가 발생할 수 있다. 예를 들어, 연구자가 어느 도시에 있는 두 개의 중학교에서 2학년 학급 중 한 학급씩을 선택하여 수학수업과 관련된 실험을 한 후, 사후검사 결과를 비교하였더니 차이가 발생했다고 하자. 이때 이 차이가 처치의 효과인지 또는 처음부터 선택된 두 학급의 차이 때문에 발생한 것인지를 판단할 수 없기 때문에 실험을 하기 전에 두 학급이 처음부터 차이가 없다는 것을 확인할 필요가 생긴다. 때문에 사전검사를 통해 특정 분야에 대하여 동등한 집단인지의 여부를 확인해야 한다. 만일 선택된 두 학급이 처음부터 차이가 있는 것이 발견되더라도, 이 차이를 고려한 통계적인 방법(공분산분석)으로 추정 검정이 가능하다.

피험자 손실(mortality) 이 요인은 피험자들이 실험기간 중에 여러 가지 사유로 인해 실험에 참여하지 못하게 됨으로 인해서 연구결과에 의미 있는(또는 상당한) 영향을 미치는 상황을 말한다. 예를 들어, 연구자가 서울 강남지역의 한 초등학교 4학년에서 특성이 서로 유사한 2개 학급을 선택하여 새로 개발한 수학 교수법의 효과를 알아보기 위한 연구를 1년에 걸쳐 실시한다고 하자(특성이 서로 유사했기 때문에 연구자는 사전검사를 실시하지 않았다). 실험기간 중에 실험에 참가한 피험자들 중 상당한 수의 학생들이 어떤 특정한 이유(예를 들면, 전학 조기유학 등등)로 실험에서 제외되었다. 그런데 제외된 학생들 중 성적이 우수한 학생이 실험집단보다 비교집단에 더 많았다면, 사후검사 결과에서 실험집단 학생들이 비교집단 학생들보다 더 좋은 결과를 얻었다고 하더라도 이것은 처치의 효과라 말할 수 없을 것이다.

피험자 선택-상호작용(selection Interaction) 피험자 선택-상호작용은 성숙, 역사, 검사와 같은 요인들이 피험자 선택과 상호작용하여 복합적으로 나타나는 위협을 말한다. 즉 어느 특정한 집단을 연구대상으로 사용하면 성숙,

역사, 검사와 같은 요인으로 인하여 어느 특정한 집단이 실험처치에 대하여 더 유리하거나 불리할 수 있다. 피험자 선택과 성숙 사이의 상호작용은 피험자 선택 요인과 유사한 것으로, 피험자 선택과 성숙간의 상호작용으로 인하여 일반적으로 나타나는 위협이다. 예를 들어, 연구자가 1학년 학생들을 대상으로 수학 보충학습 프로그램의 효과를 알아보기 위해 서울 강남과 강북에 있는 초등학교 중에서 각각 한 학교를 선택하고 그 학교 1학년 학급 중에서 1개 학급의 학생들을 연구대상으로 선택하였다고 하자. 이 두 학급은 수학성취도 뿐만 아니라 다른 변인들에 대해서도 거의 차이가 없는 동질집단이었다. 그런데 유감스럽게도 강남에 있는 연구대상 학생들은 만 6세이지만 만 7세에 가까운 아동들이 대부분이었고, 강북에 있는 연구 대상 학생들은 대부분이 만 6세로 강남에 비해 어린 아동들이었다고 한다면, 실험처치 후 사후검사에서의 차이는 처음부터 존재했던 차이 때문인지 또는 처치(보충학습 프로그램)의 효과인지 판단하기가 어려울 것이다. 유사한 이유로 피험자 선택과 역사적 사건(예를 들어, 중간에 담임선생님의 교체 등), 피험자 선택과 검사(예를 들어, 사전검사의 실시)와의 상호작용과 같은 요인도 위협이 될 수 있다.

이 밖에 내적 타당도의 위협이 될 수 있는 것으로 다음의 두 가지를 들 수 있다(Borg & Gall, 1998).

John Henry 효과 철도 노동자이었던 John Henry는 증기 착암기가 노동자들을 대체할 예정이라는 것을 알고, 기계에 도전해서 이기기 위한 엄청난 노력을 통하여 결국 증기착암기를 이겼다. 이 현상은 실험연구에서 비교집단의 피험자들이 실험집단의 피험자들과 비교된다는 사실을 인지하고 평상시의 수준을 뛰어넘는 수행을 보이는 상황으로 비유된다. 만일 이러한 상황이 발생한다면 사후검사에서의 차이는 처치의 효과라고 보기보다는 비교집단의 비정상적인 동기유발 때문일 수 있다. 즉, 사후검사에서 실험집단과 비교집단간에 차이가 있더라도, 비교집단의 비정상적인 동기부여가 실험처치의 효과보다 더 크게 작용할 수 있기 때문에 연구결과의 해석에 문제가 발생하여 내적 타당도에 위협이 된다.

분명하지 못한 실험처치(experimental treatment diffusion) 만일 비교집단의 구성원들이 실험집단의 처치 조건이 비교 조건에 비해 매우 호감이 가는 것으로 지각한다면, 그들은 처치 조건에 접근하기 위한 방법을 찾기 위해 노력할 가능성이 있다. 이러한 현상은 실험집단과 비교집단이 서로 근접해 있을 때(예를 들어, 한 학교의 같은 학년), 발생할 가능성이 높다. 예를 들어, 같은 학교의 같은 학년 학생들을 가르치는 일부 교사들이 새로운 교수자료를 개발하여 그들의 학생들에게(실험집단) 가르치는 실험을 한다고 할 때, 남은 다른 교사들도 그들의 교실에서 학생들을(비교집단) 위해 실험집단에서 사용하는 일부 자료들을 같이 사용한다고 하면 처치의 효과는 분명하지 못하게 된다. 이 요인은 실험집단과 비교집단의 상호작용이나 모방으로 인해 의도했던 실험처치의 차이가 분명하지 않게 되는 것을 의미한다.

2. 외적 타당도에 대한 위협

외적 타당도는 실험 상황에서 얻은 연구결과가 다른 상황에도 적용되는 정도를 말한다. 실험 상황이 아닌 다른 상황의 모집단으로 연구결과를 확대 해석하거나 일반화하게 되면 외적 타당도는 아주 낮아지며, 연구결과 자체에 문제점으로 작용한다. Campbell과 Stanley(1971)는 실험결과의 일반화에 영향을 주는 요인을 네 가지 범주로 분류하였다. Bracht와 Glass(1968)는 이 네 가지 범주를 모집단 타당도(population validity)와 생태학적 타당도(ecological validity)로 구분한 다음, 이를 세분화였다.

1) 모집단 타당도

모집단 타당도는 연구결과를 연구된 특정 표본으로부터 다른 집단으로 일반화할 수 있는지의 정도로서, '누구에게' 일반화 할 수 있는가와 관련된 것이다.

Bracht와 Glass는 모집단 타당도를 다음과 같이 두 가지 유형으로 구별하였다.

첫 번째 유형 이 유형은 표본으로부터 모집단으로 일반화할 수 있는 정도를 말한다. 예를 들어, 연구자가 어느 시의 한 교육청에 있는 중학교에서 2학년 학생 100명을 무작위 추출하여 기하 증명에 대한 연구를 한다고 하자. 연구자는 이 연구의 결과를 '모든' 중학교 2학년 학생들에게 일반화하고 싶겠지만, 엄밀히 말하면 표본이 추출된 '어느 시의 한 교육청'에 있는 중학교 2학년 학생들(Bracht와 Glass는 이 집단을 '실험적으로 이용할 수 있는 모집단'이라고 함)에게만 일반화 할 수 있다.

두 번째 유형 이 유형은 방금 제시한 예에서 실험결과가 중학교 2학년에서는 비록 좋았다 하더라도 다른 학년에서는 매우 다른 결과가 나올 수도 있다는 것을 말한다. 이러한 현상이 발생할 수 있는 것은 학생들의 능력, 성별, 불안 수준, 독립심의 수준, 외향성-내향성 등이 실험결과의 일반화에 영향을 줄 수 있는 요인들이 될 수 있기 때문이다.

2) 생태학적 타당도

생태학적 타당도는 실험결과들이 연구자에 의해 만들어진 일련의 환경적 조건들에서 다른 환경적 조건들로 일반화될 수 있는 정도에 관심을 갖는 것을 말한다. Bracht와 Glass는 실험의 생태학적인 타당도에 영향을 미치는 10개의 위협들을 다음과 같이 제시하였다.

실험처치의 명백한 설명(explicit description of the experimental treatment) 연구자는 다른 연구자들이 그 연구를 다시 할 수 있도록 실험처치를 자세하게 묘사하는 것이 중요하다. 예를 들어, 연구자가 고등정신기능을 신장시키는데는 탐구학습 방법이 설명식 학습 방법보다 효과적이라는 것을 발견했지만, 탐구학습 방법에 대한 설명이 애매하게 제시되었다면 다른 연구자들이 그 탐구학습 방법을 적용한 연구결과를 다른 환경에 동일하게 적용할 수 없게 된다. 즉, 일반화하는 데 문제가 있다.

중다-처치 간섭(multiple-treatment interference) 이 요인은 동일한 피험자들이 연속해서 둘 이상의 실험처치를 받을 때 발생할 수 있다. 예를 들어, 실험에서 각 피험자가 세 개의 서로 다른 처치 A, B, C를 받았다고 하자. 처치 A가 다른 두 처치 B, C보다 유의미한 학습효과가 나타났다고 했을 때, 연구자는 이 연구결과를 처치 A만을 단독으로 실시한 상황으로 자신 있게 일반화할 수 없다. 왜냐하면 이 연구결과는 처치 A가 처치 B, C와 공동으로 실시한 결과이기 때문이다. 또한 중다-처치 간섭은 연구에 이미 참여하고 있는 피험자들이 다른 연구에 참여하고 있을 때에도 발생할 가능성이 있다. 따라서 이러한 상황이 발견된다면 연구의 제한점에서 주의를 주어야 한다.

Hawthorne 효과 Hawthorne은 미국 서부 지역의 전기회사 이름으로 이 회사에서 실시한 '작업환경의 변화(작업장의 조명을 밝게 해줌)가 생산성에 미치는 영향에 대한 연구'에서 용어가 유래되었다. 이 연구에서 실험집단의 작업환경을 바꿈으로써 실험집단의 종업원들은 자신들이 실험 대상인 것을 인지함으로써 생산성이 통제집단보다 더 향상되었다는 결과가 보고되었다. 이 후, 이 요인은 교육연구에서 피험자가 실험집단에 참여하고 있다는 사실을 인지함으로써 연구결과에 영향을 준다는 것을 의미하는 것으로 사용되게 되었다. 즉, 실험결과가 처치에 의한 것이라기 보다는 피험자가 평상시와는 다르게 행동하였기 때문에 발생할 수 있다는 것이다. 결국, 실험과정에서 실험집단이 특별한 관심을 받고 있는 연구대상임을 인시한 상태에서 나타난 연구결과는 특별한 관심이나 주의를 유발시키지 않은 상황이나 집단으로 일반화하는 것은 문제가 될 수 있다.

Hawthorn 효과와 John Henry 효과에 대한 방어수단인 위약효과(placebo effect)는 의료 연구에서 발견된 현상으로, 의료 연구에서 어떤 투약이든 심지어 물과 설탕까지도 피험자를 좋게 만들 수 있다는 것이다. Hawthorn 효과와 John Henry 효과를 없애기 위해 피험자의 절반에게 진짜의 투약을 했고, 절반은 위약(예를 들어, 설탕과 물)을 투약하는 실험을 하였다. 그 결과 위약을 투약한 집단에서도 진짜 약을 투약한 집단에 나타난 효과에 접근하는 효과가 나타났다. 이 실험은 실험집단과 비교집단 모두에게 동일한 처치를 하고 있는 것처럼 보여야 한다는 것으로, 피험자들의 순수한 심리적 반응에서 나타나는 효과를 의미한다.

신기함 효과(novelty effect) 이 요인은 피험자들이 정상적으로 행하던 것(예, 수업방법 등)과 다른 것을 처치하기 때문에 피험자의 흥미, 동기, 또는 참여가 증가하는 것을 말한다. 다시 말하면, 처치 자체가 좋아서가 아니라 그것이 평상시와 다르기 때문에 처치가 효과적일 수 있다. 예를 들어, 연구자가 평상시에 하던 교사의 설명을 통한 수학 수업과 달리 컴퓨터 또는 계산기를 통한 수업의 효과를 보기 위하여 단기간 동안(예를 들어, 2주에서 4주 정도) 수업을 했다면, 이 연구의 결과는 신기함의 효과에 의한 결과일 수 있으며 신기함을 느끼지 못하는 집단으로 일반화하기 어렵다. 따라서 신기함의 효과를 없애려면 이와 같은 새로움이 없어지도록 충분한 시간에 걸쳐 연구가 수행되어야 한다.

실험자 효과(experimenter effect) 실험을 수행하는 특수한 실험자 때문에 실험처치가 효과적일 수도 있고 또는 비효과적일 수도 있다. 때문에 특별한 사람의 실험처치를 했다면, 실험처치의 효과는 다른 사람이 실험을 하는 환경으로 일반화될 수 없다.

Rosenthal(1976)은 실험자 효과를 '실험자 특성효과(experimental person attributes effect)'와 '실험자 편견효과(experimental bias effect)'로 구분해서 설명하고 있다. 전자는 실험자의 특징 또는 성격 특성(예를 들어, 성, 연령, 인종, 불안 수준, 적개심 수준 등)이 연구결과에 영향을 미칠 수 있다는 것을 말하며, 후자는 연구자의 기대가 그의 행동에 영향을 미치고 결국 결과에 영향을 미치는 것을 말한다.

실험자 편견의 한 형태는 연구자가 피험자의 행동에 영향을 미칠 때 발생하는 데, 그것은 피험자에 관련된 이전의 지식 때문에 피험자의 행동을 부정확하게 평가할 수 있다는 것이다. 이 문제는 한 상황에서 피험자의 행동에 대한 지식이 다른 상황에서 그의 행동과 관련된 판단에 영향을 미칠 수 있다는 '후광효과(halo effect)'와 유사하다. 또 다른 한 형태는 'Pygmalion 효과'로 실험자의 피험자에 대한 기대가 피험자의 행동에 변화를 가져오는 현상을 말한다.

사전검사-처치 상호작용(pretest-treatment interaction) 이것은 사전검사 민감성(pretest sensitization)이라고도 말하며, 피험자들이 사전검사를 받았기 때문에 처치에 대하여 다르게 반응을 보이는 현상을 말한다. 다시 말하면, 사전검사는 처치의 본질에 대하여 피험자를 민감하게 하거나 방심하지 않도록 할 수 있기 때문에, 사전검사를 하지 않은 피험자에게는 처치효과가 다르게 나타날 수 있다. 따라서 연구결과는 동일한 사전검사를 받은 집단에만 일반화할 수 있으며, 사전검사를 받지 않은 집단에게는 일반화할 수 없다. 이 잠재적인 문제는 피험자, 검사의 특성, 처치의 본질, 연구기간에 따라 다소 심각할 수 있다. 예를 들어 성격을 측정하는 자기반응 측정, 태도 측정 등을 포함하는 연구들은 특별히 이 문제에 대해 민감할 수 있다.

사후검사 민감성(posttest sensitization) 사전검사 민감성과 마찬가지로 피험자가 사후검사를 받으면 실험결과에 영향을 줄 수 있는 가능성을 말한다. 다시 말하면, 실험 단계에서 제시된 어떤 아이디어들이 일부 학생들에게 사후검사를 수행하는 과정에 영향을 줌으로 인해서 실험결과가 달라질 수 있다는 것을 의미한다. 또한, 사후검사 없이 실험처치만 반복된다면, 그 처치의 효과는 감소될 수 있다.

역사적 사건-처치효과의 상호작용(interaction of history and treatment effects) 연구결과의 일반화 가능성은 연구를 수행하는 동안에 발생하는 단기간 또는 장기간의 사건들에 의해 영향을 받을 수 있다. 만일 연구에 관계가 없는 사건들이 연구 바로 직전이나 또는 연구 기간 동안에 발생하지 않았다면, 연구결과가 다르게 나올 수 있다는 의미이다. 따라서 이러한 사건들이 연구 수행에 어떤 영향을 주었을 것이라고 판단될 경우에는 그러한 사건들에 대한 설명을 연구보고서에 포함시켜야 한다.

종속변인의 측정(measurement of dependent variable) 이 요인은 종속변인을 측정하기 위해 사용된 실제적인 측정도구에 따라 연구결과의 일반화 가능성이 제한되는 것을 의미한다. 예를 들어, 절차중심의 수학수업이 개념중심의 수학수업보다 효과가 있다는 것을 선다형 문제로 입증한 연구를 생각해 보자. 그러나 절차중심의 수학수업이 개념중심의 수학수업보다 선다형 문제에 적합하기 때문에, 이러한 연구결과가 나올 수도 있을 것이다. 가령, 위의 연구에서 측정도구가 서술형 문제였다면 연구결과가 달라질 가능성이 있다. 따라서 종속변인을 측정하는 측정도구를 달리한 다른 연구로 일반화하기 어렵다.

측정시간-처치효과 상호작용(interaction of time and treatment effects) 이것은 사후검사가 행해지는 시간에 따라 결과가 서로 다르게 나타날 수 있다는 것을 의미한다. 처치 직후에 실시한 사후검사에서 나타난 처치효과는 처치 후 얼마간의 시간이 지난 후에는 나타나지 않을 수 있으며, 반대로 처치의 효과가 단기간이 아닌 장기간에 걸쳐 나타날 수도 있다. 따라서 시간에 걸쳐 발견된 효과들의 일반화 가능성을 평가하기 위한 실제적인 유일한 방법은 처치 후 다양한 시간에 걸쳐 종속변인을 측정하는 것이다.

3 실험설계

실험연구에서 타당도는 외래변인들이 통제되는 정도에 따라 달라진다. 이들 변인들이 통제되지 않는다면, 독립변인의 효과를 일반화하는 것이 어려워진다. 외래변인은 독립변인의 효과와 일반화를 결정하는 데 혼동을 주기 때문에 좋은 설계는 외래변인과 같은 근원을 적절히 통제해야 한다. 통제의 대상이 되는 외래변인은 피험자변인(subject variable)과 환경변인(environmental variable)이 있다. 피험자 변인은 유기체변인과 간섭변인으로 구분되며, 유기체변인은 피험자 또는 유기체의 특성(예를 들면, 성별, 인종, 종교 등등)을 말하며, 간섭변인은 직접적으로 관찰될 수 없지만 통제될 수 있어야 하는 변인으로, 독립변인과 종속변인 사이를 방해하는 변인(예를 들면, 피험자의 피로, 불안, 교사의 질 등등)을 말한다. 통제되어야 할 또 다른 외래변인은 집단 간의 원하지 않은 차이의 원인이 될 수 있는 환경변인(예를 들면, 학습자료, 수학교실의 문화 등등)이다. 따라서 연구자는 집단의 특성과 경험이 독립변인을 제외한 모든 중요한 변인들에 대하여 가능한 동일하다는 것을 확신하기 위해 노력해야 한다.

1. 외래변인의 통제

무선화(randomization)는 실험연구에서 실험결과에 영향을 줄 수 있는 많은 외래변인 모두를 통제하기 위한 간단한 방법으로, 모집단에서 피험자(또는 집단)를 무작위 추출하고, 또한 피험자(또는 집단)를 실험처치에 무작위 할당을 함으로써 실험 효과의 발생(실험 효과에서 차이가 있거나 없거나)은 오직 독립변인에 의한 것이라는 결론을 내리게 할 수 있다.

무선화에 부연하여, 외래변인들을 통제하기 위한 또 다른 방법이 있다. 다시 말하면, 집단이 무작위로 구성될 수 있는가에 상관없이 집단을 동등하게 만들기 위해 사용되는 방법들이 있다. 이것은 외래변인(환경변인, 간섭변인, 특히 피험자변인 등등)들의 영향이 모든 집단에서 동등하게 작용하게 함으로써 통제하는 방법을 의미한다.

짝짓기(matching) 이것은 연구자가 종속변인에 대한 수행에 밀접하게 관련된 것으로 확인한 한 개 또는 그 이상의 변인들에 대하여 집단을 동등하게 하기 위한 기법이다. 짝짓기에 가장 공통적으로 사용되는 방법은 구성원들의 짝을 각 집단에 한 명씩 무작위로 대응시키는 방법이다. 다시 말하면, 연구자가 통제변인(피험자를 짝짓기 해야 할 변인)에 대하여 이용 가능한 피험자들의 각각에 대하여 동일한 또는 유사한 점수를 가진 피험자를 찾아야 한다. 예를 들어, 연구자가 성별로 짝짓기를 한다면 동일한 성별이 되어야 하며, 사전검사, GRE 점수, 또는 IQ와 같은 변인에 대하여 짝짓기를 한다면, 유사한 점수로 짝짓기를 하게 된다. 짝짓기를 할 때 짝지은 한 쌍을 동일하게 볼 때, 그 쌍의 한 피험자는 한 집단에 무작위로 할당되고, 다른 피험자는 다른 집단에 대응되게 된다. 만일 한 피험자가 적절하게 짝을 짓지 못하게 되면, 그 피험자는 연구에서 제외된다. 결과적으로 짝지어진 집단들은 확인된 외래변인에 대하여 동일하거나 매우 유사하게 된다.

짝짓기의 문제점은 짝을 짓지 못한 피험자가 발생하면 그 연구에서 제외된다는 점이다. 특히, 짝짓기가 둘 또는 그 이상의 변인들에 시도된다면 제외되는 피험자가 많아진다는 문제점이 있다. 따라서 피험자들의 손실을 막는 방법은 짝짓기를 할 때 너무 밀접하게 하지 않는 것이다. 예를 들어, 피험자들을 통제변인에 대한 점수를 기초로 하여 그들의 점수를 서열화한 다음, 처음의 두 피험자(가장 높은 점수의 피험자와 두 번째로 높은 피험자)를 첫 번째 쌍(그들의 점수가 얼마나 차이가 나는가는 관계없이)으로 하고 한 피험자는 한 집단에 무작위 할당하고, 다른 피험자는 다른 집단에 무작위 할당하게 하는 방법으로 계속한다. 이 방법의 장점은 손실되는 피험자가 없다는 것이다. 그러나 앞에서 설명한 짝짓기 방법보다 엄격하지 못하다는 단점이 있다. 최근에는 공분산분석(ANCOVA)와 같은 고급 통계방법과 이것을 계산하는 컴퓨터 프로그램으로 인하여 짝짓기를 이용하는 연구는 크게 감소되었다.

동질집단 또는 하위집단을 비교하기(comparing homogeneous groups or subgroups) 외래변인을 통제하기 위한 또 다른 방법은 그 변인의 관점에서 동질적인 집단들을 나누어 비교하는 것이다. 예를 들어, IQ가 외래변인으로 확인이 되었다면, 연구자는 IQ가 85와 115사이에 있는 피험자들의 집단을 선택할 수 있으며, 선택된 피험자들의 절반은 실험집단에 남은 절반은 통제집단에 무작위로 대응시킬 수 있다. 또는 피험자들의 IQ를 상(116이상), 중(85이상~115이하), 하(85미만)인 하위집단으로 나누고, 선택된 각 하위집단의 절반은 실험집단에, 남은 절반은 통제집단에 무작위로 대응시킬 수 있다. 이 방법의 문제점은 연구에서 피험자의 수가 줄어들고, 연구 결과의 일반화를 제한시킬 수 있는 단점이 있다.

만일 연구자가 외래변인을 통제하는 것뿐만 아니라, 독립변인이 통제 변인의 다른 수준에서 종속변인에 서로 다르게 영향을 주는가의 여부를 알아보는 것에 관심이 있다면, 가장 좋은 방법은 요인설계를 적용하여 결과를 분석하는 것이다.

피험자 자신을 통제집단으로 사용하기(using subjects as their own controls) 이것은 동일한 집단이 동시에 서로 다른 처치를 받도록 하는 것이다. 다시 말하면, 동일한 피험자들이 모든 처치를 받기 때문에 피험자들의 차이를 통제할 수 있다. 물론 이 방법은 항상 실행 가능하지 않다. 예를 들어, 대수적 개념을 두 개의 서로 다른 교수방법을 사용하여 동일한 집단에 두 번 가르칠 수는 없을 것이다.

이 방법을 사용할 때의 문제점은 한 처치의 효과가 다음 처치에 걸쳐 이동할 수 있다는 점이다. 때문에 이 문제를 극복하기 위한 한 가지 방법은 집단을 두 개의 하위집단으로 나누어, 하위집단 각각이 모든 처치를 받되 순서를 다르게 하는 것이다.

공분산분석(analysis of covariance, ANCOVA) 이 방법은 하나 또는 그 이상의 변인들에 대하여 무작위로 할당된 집단을 동등하게 만들기 위한 통계적인 방법이다. 가령 실험 전에 이미 집단들 간에 차이가 존재하고 있다면(예를 들어, 사전검사 점수, IQ, 적성, 등등), 종속변인에 대한 수행에서 차이가 발생하였다고 하더라도 이 원인이 독립변인 때문에 발생한 것인지의 여부를 판단하는 데 어려움이 있다. 이 경우 초기의 차이에 대해 종속변인에 대한 점수를 조정함으로써 집단들을 동등하게 하는 것이 필요하다. 다시 말하면, 공분산 분석은 초기의 사전검사 차이에 대해 사후검사 점수들을 조정하기 위해 사용되는 통계적인 방법이다.

2. 실험설계의 유형

실험연구에서 실험설계는 연구를 수행하기 위한 특별한 절차를 말한다. 즉, 통제집단이 있을 것인가, 피험자들을 집단에 무작위 할당시킬 것인가, 각 집단은 사전검사가 있을 것인가, 자료를 어떻게 분석할 것인가와 같은 요인들을 결정한다. 어떤 실험설계가 적용되느냐에 따라 내적 타당도와 외적 타당도에 대한 여러 가지 위협들을 통제하는 정도가 달라진다. 설계에 따라서는 일부 타당도를 통제하지 못하는 설계가 있기 때문에, 연구문제(또는 가설)을 검증하기 위해 필요한 자료를 산출할 수 있는 가능한 최적의 설계를 선택하는 것이 필요하다.

실험설계는 독립변인 한 개를 포함하는 단일변인설계와 독립변인이 두 개 또는 그 이상인(적어도 한 개는 조작된다) 요인설계로 나누어진다. 단일변인설계는 내적 타당도와 외적 타당도를 위협하는 요인들을 통제하는 정도에 따라 전-실험설계(pre-experimental designs), 진-실험설계(true experimental designs), 준-실험설계(quasi-experimental designs)로 분류된다. 전-실험설계는 타당도에 대한 위협을 거의 통제할 수 없기 때문에, 본질적으로는 연구문제에 대한 사전 조사를 제외하고 별로 가치가 없다. 진-실험설계는 매우 높은 정도의 통제를 나타내는 가장 좋은 설계이며, 준-실험설계는 진-실험설계만큼 통제가 잘되지는 않지만 전-실험설계보다는 훨씬 나은 설계이다.

요인 설계(factorial designs)는 기본적으로 진-실험설계를 정교하게 한 것으로, 두 개 또는 그 이상의 변인들을 사용하며 개별적인 주 효과와 변인들 간의 상호작용 효과를 조사하는 설계이다.

1) 전-실험설계

실험설계를 할 때 단 한 개의 집단만을 가지고 실험을 할 수는 있지만, 앞에서도 언급한 바와 같이 좋은 설계는 아니다. [그림 6.2]에서 볼 수 있듯이, 전-실험설계 중 두 가지는 단 한 개의 집단만을 포함하고 있으며, 전-실험설계의 어느 것도 타당성을 위협하는 외래변인들을 통제하지 못하고 있다.

일회시도 사례연구(one shot case study) 이것은 한 집단에 처치(X)를 한 후 사후검사(O)를 실시하는 설계로서, 관련된 타당도에 위협이 되는 근원들은 어떤 것도 통제되지 않는다. 비록 피험자가 사후검사에서 높은 점수를 받았다고 하더라도 처치를 하기 전에 피험자의 상태를 전혀 모르기 때문에 처치의 효과라 할 수 없다. 만일 이 설계로 연구를 한다면 시간과 노력의 낭비일 뿐이다.

단일집단 사전-사후검사 설계(one group pretest-posttest design) 이 설계는 한 집단을 대상으로 사전검사(O), 처치(X), 그리고 사후검사(O)를 실시하는 것으로서, 처치의 효과는 사전검사와 사후검사 결과의 비교로 결정한다. 이 설계는 피험자 손실만을 통제할 뿐, 다수의 다른 위협들은 통제하지 못한다. 피험자가 사후검사에서 유의미한 효과가 있다하더라도 그 효과는 처치의 효과라 말할 수 없다. 연구기간이 길면 길수록 사후검사에서 더 잘 수행할 수 있게 하는 무엇인가가 피험자에게 발생할 수 있기 때문에 역사적 사건과 성숙이 통제되지 못하며, 사전검사를 경험한 것이 사후검사에서의 향상에 뚜렷한 원인이 될 수 있기 때문에 검사와 검사도구 역시 통제되지 않는다. 또한 피험자가 극단적인 점수(높거나 낮은)에 기초해서 선택되지 않았더라도 사전검사에서 단지 운이 나빠서 매우 낮은 점수를 받을 수 있으나 사후검사에서는 높은 점수를 받는 것이 가능하다. 예를 들면, 피험자들이 선택형 사전검사에 대해 단지 우연에 의해 결과가 나쁘게 추측될 수 있으며, 사후검사에서 그들의 점수가 기대된 점수보다 더 좋기 때문에 향상된 결과를 얻을 수 있다. 따라서 통계적 회귀가 통제되지 않는다. 또한 사전검사를 실시한 관계로 외적 타당도에 위협이 되는 사전검사-처치 상호작용이 통제되지 않는다.

	타당도에 대한 위협 요인들									
	내적 타당도								외적 타당도	
	역사적 사건	성숙	검사	검사 도구	통계적 회귀	피험자 선택	피험자 손실	선택 상호 작용	사전 검사-X 상호 작용	복합-X 상호 작용
일회-시도 사례 연구 X O	−	−	(+)	(+)	(+)	(+)	−	(+)	(+)	(+)
단일-집단 사전-사후 검사 설계 O X O	−	−	−	−	−	(+)	+	(+)	−	(+)
정적 집단 비교 설계 X_1 O X_2 O	+	−	(+)	(+)	(+)	−	−	−	(+)	(+)

X 또는 X_1 : 통상적이지 않은 처치　　+ : 통제된 요인
X_2 : 통제처치　　(+) : 관련이 없기 때문에 통제된 요인
O : 사전검사 또는 사후검사　　− : 통제되지 않은 요인

그림 6.2 전-실험설계에 대한 타당도에 위협을 가하는 요인들

정적집단비교 설계(static group comparison) 이것은 적어도 두 집단을 포함하는 설계로 예를 들어, 한 집단은 새로운 또는 통상적이지 않은 처치를(실험집단), 다른 한 집단은 전통적인 또는 통상적인 처치를 받으며(통제집단), 두 집단 모두 사후검사를 실시한다. 실험설계에서 중요한 것은 처치이외의 다른 조건이 모두 동등해야 한다는 것이다. 그러나 이 설계는 피험자들이 집단에 무작위로 할당되지 않고, 사전검사 자료가 없기 때문에 두 집단이 어느 정도로 동등한가를 결정하기 어렵다. 사후검사 결과에서의 차이는 처치로 인한 효과뿐만 아니라 처음부터 존재했던 집단의 차이로 인한 효과라는 것이 항상 가능하기 때문에 성숙, 선택, 그리고 피험자 선택-상호작용이 통제되지 않는다. 또한 사전검사 자료가 없는 관계로 피험자가 손실되면 문제가 발생하기

때문에 피험자 손실이 통제되지 못한다. 다만 실험 환경의 외부에서 발생한 사건들은 두 집단 모두에게 동등하게 영향을 미칠 것이라는 것을 가정하기 때문에, 역사적인 사건은 통제된다. 이 설계는 때때로 예비연구나 탐색연구에서 사용될 수 있다.

2) 진-실험설계

진-실험설계는 내적 타당도와 외적 타당도를 위협하는 거의 모든 요인들을 통제한다. 또한 이 설계는 [그림 6.3]에서 볼 수 있듯이, 피험자들을 처치에 무작위로 할당하는 것과 통제집단을 반드시 포함하고 있다는 것이 특징이다.

	타당도에 대한 위협 요인들									
	내적 타당도								외적 타당도	
	역사	성숙	검사	검사 도구	통계적 회귀	피험자 선택	피험자 손실	선택 상호 작용	사전 검사-X 상호 작용	복합-X 상호 작용
사전-사후검사 통제집단 설계 R O X_1 O R O X_2 O	+	+	+	+	+	+	+	+	−	(+)
사후검사 통제집단 설계 R X_1 O R X_2 O	+	+	(+)	(+)	(+)	+	−	+	(+)	(+)
솔로몬 네-집단 설계 R O X_1 O R O X_2 O R X_1 O R X_2 O	+	+	+	+	+	+	+	+	+	(+)

R :각 집단에 피험자를 무작위 할당

그림 6.3 진-실험설계에 대한 타당도에 위협을 가하는 요인들

사전-사후검사 통제집단 설계(pretest-posttest control group design) 이 설계는 적어도 두 개의 집단을 포함한다. 두 집단 모두 무작위 할당으로 구성되며 종속변인에 대한 사전검사가 실시된다. 한 집단은 새로운 또는 통상적이지 않은 처치를 받고, 두 집단 모두 사후검사가 실시되며, 사후검사 점수를 비교하여 처치의 효과를 결정한다. 사전검사를 실시하는 이유는 집단간의 동질성을 확보하거나 실험처치후 사후검사에서의 차이를 통계적으로 분석하기 위한 것이다. 이 때, 사전검사와 사후검사는 동형검사이거나 동일검사이어야 한다. 이 설계는 처치 집단들의 수를 얼마든지 확장하여 실시할 수 있다. 예를 들어, 집단이 3개이면 이 설계는 다음의 형태를 취한다.

$$R\ O\ X_1\ O$$
$$R\ O\ X_2\ O$$
$$R\ O\ X_3\ O$$

무작위 할당은 통계적 회귀와 선택 요인을, 사전검사는 피험자 손실을, 무선화와 통제집단은 성숙을, 그리고 통제집단은 역사적 사건, 검사, 검사도구 사용을 통제한다. 예를 들어, 사전검사가 사후검사에서 높은 점수를 받는데 영향을 주었다면, 그 현상은 실험집단과 통제집단 모두에게 동등하게 해당되기 때문에 검사가 통제된다. 다만 이 설계의 약점은 사전검사를 실시한 집단에게만 연구결과를 일반화할 수 있다는 점이다. 즉, 외적타당도에서 사전검사-처치 상호작용을 통제하지 못한다는 것이다. 이 약점은 사전검사와 처치의 특성, 그리고 연구기간과 같은 요인들에 의하여 발생한다. 특히, 설문지를 이용한 피험자의 반응을 측정하거나 단기간의 연구들에서 발생할 가능성이 더 높기 때문에, 연구자는 이것의 발생 가능성을 최소화 해야하며 연구보고서에 기술해야 한다.

이 설계를 적용하여 처치의 효과를 결정하기 위한 방법에는 세가지가 있는데 첫번째 방법과 두번째 방법은 적절하지 않으며, 세번째 방법이 가장 적절하다. 첫번째 방법은 각 집단의 사전검사와 사후검사 점수를 비교하는 것이다.

만일 실험집단이 유의미하게 향상되고, 통제집단은 그렇지 않다면 실험처치가 효과적이라고 결론을 내리는 경우이다. 이것은 실험집단이 통제집단보다 정말 더 좋은가의 여부에 의문이 생기기 때문에 부적절하다. 만일 두 집단 모두가 유의미하게 향상되었다고 할 때도 한 집단이 다른 집단보다 유의미하게 더 좋은가의 여부를 판단할 수 없다. 다시 말하면, 어느 처치가 더 좋은 역할을 했는지가 불분명하다.

두번째 방법은 각 피험자의 사전검사에 대한 사후검사의 증가 또는 차이를 비교한 다음에 실험집단의 평균 증가와 통제집단의 평균 증가를 비교하는 것으로, 이 접근방법 역시 매우 적절하지 못한 접근방법이다. 예를 들어, 사전검사가 80점인 학생이 사후검사에서 99점을 받고(19점 증가), 사전검사에서 20점인 학생이 사후검사에서 70점을 받았다면(50점의 증가) 누가 더 잘했다고 할 수 있는가?

이 설계에서 처치의 효과를 결정하기 위한 가장 적절한 방법은 먼저 사전검사를 통하여 두 집단이 동일한가의 여부를 판단한 후에 두 집단의 사후검사 점수를 비교하는 것이다. 만일 사전검사 결과에 의해 두 집단이 동질집단으로 판단되면 사후검사 점수를 t-검정을 통하여 비교하고, 만일 두 집단이 동질집단이 아닌 것으로 판단되면 사전검사를 공변량으로 하여 공분산분석(ANCOVA)을 통하여 분석될 수 있다.

이 설계를 변형하여 사후검사를 실험 직후와 일정 기간이 지난 다음에 다시 실시할 수 있다. 이렇게 변형한 실험설계는 외적 타당도에 위협을 주는 '측정시간과 처치효과에 대한 상호작용'을 통제할 수 있다. 즉, 사후검사 결과는 그것이 행해지는 시기에 따라 달라질 수 있으므로 일반적으로 이 설계는 파지 효과를 보는 데 적절하다.

$$R\ O\ X_1\ O\ O$$
$$R\ O\ X_2\ O\ O$$
$$R\ O\ X_3\ O\ O$$

사후검사 통제집단 설계(posttest only control group design) 이 설계는 사전검사가 없다는 것만을 제외하고 사전-사후검사 통제집단 설계와 모든 점에서 같다. 피험자 손실은 사전검사 자료가 없는 관계로 통제되지 못한다. 그러나 연구기간이 짧아서 피험자 손실이 발생하지 않는다면 이것은 문제가 되지 않지만, 연구기간이 길어지면 길어질수록 위협이 존재할 수 있기 때문에 연구자가 이 설계를 사용할 경우에는 이 문제에 대하여 언급할 필요가 있다. 만일 피험자 손실이 발생할 가능성이 없고, 실험집단과 통제집단 간에 초기에 차이가 없다는 확신이 있다면 이 설계는 매우 효과적이다.

솔로몬 네-집단 설계(Solomon four-group design) 이 설계는 Solomon에 의해 설명된 것으로 사전-사후검사 통제집단 설계와 사후검사 통제집단 설계를 결합한 것이다. 이 설계에서는 연구대상자를 네 집단으로 무작위 할당한다. 이 설계를 적용하면, 사전검사가 실험처치와 상호작용하거나 사전검사가 사후검사 점수에 영향을 주는가의 여부를 확인할 수 있다. 즉, 만일 사전검사를 받은 실험집단이 사전검사를 받지 않은 실험집단과 사후검사에서 다르게 수행을 한다면, 거기에는 반드시 사전검사-처치 상호작용이 발생할 것이다. 만일 상호작용이 없다면 연구자는 연구결과의 일반화에 보다 확신을 가질 수 있다는 점에서 이 설계는 효과적이다. 그러나 이 설계는 다른 진-실험설계보다 두 배나 더 많은 집단과 결과적으로 더 많은 피험자가 필요하다는 점에서 단점이 있다. 만일 사전검사-처치 상호작용이 발생할 가능성이 없다면 구태여 이 설계를 사용할 필요는 없다.

3) 준-실험설계

때로는 피험자를 각 집단에 무작위로 할당하는 것이 가능하지 않을 수 있다. 예를 들면, 기존에 구성되어 있는 학급의 학생들을 피험자로 사용해야 하는 경우이다. 이와 같은 상황이 발생하더라도 연구자는 타당도를 위협하는 요인들을 적절하게 통제할 수 있는 설계들을 이용할 수 있다. 이 설계들을 준-실험설계라 부른다. [그림 6.4]에 제시한 바와 같이, 대표적인 것 세 가지를 소개하기로 한다.

	타당도에 대한 위협 요인들									
	내적 타당도								외적 타당도	
	역사	성숙	검사	검사 도구	회귀	선택	손실	선택 상호 작용	사전 검사-X 상호 작용	복합-X 상호 작용
이질 통제집단 설계 O X_1 O O X_2 O	+	+	+	+	−	+	+	−	−	(+)
시계열 설계 OOOOXOOOO	−	+	+	−	+	(+)	+	(+)	−	(+)
균형 설계 X_1 O X_2 O X_3 O X_3 O X_1 O X_2 O X_2 O X_3 O X_1 O	+	+	+	+	+	+	+	−	−	−

그림 6.4 준-실험설계에 대한 타당도에 위협을 가하는 요인들

이질 통제집단 설계(nonequivalent control group design) 이 설계는 피험자를 각 집단에 무작위 할당을 하지 않는다는 점만을 제외하고(처치는 각 집단에 무작위 할당된다) 사전-사후검사통제집단 설계와 매우 흡사하다. 무작위 할당하지 않았기 때문에 내적 타당도에서 통계적 회귀와 성숙, 역사적 사건, 검사와 같은 변인들과 피험자 선택-상호작용(즉, 선택-성숙, 선택-역사, 선택-검사 등)을 통제하지 못한다. 따라서 집단들이 유사하면 유사할수록 좋기 때문에, 연구자는 가능한 한 동등한 집단들을 사용하기 위해 노력해야 한다. 외적 타당도에서는 사전검사를 실시하기 때문에 사전검사-처치 상호작용은 통제되지 못한다.

이 설계의 장점은 '있는 그대로의' 학급을 사용하기 때문에 John Henry 효과, Hawthorne 효과가 발생할 수 있는 가능성을 최소화 할 수 있다. 즉, 기존

의 집단을 그대로 사용함으로써 연구대상자들은 자신이 연구대상임을 인식하지 못한다. 또한 이 설계 역시 두 집단보다 더 많은 집단으로 확장할 수 있다.

시계열 설계(time series design) 이 설계는 단일집단 사전-사후검사 설계를 정교화한 것이다. 한 집단에 사전검사를 반복적으로 실시하고, 처치를 한 다음, 사후검사를 반복적으로 실시한다. 만일 여러 번 실시한 사전검사 점수들이 동일하고, 처치 후에 유의미하게 향상이 되면 연구자는 단지 한 번만 실시한 사전검사와 사후검사를 실행했을 때보다 처치의 효과에서 보다 확신을 가질 수 있다. 그러나 내적 타당도에서 사전검사를 실시할 때와 사후검사를 실시할 때까지의 기간 동안에 어떤 사건이 발생할 수 있기 때문에, 역사적 사건이 위협이 될 수 있으며 검사도구 사용 역시 위협이 될 수 있다. 외적 타당도에서 사전검사-처치 상호작용 역시 통제되지 않는다.

이 설계에서 처치효과를 결정하는 것은 기본적으로 검사 점수들의 패턴을 분석하는 것이다. [그림 6.5]는 발견할 수 있는 몇 개의 가능한 패턴을 예시하고 있다. 그림에서, O_4와 O_5사이에 있는 수선은 실험처치가 적용되는 시점을 가리킨다. 패턴 A는 처치가 적용되기 전에서부터 처치 후에도 계속 동일한 비율로 증가하므로 처치효과가 없다. 패턴 B와 C는 모두 처치효과를 보이고 있

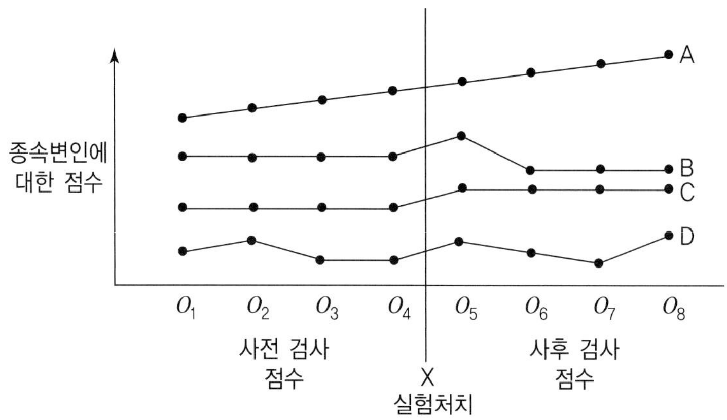

그림 6.5 시계열 설계에서의 연구결과에 대한 가능한 패턴들(Gay, 1996, p.370)

으나, 패턴 B는 일시적인 효과를, 패턴 C는 효과가 지속적으로 유지되고 있음을 보이고 있다. 패턴 D는 O_4보다 O_5에서 일시적으로 효과가 있는 것처럼 보이나 패턴이 너무 불규칙하므로 처치효과가 있다고 할 수 없다.

아래와 같이 변형된 시계열 설계에는 통제집단이 포함되어 있다. 이 복합 시계열 설계는 타당도에 대한 위협으로 역사와 검사도구 사용에 대한 위협을 통제할 수 있으며, 검사를 여러 번 실시할 수 있는 상황에서 보다 효과적으로 사용될 수 있다.

$$O\ O\ O\ O\ X_1\ O\ O\ O\ O$$
$$O\ O\ O\ O\ X_2\ O\ O\ O\ O$$

균형 설계(counterbalanced design) 이 설계는 여러 개의 처치가 연속적으로 실행될 때 모든 집단들이 모든 처치를 서로 다른 순서로 받는 것으로, 집단들이 처치를 받는 순서는 임의로 결정한다. 예를 들어, 중학교 1학년 3개 반에게 서로 다른 유형의 수학문제(P_1, P_2, P_3)를 순서를 달리하여 — 1반은 $P_1 \rightarrow P_2 \rightarrow P_3$의 순서로, 2반은 $P_3 \rightarrow P_1 \rightarrow P_2$의 순서로, 3반은 $P_2 \rightarrow P_3 \rightarrow P_1$의 순서로 — 풀게 한 후, 문제해결력이 향상되었는지를 알아볼 수 있다. 이 설계는 통상적으로 기존의 집단들이 사용되어야 할 때와 사전검사가 가능하지 않을 때 사용된다.

이 설계의 약점은, 동일한 집단이 두 개 이상의 처치를 받을 때 발생할 수 있는 중다-처치 상호작용을 통제하지 못하기 때문에, 이 설계는 실제로 한 집단에 대한 처치가 다른 집단의 효과성에 대한 평가에 영향을 주지 않을 때 사용되어야 한다는 점이다.

처치의 효과를 결정하는 방법은 각 처치에 대한 각 집단의 평균 수행을 비교하는 것이다. 즉, 첫 번째 처치에 대한 각 집단의 사후점수는 두 번째 처치에 대한 각 집단의 사후검사 점수와 비교되며, 두 번째 처치에 대한 각 집단의 사후점수를 세 번째 처치에 대한 각 집단의 사후검사 점수와 비교한다.

4) 요인 설계(factorial design)

지금까지의 실험 설계는 하나의 실험에서 독립변인이 하나인 경우이었다. 그러나 독립변인을 두 개 이상 포함하고 그들 간의 상호작용을 보기 위한 연구가 있을 수 있다. 요인 설계는 바로 이와 같은 연구를 수행하고자 할 때 이용할 수 있는 실험 설계이다. 다만, 요인 설계에 의한 실험 연구에서 독립변인이 두 개 이상일 때 적어도 한 개의 독립변인은 조작된 독립변인이어야 한다. 요인 설계에는 여러 가지 형태가 있으며, 그 중 가장 간단한 형태가 두 개의 독립변인을 각각 두 가지 수준으로 변화시키는 경우이다. 이것을 2×2라고 표현한다.

요인 설계를 이용하면 다음의 세 가지 정보를 얻을 수 있다. 첫째, 독립변인 X_1에 대한 주 효과, 둘째, 독립변인 X_2에 대한 주 효과, 셋째, 독립변인 X_1과 X_2의 상호작용 효과. [그림 6.6]에 제시한 바와 같이, 교수법(A, B)과 IQ(상, 하)를 두 요인으로 하는 2×2 요인 설계를 예로 들어보자. 즉, 교수법A와 교수법B의 효과를 비교하고, 또 교수법A와 교수법B가 IQ가 높은 학생과 낮은 학생 중 누구에게 더 효과가 있는가를 알고자 할 때, 요인 설계에 의한 실험연구를 할 수 있다.

	교수법 A	교수법 B
IQ(상)	집단 1	집단 2
IQ(하)	집단 3	집단 4

그림 6.6 기본적인 2×2 요인 요인설계의 예

[그림 6.7]은 위에서 예로 제시한 2×2 요인 설계를 통하여 얻을 수 있는 두 가지의 가능한 연구결과를 제시한 것이다. (가)의 경우, 교수법A의 평균은 70, 교수법B의 평균은 30이고, IQ가 높은 학생들의 평균은 60, 낮은 학생들의 평균은 40이다. 즉, IQ가 높은 학생들에게 있어서 교수법A(80)는 교수법B(40)보다 효과가 있으며, IQ가 낮은 학생들에게 있어서도 교수법A(60)가 교수법B(20)보다 효과적이다. 따라서 IQ에 관계없이 교수법A는 교수법B보다 효과적

이며, 교수법과 IQ 사이에는 상호작용 효과가 없음을 알 수 있다.

그러나 (나)의 경우에는 교수법A가 교수법B보다 효과적이라고 단정할 수 없다. IQ가 높은 학생들에 대해서는 교수법A(80)가 교수법B(60)보다 효과적이었으나, IQ가 낮은 학생들에 대해서는 교수법B(40)가 교수법A(20)보다 효과적이었다. 교수법에 관계없이 IQ가 높은 학생들이 IQ가 낮은 학생들보다 더 우수하였지만, 얼마나 우수하였는지는 적용한 교수법에 영향을 받는다. 따라서 교수법과 IQ 사이에는 상호작용 효과가 있음을 알 수 있다.

(가) 상호작용 없음

	교수법 A	교수법 B	
IQ(상)	80	40	60
IQ(하)	60	20	40
	70	30	

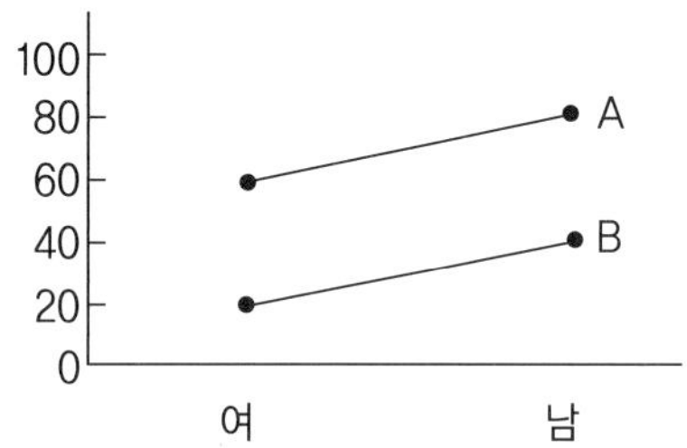

(나) 상호작용 있음

	교수법 A	교수법 B	
IQ(상)	80	60	70
IQ(하)	20	40	30
	50	50	

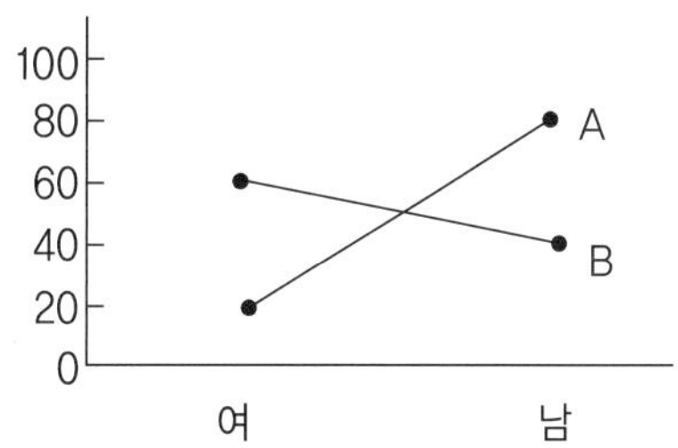

그림 6.7 2×2 요인 설계에서의 상호작용 효과

2×2 요인설계에서 독립변인 2개가 모두 조작될 수 있으나 통상적으로 하나는 조작된 또는 실험변인을, 또 다른 하나는 조작되지 않은 변인이 포함되며,

조작되지 않은 변인을 통제변인이라고 한다. 위의 예에서 성별은 통제변인이다. 통제변인은 통상적으로 성별, 능력과 같은 피험자의 육체적 또는 지적 특성을 나타낸다. 요인설계를 기호화할 때, 조작된 변인은 전통적으로 첫 번째에 위치한다. 따라서 두 개의 독립변인, 예를 들어, 조작된 교수 유형이 3종류, 그리고 IQ(상, 하)를 사용하는 연구는 3×2로 기호화된다.

요인설계의 목적은 실험변인의 효과가 통제변인의 모든 수준에 걸쳐 일반화할 수 있는가의 여부 또는 효과가 통제변인의 특수한 수준에 대하여 어떠한 효과를 나타내는가의 여부를 결정하기 위한 것이다. 또한 요인설계는 단일-변인 실험(독립변인이 종속변인에 대하여 어떠한 영향을 미치는가)이 할 수 없는 관계, 즉 상호작용 효과를 설명할 수 있다는 것이 장점이다.

요인설계는 독립변인의 특성과 수에 따라 많은 가능한 요인설계들이 있을 수 있으나 한 셀)에 속하는 피험자의 수가 적어도 15명이 있어야 하므로 많은 수의 피험자의 수를 확보해야 하는 점이 단점이 될 수 있다. 예를 들어, 3×3×2 요인설계는 18개의 집단을 포함하며, 적어도 270명의 피험자가 필요하게 된다. 요인 설계의 또 다른 단점은 너무 많은 요인들이 포함되면 연구결과의 해석이 매우 어려워질 수 있다는 점이다. 예를 들어, 5개의 교수방법, IQ, 성별, 능력, 그리고 불안 사이의 다섯 방향의 상호작용을 어떻게 해석할 것인가를 조사하기 위해 그래프로 그리는 것은 쉽지 않다. 그러나 앞에서도 언급한 바와 같이 단순-변인 설계를 가지고 검사될 수 없는 어떤 연구 문제(또는 가설)을 검증하는 데 매우 효과적이다.

07 CHAPTER 인과 - 비교연구

- 인과-비교연구의 의미와 목적
- 연구의 수행방법
- 자료의 분석과 해석

1 인과-비교연구의 의미와 목적

인과-비교연구(causal-comparative research)는 집단들의 상태 또는 행동에 존재하고 있는 차이에 대한 원인을 판단하거나 그 원인으로 인하여 어떤 효과가 나타날 것인지를 결정하기 위한 연구이다. 다시 말하면, 이 연구는 집단 간에 이미 발생한 어떤 결과(또는 효과)의 차이에 대한 원인을 조사하는 경우와, 이미 발생한 어떤 원인(조작되지 않은)들에 대하여 그 결과(또는 효과)가 어떻게 나타날 것인가에 관심을 갖고 조사하는 경우의 두 가지로 구분된다. 즉, 이 연구는 집단 간에 이미 발생해서 존재하고 있는 차이들에 대한 원인이나 결과를 사후에 조사하는 연구로서 라틴어로 'ex post facto'('after the fact'의 의미) 연구 또는 사후연구라고 언급하기도 한다. Kerlinger(1973)는 'ex post facto' 연구를 "징후(또는 조짐)가 이미 발생했거나 그것들을 본질적으로 조작할 수 없기 때문에 연구자가 독립변인에 대한 직접적인 통제를 하지 않는 체계적이고 경험적인 탐구"(p. 373)로 정의하였다.

초보 연구자들은 종종 인과-비교연구와 실험연구를 혼동하기도 하는데, 그 이유는 이 두 연구가 모두 원인-효과 관계를 알아보기 위해 시도하고 또한 집단 비교를 하기 때문이다. 그러나 이 두 연구는 차이가 있다. 실험연구에서는 연구자가 원인을 제공하고(실험처치), 처치 이외에 집단 간에 발생할 수 있는 다른 변인들을 통제하고, 실험처치에 따라 종속변인에서 어떤 효과가 나타나는가를 조사하는 반면에, 인과-비교연구에서는 이미 발생한 독립변인이 조작되지 않는다. 즉, 인과-비교연구에서는 집단들이 이미 구성되어 있을 뿐만 아니라 독립변인에서 이미 차이가 발생되어 있으며, 이 차이가 왜 발생했는가에 관심을 갖고 연구한다.

인과-비교연구에 대한 예를 들어 보기로 하자. 어느 고등학교 수학교사가 학생들이 수학적 능력에서 상당한 차이가 있다는 것에 관심을 갖고 그 원인을 알아보기 위한 연구를 수행하려고 한다. 그는 연구주제와 연구문제를 다음과 같이 설정하였다.

〈예 1〉 이 예는 이미 결과가 발생한 경우의 원인을 탐구하는 예이다.

연구주제: 고등학교 학생들의 수학적 능력과 관련된 요인 분석

연구문제:

(1) 성별(남 · 여) 간에 차이가 있는가?

(2) 가정적 배경에 차이가 있는가?
- 부모의 학력
- 부모의 직업
- 형제의 수와 관계

(3) 학교 내와 학교 외에서의 수학 학습 방법과 시간에 차이가 있는가?
- 학교 내에서의 수학 수업 참여(적극적, 소극적)
- 자학자습
- EBS 청취
- 학원 또는 개인 과외
- 학습자료(교과서, 참고서, 문제집 등등)의 이용

(4) 성격에 차이가 있는가?

–외향성과 내향성
–불안 수준
–자존심
–자아개념
–학습 양식

(5) 타 교과들의 성적에 차이가 있는가?
–자연과학 계열 교과
–인문계열 교과
–사회계열 교과
–예체능교과

(6) 초등학교, 중학교 시절에 수학경시대회에 참여한 경험이 있는가?
–초등학교
–중학교

위의 예는 이미 결과(수학적 능력의 차이)가 발생한 상태에서 그 원인을 탐구하기 위한 연구주제와 연구문제를 개략적으로 진술한 것이다. 물론, 여기에 제시한 모든 연구문제를 연구해야 하는 것은 아니다. 또한 위의 예에서 독립변인은 고등학생들의 성별, 가정적 배경, 수학학습 방법과 시간, 성격, 타 교과들의 성적, 초 · 중학교에서의 수학경시대회 참여 경험인데 이것들은 조작될 수 없다. 이 연구에서 유의해야할 점은 원인을 추정할 때에는 막연하게 추정하는 것이 아니라 타당한 근거를 가지고 원인이 될 만한 내용들로 구성된 연구문제를 설정해야 한다.

또 다른 예를 들어보기로 하자.

〈예 2〉 이 예는 이미 원인(조작할 수 없는)이 발생한 경우에 결과를 탐구하는 예이다.

연구주제: 학부모, 수학교사, 교육행정가 간의 평가에 대한 의견 차이 분석

연구문제:

(1) 학부모, 수학교사, 교육행정가 간에는 평가 횟수(매월, 격월,

학기별)에 대한 의견에서 차이가 있는가?
(2) 학부모, 수학교사, 교육행정가 간에는 평가 결과(점수, 등급, 석차)를 나타내는 방법에 대한 의견에서 차이가 있는가?

이 예에서, 독립변인은 학부모, 수학교사, 교육 행정가로서 조작할 수 없으며, 이들의 의견인 평가 횟수(매월, 격월, 학기별), 평가 결과의 표현 방법(점수, 등급, 석차)은 종속변인이다.

인과-비교연구는 때때로 실험연구의 실시 여부를 결정하기 위한 목적을 위해서 수행되기도 한다. 예를 들어, 어느 학교의 교사들이 컴퓨터-보조 수업을 적용하고자 의견을 모았다 하더라도 이 방법을 적용할 확실한 자신이 생기지 않을 때, 컴퓨터-보조 수업을 하고 있는 학교의 학생들과 하고 있지 않은 학교 학생들의 수학성취도를 비교하는 인과-비교연구를 수행할 수 있다. 만일 컴퓨터-보조 수업을 하고 있는 학생들의 수학성취도가 더 높게 나왔다면, 더욱더 자신을 갖고 컴퓨터-보조 수업을 실시할 수 있을 것이다. 이것은 많은 노력을 기울여야 할 실험연구를 직접적으로 하지 않아도 되는 좋은 예이다.

인과-비교연구의 이러한 장점에도 불구하고, 연구자의 마음에 새겨야 할 제한점이 있다. 즉, 독립변인들은 이미 발생되었고 실험연구에서처럼 변인 통제가 이루어지지 않으므로 결과해석에서 주의가 필요하다. 다시 말하면, 조사된 원인이 사실상 효과일수도 있으며, 또는 확인된 원인과 효과 모두에 영향을 주는 원인인 제3의 변인이 있을 수 있다는 점이다. 예를 들어, 위의 〈예 1〉에서, 타 교과들의 성적, 특히 물리나 화학 점수가 수학적 문제해결력에 영향을 미치는 것으로 확인되었다 하더라도 어쩌면 수학적 문제해결력이 원인이 되고 물리나 화학 점수가 효과가 될 수 있을 것이다. 때문에 어느 것이 다른 것에 영향을 주는, 다시 말하면 어느 것이 먼저라는 것을 결정하는 것이 올바르지 않을 수 있다. 따라서 인과-비교연구를 통해서 나온 결론은 미약하고 잠정적일 수 있다. 실제로 원인-효과 관계를 확실하게 확립할 수 있는 연구는 실험연구뿐이라고 할 수 있다. 그러나 앞에서 언급한 바와 같이, 인과-비교연구들은 실험적으로 연구될 수 없는 변인들 간의 관계를 연구할 수 있고, 실험연구에 대한 안내를 제공할 수 있으며, 또한 여러 측면에서 노력과 비용이 실험연구보다 적게 든다는 점이 장점이라 할 수 있다.

2 연구의 수행방법

기본적인 인과-비교연구의 설계는 매우 간단하며, 비록 독립변인이 조작되지 않더라도 몇 가지 통제 절차가 있다.

1. 연구설계와 절차

기본적인 인과-비교연구의 설계는 〈표 7.1〉에서 볼 수 있듯이, 어떤 독립변인에 대해 서로 다른 두 집단을 선택하고, 그들을 어떤 종속변인의 관점에서

표 7.1 인과-비교연구의 기본 설계

	집단	독립변인	종속변인
경우 A	(E)	(X)	O
	(C)		O
		또는	
	집단	독립변인	종속변인
경우 B	(E)	(X_1)	O
	(C)	(X_2)	O

기호: (E) = 실험집단, ( )은 조작이 없음을 나타낸다.
(C) = 통제집단
(X) = 독립변인
O = 종속변인

비교하는 방법으로 설계된다.

선택된 두 집단은 서로 비교되는 집단이기 때문에 비교집단이라고 말하는 것이 옳지만, 실험집단과 통제집단으로 말하기로 한다. A의 경우는 한 집단이 다른 집단이 소유하고 있지 않은 특성이나 경험을 소유하고 있는 것을 나타낸 설계이며, B의 경우는 한 집단이 다른 집단보다 더 많은 특성을 소유했거나 또는 두 집단들은 서로 다른 종류의 경험을 가질 수 있는 것을 나타낸 설계이다. 앞에서 제시한 〈예 1〉에서의 연구문제 (6)과 〈예 2〉에 대한 연구 설계는 〈표 7.2〉, 〈표 7.3〉과 같이 나타낼 수 있다.

인과-비교연구 설계에서 비교집단들의 정의와 선택은 매우 중요하다. 각각의 집단이 서로 다른 모집단을 대표할 때(〈표 7.3〉 참조), 집단들을 구별하기 위한 특성 또는 경험은 명확히 그리고 조작적으로 정의하여야 한다. 집단을 정의하는 방법은 결과의 일반화 가능성에 영향을 주기 때문이다. 중요한 것은 선택된 집단들이 각각의 정의된 모집단을 대표하는 표본으로 선택되어야하는 것이고, 독립변인 및 이외의 다른 변인(critical variables)들을 유사하게 해야 한다는 것이다. 즉, 집단들의 동등성을 강조하기 위하여 집단들의 특성과 현재의 상태에 대한 변인들의 정보가 수집될 수 있어야 한다. 동등성을 촉진하고 확인된 부등성을 수정하기 위한 여러가지 통제 절차가 적용될 수 있다.

표 7.2 〈예 1〉의 질문(6) 수학경시대회 참가경험에 대한 기본 설계

	집 단	독립변인	종속변인
수학경시 대회 참가경험	I	초등학교에서만 참가	수학적 능력
	II	중학교에서만 참가	수학적 능력
	III	초 · 중학교 모두에서 참가	수학적 능력
	IV	참가한 경험이 전혀 없음	수학적 능력

표 7.3 〈예 2〉의 교사, 학부모, 교육행정가 간의 의견조사에 대한 기본 설계

집 단	독립변인	종속변인					
		평가횟수			평가결과 표현		
		매월	격월	학기별	점수	등급	석차
I	학부모 –초등학교 –중학교 –고등학교						
II	수학교사 –초등학교 –중학교 –고등학교						
III	교육행정가 –초등학교 –중학교 –고등학교						

2. 통제 절차

실험연구와 달리 인과–비교연구는 무선화, 독립변인의 조작, 외래변인의 통제가 취약하다는 점이 문제이다. 무선화는 집단의 동등성을 보증하기 위해 노력하는 가장 간단한 방법이지만, 인과–비교연구에서는 이미 존재하거나 처치를 받은 독립변인을 사용하기 때문에 무선화가 불가능한 상태이다. 또 다른 문제는 확인된 독립변인 이외에 집단들이 어떤 다른 주요 변인들에 대해 서로 다를 수 있으며, 이것이 집단들 간에 관찰된 실제적인 원인으로 작용할 수 있는 변인이 될 가능성이 있다는 점이다. 예를 들어, 취학 전 교육을 받은 집단과 그렇지 않은 집단을 단순히 비교하여 얻은 결론에서 취학 전 교육을 받은 1학년 학생들이 그렇지 않은 1학년 학생들보다 수 개념 형성에서 보다 높은 성취를 나타냈다고 한다면, 이 결론은 잘못일 수 있다. 왜냐하면, 이 연구의 대상자인

취학 전 학생들의 가정적 배경이 유복하고, 또한 이들의 부모가 교육에 관심이 많아 가정에서도 그들의 자녀를 위해 비형식적이지만 수 개념에 대한 조기 교육을 실시하였다면 어떻겠는가? 따라서 연구자가 만일 이와 같은 연구를 수행한다면, 취학전 프로그램에 참여한 학생과 그렇지 않은 학생들의 가정적 배경이 동등한 학생들을 표집 함으로써 외래변인을 통제하도록 시도해야 한다. 인과-비교연구에서 외래변인들을 통제하기 위한 방법은 통계적인 방법과 비통계적인 방법이 있다.

짝짓기(matching) 짝짓기는 실험연구에서도 역시 사용될 수 있는 외래변인 통제 기법이다. 종속변인과 관련되어 있다고 생각되는 변인을 확인했다면, 피험자를 신중하게 짝짓기 함으로써 그 변인을 통제할 수 있다. 예를 들어, 한 연구자가 IQ에 대하여 짝짓기를 한다면, 한 집단에 있는 IQ가 140인 피험자는 다른 집단에 있는 IQ가 140이거나 거의 140인 피험자와 짝짓기를 한다. 앞의 〈표 7.2〉와 〈표 7.3〉의 예에서, 학교급별에 따라 연령별로 짝짓기로 집단을 구성한다면, 학부모의 연령이 30대와 40대의 남여로 표본을 추출 할 경우 교사나 교육행정가 역시 30대와 40대의 남여로 표본을 추출한다면 연령과 학교 급별이 다르기 때문에 발생할 수 있는 외래변인을 통제할 수 있을 것이다.

짝짓기의 주요 문제점은 짝짓기가 안 되는 피험자들이 있을 경우에 연구에서 배제되어야 한다는 것으로, 변인이 두 개 또는 그 이상일 경우에 짝짓기를 동시에 하려면 이 문제점은 더욱 심각해진다.

동질집단 또는 하위집단들을 비교하기 외래변인을 통제하기 위한 또 다른 방법은 동질인 집단들을 비교하는 것인데, 이것도 역시 실험연구에서 사용된다. 예를 들어, IQ가 외래변인으로 확인되었다면, 연구자는 평균 IQ가 85에서 115사이에 있는 피험자들만을 대상으로 집단을 구성해서 비교한다. 물론 이 절차는 연구에 참여하는 피험자의 수가 적어지게 되고 결과의 일반화 가능성을 제한하게 된다.

또 다른 방법은 통제변인의 모든 수준을 대표하는 각 집단 내에서 하위 집단들을 구성하고 비교하는 것이다. 예를 들면, 각 집단을 IQ가 높은(116이상), 중간(85에서 115), 낮은(84이하) 집단으로 나누고, 각 집단에서 비교 가능한 하위집단들끼리 비교한다. 이 기법은 통제변인의 수준에 따라 독립변인이 통제변인에 미치는 영향이 다른지를 알아볼 수 있는 장점이 있다. 이 장점을 살리는 방법은 통제변인의 각 수준에 대한 t-검정이나 분산분석을 여러번 시행하기보다는 이원분산분석을 이용하는 것이다. 이원분산분석은 독립변인과 통제변인 사이의 상호작용, 즉 독립변인이 서로 다른 수준에서 통제변인이 서로 다르게 작용하는가의 여부를 결정한다.

가령, 앞의 〈표 7.2〉와 〈표 7.3〉의 예에서, 학부모, 수학교사, 교육행정가(독립변인)의 평가 횟수와 평가 결과 표현(종속변인)이 학교 급별로 어떤 차이가 있으며 또한 어떤 상호작용이 있는가를 이원분산분석을 통해서 조사될 수 있다.

공분산분석(analysis of covariance) 공분산분석은 하나 또는 그 이상의 변인들에 대하여 집단을 동등하게 하기 위하여 사용될 수 있는 통계적 방법으로, 어떤 다른 변인에 대한 처음의 차이를 통제하기 위하여 종속변인에 대한 점수를 통계적으로 조정하는 것을 말한다. 이 방법은 컴퓨터 통계 프로그램을 통해 이용할 수 있다.

3 자료의 분석과 해석

인과-비교연구에서 자료분석은 실험연구에서의 자료분석과 마찬가지로 다양한 기술통계와 추정통계가 이용된다. 그러나 가장 공통적으로 사용되는 기술 통계는 평균, 범위, 표준편차 등이며, 가장 공통적으로 사용되는 추정통계는 두 집단의 평균 사이에 유의미한 차이가 있는가의 여부를 보는 t-검정, 세 집단 이상 사이의 평균들의 유의미한 차이를 보는 분산분석(ANOVA), 집단 빈도수를 비교하기 위해 사용되는 즉, 한 집단이 다른 집단보다 사건이 더 많이 빈번하게 발생했는가를 보기 위해 χ^2검정을 사용한다.

앞에서도 지적한 바와 같이, 인과-비교연구에서는 연구결과를 해석하는데 상당한 주의를 요한다. 무선화, 조작, 통제가 부족하기 때문에 자신 있게 원인-효과 관계를 확립하는 것이 어렵다. 인과-비교연구에서의 원인-효과 관계는 어쩌면 원인(독립변인)이 효과이고, 효과(종속변인)가 원인일 수 있으며, 또는 추정된 원인과 효과 모두의 '실제적' 원인이 되는 제3의 요인들이 있을 수 있다. 예를 들어, 수학에 대한 자신감(독립변인)이 수학적 문제해결력(종속변인)에 영향을 줄 수 있으나, 그 반대로 수학적 문제해결력이 수학에 대한 자신감에 영향을 줄 수도 있을 것이다. 그렇다고 해서 인과-비교연구의 결과를 반대로 해석하는 것이 합리적이지 못한 경우도 있다. 예를 들어, 취학전 교육이 초등학교 1학년에서 수 개념 형성에 보다 높은 성취의 "원인"일 수 있으나, 1학년에서 수 개념 형성에 대한 성취가 취학전 교육의 "원인"일 수는 없다. 또 다른 예로, 수학에서의 성취가 성별에 의해 영향을 받을 수는 있으나 수학에서의 성취가 성별에 영향을 주지는 못한다. 따라서 인과 관계의 순서를 결정하는 것은 처음에 무엇이 발생했는가를 결정하는 것이다.

인과-비교연구에서 또 하나 주의해야 할 점은 추정된 원인-효과 모두의 '실제적' 원인인 제3의 요인이 있을 수 있다는 점이다. 앞의 통제 절차에서 언급했던, 취학전 교육을 받은 1학년 학생이 그렇지 않은 1학년 학생들보다 수 개념 형성에서 보다 높은 성취를 보였던 예에서 부모의 자녀 교육에 대한 관심과 열의가 오히려 이 결과에 대한 '실제적' 인 원인이 될 수 있었다는 점을 다시 생각해 보아라. 이러한 잠재적인 문제를 통제하기 위한 방법은 의심스러운 변인들에 대하여 집단이 동등하도록 통제하는 것이 필요하다.

결론적으로 인과-비교연구는 통제에 결함이 있다는 취약점이 있지만, 이 점이 인과-비교연구에 대한 가치가 적다는 것으로 해석되어서는 안 된다. 즉, 많은 교육문제를 해결하기 위한 방법으로 인과-비교연구가 필요하다는 점을 간과해서는 안 된다.

CHAPTER 08

상관관계연구

- 상관관계연구의 의미와 목적
- 연구의 기본 과정
- 관계연구
- 예측연구

1 상관관계연구의 의미와 목적

상관관계연구(correlational research)는 변인들 간의 관계를 양적인 입장에서 설명하는 연구이다. 다시 말하면 양으로 나타낼 수 있는 두 개 또는 그 이상의 변인들 사이에 관계가 있는지, 그리고 관계가 있다면 어느 정도로 관계가 있는지를 조사하는 연구이다. 이 관계에 대한 정도는 상관계수(correlation coefficient)로 표현한다.

두 변인들 간에 관계가 있다는 것은 한 변인의 측정점수가 다른 변인의 점수와 관련되어 있다는 것을 의미한다. 예를 들어, 지능과 학업성취도 사이에 '양의 관계'가 있다는 것은 지능검사에서 높은 점수를 받은 사람은 학업성취도에서도 높은 점수를 받는 경향이 있으며, 지능검사에서 낮은 점수를 받은 사람은 학업성취도에서도 낮은 점수를 받을 경향이 있다는 것을 의미한다. 그러나 상호관계가 있다는 것이 원인-효과 관계를 뜻하는 것은 아니다.

따라서 상관관계연구의 목적은 실험연구나 인과-비교연구와 달리 변인들 사이의 관계를 규명함으로써 중요한 현상을 이해하거나 또는 변인들 간의 관계를 사용하여 어떤 현상에 대한 예측을 하는 데 있다. 만일 고등학교에서의 성적과 대학에서의 성적 사이에 높은 상관관계가 있다면, 고등학교 성적으로부터 대학 성적을 예측할 수 있을 것이다.

상관관계연구는 변인들 사이에 존재하는 관계를 기술하기 때문에 기술연구(descriptive research)의 한 형태로 취급되기도 하지만, 관계를 기술하는 방법이 기술연구와 확연하게 다르다. 즉, 상관관계연구에서의 관계는 상관계수로 기술하지만 자기-보고연구나 관찰연구와 같은 기술연구는 상관계수를 사용하지 않는다.

일반적으로 교육에서 상관관계연구는 학업성취도와 깊은 관련이 있다고 믿는 다수의 변인들 사이의 관계를 조사한다. 만일 변인들 사이에 관계가 확실히 있다고 믿어지면, 그 원인을 밝히기 위해 인과-비교연구나 실험연구를 후속연구로 수행하게 된다.

상관관계연구는 두 변인 사이의 관계가 어느 정도인가를 예측하도록 한다. 두 변인 간의 관계가 높을수록 상관계수는 +1.00(양의 상관관계; 한 변인의 높은 점수는 다른 변인의 높은 점수와 관계되는 경향) 또는 -1.00(음의 상관관계; 한 변인의 높은 점수는 다른 변인의 낮은 점수와 관계되는 경향)에 가까워질 것이고, 두 변인 간에 관계가 낮을수록 0.00에 가까워질 것이다.

2 연구의 기본 과정

상관관계연구는 관계연구(relationship studies)와 예측연구(prediction studies)로 수행될 수 있으며, 이들 연구는 각각의 특징에서 차이가 있으나 기본적인 과정은 매우 유사하다.

1. 연구문제 선정

상관관계연구는 변인들 간에 서로 관련이 있을 것이라고 생각되는 관계를 결정하거나 기대되는 관계에 관해서 가설을 검사하기 위해 설계될 수 있다. 연구에 포함되는 변인들은 연역적이거나 귀납적인 이론적 근거에 의해 선택되어야 한다. 다시 말하면, 조사되는 관계들은 이론이나 경험을 바탕으로 선택되어야 한다. 일반적으로 크게 두 가지 형태의 주요 문제가 상관관계연구의 초점이다.

첫째, 변인들 사이에는 관계가 있는가? 있다면 어느 정도로 관계가 있는가?

둘째, 변인들 간의 관계는 어떠하며 그것들을 통하여 어느 정도 예측이 가능한가?

2. 표본과 측정도구 선택

상관관계연구를 위한 표본은 다른 연구와 마찬가지로 조건에 맞는 표집방법을 사용하여 선택하며, 일반적으로 표본의 크기는 적어도 30명 이상이어야 한다. 다른 연구에서처럼, 연구되어야 할 변인들에 대하여 타당하고 신뢰할만한 측정이 이루어져야 한다. 만일 부적절한 자료가 수집된다면, 변인 간의 관계의 정도를 나타내는 상관계수가 부정확하게 나타나게 될 것이다. 더욱이, 사용된 측정도구가 의도된 변인들을 실제로 측정하지 못한다면, 그 결과로 얻어진 상관계수는 의도된 관계를 충실히 나타내지 못할 것이다. 예를 들어, 수학과 물리에서의 성취도 사이의 상관관계를 알고자 할 때, 수학에서는 계산기능 검사를, 물리에서는 성취도 검사를 실시했으면 상관계수는 의도된 관계를 정확하게 나타내지 못할 것이다. 왜냐하면, 계산 기능은 단지 수학성취도의 한 종류일 뿐이기 때문이다. 이 예에서 얻은 상관계수는 단지 수학의 한 종류인 계산 기능과 물리에서의 성취도 간의 관계를 나타낼 뿐이다. 따라서 연구의 목적을 위해 타당한 측정을 해야 한다는 점에 유의해야 한다.

3. 연구설계와 절차

기본적인 상관관계연구의 설계는 단순하다. 표본으로 선택된 각각의 연구대상자들에 대하여 두 변인의(또는 그 이상의) 점수들을 수집한다. 즉, 관심 있는 두 변인들의 각각에 대한 점수를 서로 짝지어서 관련짓는다. 두 변인 간의 상관관계연구의 설계는 〈표 8.1〉과 같이 나타낼 수 있다. 이 그림에서, O_1과 O_2는 각 구성원으로부터 얻은 점수이며, 이 점수로부터 산출된 상관계수는 두 변인 간의 관계에 대한 정도를 나타낸다.

표 8.1 상관관계연구의 기본 설계

연구대상자	O_1	O_2
A	—	—
B	—	—
C	—	—
D	—	—
E	—	—
⋮	⋮	⋮

4. 자료분석과 해석

앞에서 언급한 바와 같이, 두 변인들 간의 관계는 상관계수로 말해지며, 0.00과 +1.00 사이 또는 0.00과 −1.00사이인 소수로 나타난다. 상관계수는 두 변인간의 관계 정도를 의미하는데, +1.00이나 −1.00에 가까울수록 강한 관계를 나타낸다. 만일 상관계수가 +이면 한 변인의 점수가 높으면 다른 변인의 점수도 높은 경향을 나타내며, 상관계수가 −이면 그 관계는 한 변인의 점수가 높으면 다른 변인의 점수는 낮은 경향이 있음을 나타낸다. 상관계수가 0.00에 가까울수록 변인 간에 아무런 관계가 없음을 나타낸다. 〈표 8.2〉는 어느 고등학교 3학년 8명의 IQ와 평균 학점, IQ와 몸무게, IQ와 20개 문항에 대한 오류의 수와의 관계를 나타낸 것이다.

표 8.2 두 변인들 간의 높은 양의 상관관계, 무관계, 높은 음의 상관관계를 예시한 자료

	높은 양의 상관관계		무관계		높은 음의 상관관계	
	IQ	평균학점	IQ	몸무게(kg)	IQ	오류의 수
학생 1	85	1.0	85	70	85	16
학생 2	90	1.2	90	63	90	10
학생 3	100	2.4	100	54	100	8
학생 4	110	2.2	110	52	110	5
학생 5	120	2.8	120	72	120	9
학생 6	130	3.4	130	50	130	3
학생 7	135	3.2	135	63	135	2
학생 8	140	3.8	140	75	140	1

〈표 8.2〉에서 볼 수 있는 바와 같이, IQ는 평균 학점과 높은 양의 상관관계를, 몸무게와는 무관계를, 오류의 수와는 높은 음의 상관관계를 나타내고 있다. 다시 말하면, 학생들의 IQ가 높아질수록 평균 학점은 높아지는 경향이 있으며, 반면에 IQ가 높아질수록 오류의 수는 점점 적어지는 경향을 보이고 있다. 즉, IQ는 평균 학점과 오류의 수와 관련된 주요 변인임을 의미하며, 이것은 단지 관계가 있음을 보이는 것일 뿐 IQ가 평균 학점이나 오류의 수의 원인이라는 것을 뜻하는 것이 아님을 유의해야 한다. 다만 IQ가 높으면 평균 학점이 높고, 오류의 수가 적을 것이라는 예측을 할 수 있을 것이다.

상관계수가 의미하는 바를 설명하는 것은 쉽지 않다. 어떤 초보 연구자들은 상관계수 0.50을 두 변인 간의 관계가 50% 관련되어 있는 것으로 잘못 생각하

는 경우가 있다. 상관관계의 강도를 나타내주는 것이 상관계수이며, 상관계수의 제곱을 결정계수(R^2)라고 하는데 이 결정계수는 설명력을 의미한다. 가령, 위의 예에서 IQ와 평균학점의 상관계수가 0.60이라면, 결정계수는 $(0.60)^2=0.36$이 된다. 결국, IQ가 평균학점을 설명해 주는 정도는 36%라고 할 수 있다. 따라서 상관계수 0.60은 처음에는 관계가 높은 것으로 보여 질 수 있으나 실제로 그것은 결정계수가 $(0.60)^2=0.36$ 즉, 36%라는 것을 의미하기 때문에 상관관계가 아주 높다고는 말할 수 없고, 다만 '관계가 존재' 한다고만 말할 수 있다.

상관계수에 대한 해석은 그것이 어떻게 사용되는가에 달려있다. 다시 말하면, 계수가 얼마나 커야 유용한가에 대해서는 그것이 계산된 목적에 달려있다. 가설로 설정된 관계를 탐구하거나 검증하기 위해 설계된 연구에서, 상관계수는 통계적 유의수준의 입장에서 해석된다. 그러나 예측연구에서 통계적 유의수준은 그렇게 중요한 것이 아니다. 통계적 유의수준이란 획득한 상관계수가 실제로 0과 다른지 그리고 우연한 관계가 아닌 사실적 관계를 반영하고 있는지의 여부를 말한다. 유의수준은 연구에서 주어진 확률 수준으로 결정된다. 다시 말하면, 변인들 간에 사실적인 관계가 있는지 또는 없는지의 여부를 절대적으로 결정할 수는 없지만, 변인들 간에는 관계가 있는지 또는 없는지를 확률적으로는 말할 수 있다. 따라서 유의수준에 의하여 상관관계에 관한 가설이 지지되기도 하고 기각되기도 한다.

상관계수를 해석할 때 주의해야 할 점은 원인-효과 관계가 아니고 단지 관계에 대해서만 해석해야 한다는 것임을 잊어서는 안 된다는 것이다. 유의미한 상관계수는 원인-효과 관계를 암시할 수는 있으나 그것을 확정하는 것은 아니다. 원인-효과 관계는 오직 실험연구에 의해서만 확립될 수 있다.

3 관계연구

관계연구는 학업 성취, 학습 동기, 자아 개념과 같은 변인들 간의 관계를 분석하여 중요한 현상 또는 통찰을 얻기 위하여 수행한다. 또한, 관계연구는 인과-비교연구나 실험연구와 같은 후속연구에 대한 방향을 제공한다. 즉, 관계연구는 실험연구나 인과-비교연구에서 종속변인에 영향을 줄 수 있는 독립변인 이외의 다른 변인들을 통제하고 확인하는 데 도움을 주며, 때문에 의도된 변인의 효과를 조사하는 데 도움이 된다. 만일 유치원 교육이 초등학교 1학년 학생들의 수 개념 형성과 관계가 있다면, 실험연구를 수행할 경우, 유치원 교육을 받은 학생들과 그렇지 않은 학생들에게 나타날 수 있는 차이를 통제할 수 있는 방법을 고려해야 할 것이다.

1. 자료수집

관계연구에서, 연구자는 우선 잠재적으로 관계가 있는 변인들을 귀납적으로 또는 연역적으로 확인하는 것이 필요하다. 예를 들어, 연구자가 영재성과 관계가 있는 요소들에 관심이 있다면, 지능, 과제 집착력, 창의성 등과 같은 변인들을 확인해야 할 것이다. 이러한 변인들을 연구에 포함하기 위해 연구자는 타당한 어떤 근거를 가지고 있어야 하며, 관계를 보려는 변인들의 수가 적을수록 올바른 결론을 내릴 가능성이 커진다.

자료수집에서 두 번째 단계는 표본을 선택하기 위하여 적절한 모집단을 확인하는 것으로, 모집단은 확인된 변인들의 각각에 대하여 자료가 수집될 수 있는 집단이어야 한다. 과거에 실시했던 학업 성취도와 같은 변인들에 대한 자료는 피험자로부터 직접적으로 수집되지 않아도 되지만, 많은 관계연구들은 측정이 필요하며 어떤 경우에는 관찰을 통해 자료를 수집해야 한다. 표준화검사와 질문지와 같은 측정도구들이 관계연구에서 사용될 수 있으며, 이들 각각은 주의해서 선택되어야 한다.

관계연구의 장점은 모든 자료가 비교적 짧은 기간 동안에 수집될 수 있다는 것이다. 측정도구들은 한 번에 또는 연속해서 여러 번에 걸쳐서 시행될 수 있다.

2. 자료분석과 해석

앞에서도 언급한 바와 같이, 관계연구에서 두 변인들 간의 관계의 정도는 상관계수로 나타낸다. 상관계수를 계산하는 방법에는 여러 가지가 있으며, 가장 공통적으로 사용되는 기법은 Pearson r로 언급되는 적률상관계수이다. Pearson r은 관계가 있는 두 개의 변인 모두가 비율척도 자료 또는 등간척도 자료로 표현될 때 적절하다. 교육연구에서 사용되는 성취도, 흥미와 같은 측정은 등간척도의 형태로 표현되기 때문에, 일반적으로 상관관계를 가장 잘 나타내는 상관계수는 Pearson r이다.

만일 변인들이 서열로 표현된다면, 상관계수로는 통상적으로 Spearman rho(ρ)를 사용한다. 서열척도 자료는 각각의 피험자의 점수를 사용하는 대신에 피험자들의 점수를 순서대로 배열하고 각각의 피험자를 1부터 피험자의 수만큼 서열을 매긴다. 예를 들어, 피험자의 수가 30명이라면 가장 높은 점수를 받은 피험자에게는 서열에서 1을 대응시키고 두 번째로 높은 피험자에게는 2를, 점수가 가장 낮은 피험자에게는 30을 대응시킨다. 만일 점수가 같은 피험자 두 명의 서열이 3, 4이면, 그 두 명의 서열의 평균인 3.5를 대응시킨다. 물론 Pearson r이 훨씬 더 정확한 상관계수이기는 하다. 하지만 피험자의 수가 작을 경우(30명 이하)에는 Spearman rho(ρ)가 훨씬 계산하기 쉬우며, 결국에는 Pearson r과 거의 같아진다.

〈표 8.3〉은 이 공식을 이용하여 학생들의 수학성적 서열에 대한 두 교사 사이의 상관계수 즉, Spearman rho(ρ)를 구하는 과정을 예시한 것이다. 다음은 Spearman rho(ρ)를 계산하는 공식이다.

$$\rho = 1 - \frac{6\sum D^2}{N(N^2-1)}$$

ρ는 Spearman rho 상관계수,
$\sum D^2$은 등급들 간의 차의 제곱의 합,
N은 경우(또는 피험자)의 수를 나타낸다.

표 8.3 서열에 대한 두 교사의 상관계수 계산

학생	교사 P의등급(R_1)	교사 K의등급(R_2)	차이(D)	(D_2)
김 ○ ○	1	4	−3	9
나 ○ ○	2	3	−1	1
라 ○ ○	3	1	+2	4
마 ○ ○	4	2	+2	4
박 ○ ○	5	5	0	0
사 ○ ○	6	6	0	0
장 ○ ○	7	8	−1	1
전 ○ ○	8	9	−1	1
차 ○ ○	9	7	+2	4
태 ○ ○	10	11	−1	1
한 ○ ○	11	10	+1 0	1 26

$$\rho = 1 - \frac{(6)(26)}{11(121-1)} = +0.88$$

조사되는 대부분의 상관관계는 그 관계가 직선적(linear)이라는 가정에 기초하고 있다. 만일 관계가 직선적이라면, 두 변인들에 대한 점수들을 좌표로 나타냈을 때, 이 점들은 어느 한 직선들 주위에 모여 있음을 볼 수 있다. 다시 말하면, 완전한 관계(+1.00 또는 −1.00)는 하나의 직선을 이루지만, 그러나 관계가 없을 때 그 점들에게서는 패턴을 찾을 수 없으며 점들은 무분별하게 흩어져 있다. 또 어떤 경우의 관계는 곡선을 이루는(curvilinear) 경우가 있다. 이와 같은 경우는 한 변인이 증가하면 다른 변인도 어느 점까지는 증가하지만 그 다음부터는 감소하는 경향을 보이는 관계이다. 상관계수의 절대값이 0.2보다 작으면 상관관계가 없거나 무시해도 좋으며, 절대값이 0.4이하이면 약한 상관관계, 0.6이상이면 강한 상관관계로 볼 수 있다. 다음의 [그림 8.1]은 여러 형태로 나타난 상관관계를 좌표평면 상에 예시한 것이다.

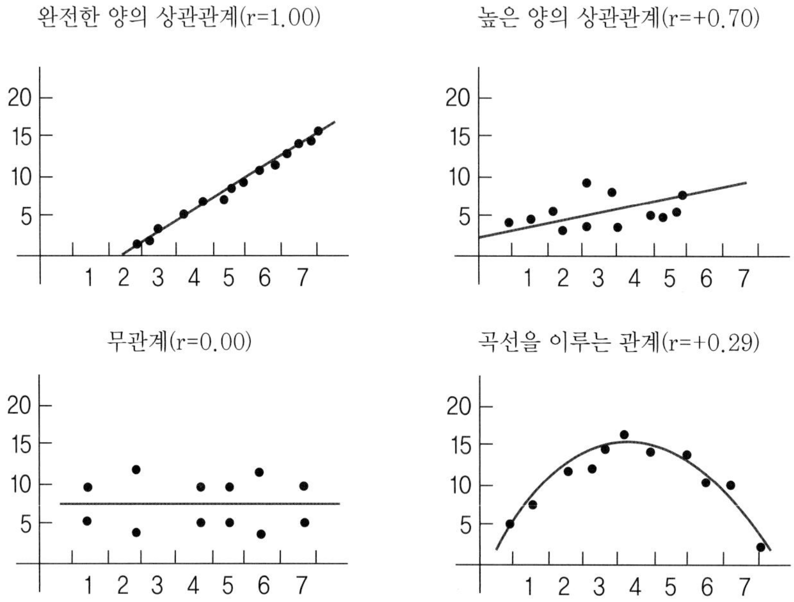

그림 8.1 여러 형태의 상관관계

앞에서도 언급한 바와 같이, 관계 해석에서 계수는 변인들 간의 관계가 어느 정도인가를 말해 주는 지침이 된다. 다음의 〈표 8.4〉는 상관 계수의 해석 기준을 나타낸 표이다.

표 8.4 상관계수 해석 기준

상관계수의 범위	상관관계의 해석
±0.00~0.20	상관관계 거의 없다
±0.20~0.40	상관관계 낮다
±0.40~0.60	상관관계 있다
±0.60~0.80	상관관계 높다
±0.80~1.00	상관관계 매우 높다

4 예측연구

예측연구는 인간의 행동을 예측하기 위한 목적으로 수행되는 관계연구이다. 만일 두 변인들이 높은 상관관계가 있다면 한 변인에 대한 점수는 다른 변인에 대한 점수를 예측하기 위해 사용될 수 있다. 예를 들어, 고등학교에서의 성적은 대학에서의 성적을 예측하기 위해 사용될 수 있다. 예측하는데 사용하는 변인을 예측변인(predictor variable)이라 하고, 예측된 변인을 준거변인(criterion variable)이라고 한다. 위의 예에서 고등학교 성적은 예측변인이고 대학성적은 준거변인이 된다.

예측연구는 흔히 개인에 관해서 의사결정을 용이하게 하기 위해서 또는 개인의 선발에 도움을 주기 위하여 수행된다. 또한, 준거 변인에 대한 예측 변인으로 믿어지는 변인들에 관해서 이론적인 가설들을 검증하기 위해 수행되기도 한다. 예를 들어, 초등학교에서 수학영재들을 선발하는 과정에서 지능, 과제집착력, 추론 능력, 문제해결력, 등등의 능력이 수학 영재성과 관계가 있는 예측변인이 될 수 있는가를 확인한 후, 이들 중 관계가 있는 예측변인을 통해서 수학영재인지 아닌지를 판별하는 데 도움이 될 수 있을 것이다.

1. 자료수집

예측연구에서의 자료수집은 관계연구에서와 같이, 연구자가 이용 가능하고 자료 수집이 가능한 피험자들을 선정하여야 한다. 측정도구들 역시 관심 있는 변인들의 타당한 측정을 위해 선택되어야 하며, 특히 타당한 준거변인의 측정이 중요하다. 만일 준거가 '수학 적성' 이라면, '수학 적성' 은 양적으로 측정할 수 있도록 명확하게 정의되지 않으면 안 된다.

자료수집에서 관계연구와 예측연구와의 주요한 차이는 관계연구에서는 모든 변인들에 대한 자료가 비교적 단기간에 한번에 수집되는 반면에, 예측연구에서는 준거변인이 측정되기 전에 예측변인들이 측정된다는 점이다. 예를 들면, 수학적성검사의 예측 타당도를 결정하는 데 있어서, 수학에서의 성취도(준거변인)는 어쩌면 연구를 끝내는 시점에서 측정되겠지만, 반면에 적성 검사(예측변인)는 연구 시작 전에 수행된다.

2. 자료분석과 해석

예측연구에서 두 변인 간의 관계를 통하여 예측하는 방법은 [그림 8.2]와 같이 산포도로부터 유도된 회귀직선을 통하여 예측하거나, 회귀방정식 또는 예측방정식을 통하여 예측할 수 있다.

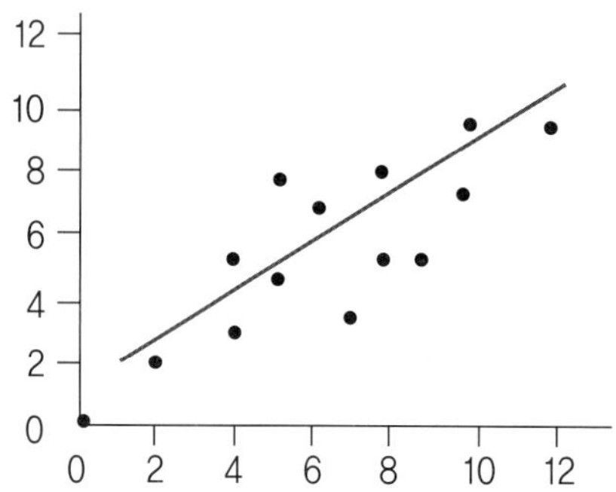

그림 8.2 산포도를 이용한 예측

특히 사례수가 많은 경우에는 산포도를 이용하는 방법이 비효율적이기 때문에 회귀방정식을 이용하는 것이 효율적이다. 다음의 방정식들은 준거변인을 예측하기 위한 단순회귀방정식과 다중회귀방정식을 나타낸 것이다.

단순회귀방정식: $\hat{Y} = \hat{\beta}_0 + \hat{\beta}_1 X$	$\hat{Y}$ = 예측된 준거변인의 점수 $\hat{\beta}_0$ = 회귀상수 $\hat{\beta}_1$ = 예측변인에 대한 회귀가중치 X = 예측변인

다중회귀방정식:
$$\hat{Y} = \hat{\beta}_0 + \hat{\beta}_1 X_1 + \hat{\beta}_2 X_2 + \cdots + \hat{\beta}_n X_n$$

$\hat{Y}$ = 예측된 준거변인의 점수
$\hat{\beta}_0$ = 회귀상수
$\hat{\beta}_i$ = 각각의 예측변인에 대한 회귀가중치 (단, i= 1, 2, 3, ⋯, n)
X_i = 예측변인들(단, i = 1, 2, 3, ⋯, n)

여러 변인을 결합하여 적용하면 하나의 변인보다 더 정확한 예측을 할 수 있기 때문에, 예측연구에서는 흔히 다중회귀방정식을 사용한다. 즉, 다중회귀방정식은 보다 정확한 예측을 하기 위하여 준거를 예측할 수 있는 각각의 모든 변인들을 사용한다. 예를 들어, 대학입시를 담당하는 직원은 대학 평균성적을 예측하기 위하여 다수의 변인들을 포함하는 예측방정식을 사용한다. 그러나 관계들이 거의 완벽하지 않기 때문에, 다중회귀방정식에 의한 예측들도 완벽하지 못하다. 따라서 예측된 점수들은 일반적으로 신뢰구간에 있게 된다. 예를 들어, 예측된 대학 평균성적 1.20은 0.80에서 1.60의 구간에 위치할 수 있다. 다시 말하면, 예측된 대학 평균성적이 1.20인 학생들은 0.80과 1.60의 범위 안에서 대학 평균성적을 얻을 것이라고 예측될 수 있을 것이다. 입학 정원이 정해져 있기 때문에 대학에서는 입학 규정에 의하여 이와 같이 예측된 평균 성적의 범위 안에 포함될 수 있는 지원자들을 잘못하여 불합격시킬 수도 있을 것이다. 그러나 이렇게 불합격된 학생들 중에는 입학한 후에 성적이 좋게 나오는 학생들도 있을 것이다. 어떤 특정한 학생에 대한 예측이 잘못될 수도 있겠지만(너무 높거나 너무 낮게), 지원자 집단 전체에 대한 예측은 전체적으로 정확하기 때문에 대부분의 지원자들은 성공적으로 예측될 수 있을 것이다.

만일 연구자가 예측을 목적으로 다중회귀방정식을 사용하려면 다른 표본으로 일반화할 수 있도록 타당도를 고려해야 한다. 왜냐하면 다른 표본에서는 또 다른 우발적인 오류가 다르게 작용하기 때문에, 원래의 표본에 대해 계산했던 회귀가중치가 다른 표본들에서 동일하지 않을 수 있다. 즉, 원래의 표본에서 최선으로 예측된 것이 다른 표본에서는 최선이 아닐 수 있다는 것이다. 그러므로 다중회귀방정식의 타당성을 결정하기 위해서는 다른 표본에서 그것을 적용해보려는 교차-확인(cross-validation)이 있어야 한다. 또 다른 집단에서 동일한 연구를 반복하여 교차-확인한다면, 다중상관관계는 회귀가중치가 계산되었던 원래의 표본에서보다 일반적으로 더 낮아진다. 연구가 다른 표본에서 반복될 때 다중상관관계가 감소하는 이러한 경향을 다중상관관계의 축소현상(shrinkage phenomenon)이라고 말한다. 이러한 축소현상이 나타나는 이유는 다른 집단에서는 발견되지 않는 우연한 관계에 의하여 다중회귀방정식이 구해졌기 때문이다. 따라서 한 집단에서 구해진 다중회귀방정식을 다른 집단에 적용하여 타당도를 확인해보아야 한다.

09 기술연구

CHAPTER

- 기술연구의 의미와 목적
- 관찰연구
- 자기-보고연구

1 기술연구의 의미와 목적

기술연구(descriptive research)는 연구대상에 대한 현재의 지위 또는 상태와 관련된 연구문제나 가설을 검증하기 위해 자료를 수집하고 연구의 시점에서 현존하고 있는 상황의 특성을 결정하는 연구로서, 실험연구에서와 같은 처치나 통제가 없다. 다시 말하면, 기술연구의 목적은 한 상황에서 변인들이나 조건들에 관하여 이미 '존재하고 있는 것'을 기술하기 위한 것으로써, 이미 존재하고 있는 변인들을 통제하지 않으며 오직 그것을 측정하고 설명한다.

기술연구 역시 다른 연구들과 마찬가지로 동일한 기본적인 과정이 있으며, 각 요소(문제의 선정, 문헌검토, 자료수집, 표본추출, 자료의 분석과 해석)는 반드시 체계적으로 수행되어야 한다.

기술연구의 유형을 분류하는 것이 간단하지는 않지만 대체적으로 자료를 수집하는 방법에 따라 자기-보고연구와 관찰연구로 구분할 수 있다. 자기-보고연구는 예를 들면, 질문지, 면담, 또는 표준화된 태도 검사를 사용하여 개인으로부터 정보를 수집한다. 관찰연구는 정보를 개인들에게 묻지 않고 직접적인 관찰과 같은 다른 수단을 통해서 자료를 수집한다. 그러나 이 두 유형의 연구는 상호 배타적이지 않다. 즉, 자기-보고연구는 관찰을 포함할 수 있으며 그 반대일 수도 있다.

2 자기-보고연구

1. 자기-보고연구의 유형

자기-보고연구에는 몇 개의 주요한 유형이 있다. 가장 많이 사용되는 연구는 조사(survey) 연구이며, 그 밖에 발달(developmental) 연구, 추적(follow-up) 연구, 사회성(sociometric) 조사연구가 있다. 또한 이 연구들에서는 일반적으로 질문지나 면담을 이용하여 자료를 수집한다.

1) 조사연구

조사연구는 사회학, 정치학, 경제학 등등 많은 분야에서 사용되는 연구이지만 교육에서도 가장 많이 수행하는 일반적인 연구 형태로, 하나 또는 그 이상의 변인들에 관하여 모집단의 현재의 상태(또는 지위)를 결정하기 위하여 모집단의 구성원들로부터 자료를 수집하게 된다. 또한 조사대상인 모집단은 광범위하게 정의될 수도 있으며, 때로는 좁게 정의될 수도 있다.

일반적으로 조사는 표본조사이거나 전수조사이지만 통상적으로 표본조사를 가장 흔하게 사용한다. 전수조사는 모집단의 크기가 비교적 작고 접근이 용이할 때 수행된다. 표본조사는 말 그대로 모집단에서 무작위로 추출(단순무작위표집이나 층화표집이 많이 사용된다)된 표본의 반응에 기초하여 모집단에 관한 정보를 추측한다. 또한 표본조사는 때때로 모집단의 하위집단을 대표할 수 있는 표본으로부터 어떤 특정한 시기에 정보가 수집되기 때문에 횡단연구(cross-sectional)라고도 부른다.

조사연구를 수행하는 방법은 다음 절에서 설명하고 있는 자기-보고연구의 방법과 기본적으로 동일하지만 조사대상과 목적에 따라 독특한 방법이 사용될 수 있다. 수학교사들이 구독하는 전문 잡지의 수 또는 학급당 학생 수와 같은 구체적 변인(concrete variables)과 달리 태도 또는 성취도와 같은 구인적 변인(construct variables)들에 대한 현재의 상태를 조사하는 연구들은, 정의된 모집단으로부터의 표본 선택뿐만 아니라 자료수집 도구의 선택 및 개발에서 조심스런 주의를 요한다. 예를 들어, 수학교육연구에서 자주 수행되고 있는 학생들의 학습 태도나 수학적 성향에 관한 연구는 바로 조사연구의 한 형태라 할 수 있으며, 이와 같은 연구를 수행할 때에는 모집단이 정의되어야 하며, 자료를 수집하기 위한 검사도구에 대한 타당도와 신뢰도 검증이 필요함은 이미 다른 연구를 설명하는 과정에서 언급한 바 있다.

2) 발달연구

발달연구의 기본적인 관심은 연령 또는 성숙에 있어서 수준이 다른 아동들의 행동변인들을 알아보는 것에 있다. 즉, 발달연구는 아동들의 지적, 신체적, 정서적, 또는 사회적 발달에 대한 실제적이고 이론적인 지식을 탐구한다. 교수 · 학습 이론이나 교육과정의 개발은 발달연구에서 연구된 지식들에 근거하여 이루어진다.

발달연구는 일반적으로 종단적 방법(longitudinal method)과 횡단적 방법(cross-sectional method)으로 수행되며, 각각 장점과 단점이 있다.

종단적 방법 종단적 방법은 표집된 동일한 피험자에 대하여 장기간에 걸쳐 연구하는 방법이다. 예를 들면, 어떤 연구자가 초등학교 학생들의 추상적 사고의 발달에 관심이 있다고 할 때, 처음에 표본으로 추출된 1학년 아동들을 대상으로 6학년까지의 추상적 사고의 발달과정을 연구하게 된다. 이 방법의 장점은 동일한 아동들의 발달과정을 다양한 수준에서 연구함으로써, 아동들에 대한 누적된 자료들을 통해 아동들의 발달과정을 다양한 수준(예를들면, 학년 수준)에서 집중적인 연구를 수행할 수 있다는 점이다. 반면에 이 방법의 단점은 동일한 피험자들을 대상으로 장기간 연구가 수행되기 때문에 시간이 지남에 따라 피험자들을 추적해서 연구하기가 어려우며, 피험자의 수가 점차로 줄어들 수 있다는 점이다.

횡단적 방법 횡단적 방법은 종단적 방법과는 달리, 동일한 시점에서 서로 다른 연령 수준의 피험자들 중 각각의 연령 수준에서 표본을 추출하고 그들을 대상으로 연구하는 방법이다. 때문에 횡단적 방법에서의 주요 관심사는 각각의 수준을 진정으로 대표할 수 있는 표본을 선택하는 것이다. 이 방법은 각각의 수준에 있는 많은 표본을 동시에 연구에 참여할 수 있게 하는 장점이 있다. 그러나 횡단적 방법은 또한 여러 단점을 가지고 있다.

주요 단점은 표본들 사이의 우연한 차이가 연구결과에 심각하게 영향을 줄 수 있다. 예를 들면, 1학년 아동을 선택할 때 그들이 평균보다 더 성숙한 아동들이 우연히 선택되고 2학년 아동들을 선택할 때 그들이 평균보다 성숙하지 못한 아동들이 선택된다면, 이들 두 학년의 아동들 사이의 차이는 1학년과 2학년 아동들 사이의 실제적인 차이와 다를 수 있을 것이다. 그러나 통상적으로 횡단적 방법에 의한 연구는 종단적 방법에 의한 연구보다 많은 표본들을 사용할 수 있는 장점 때문에 이 단점을 보완하게 된다.

또 다른 단점은 어떤 외래변인이 존재하여 표본이 선택되는 모집단에서 차이가 발생할 가능성이 있다는 점이다. 예를 들어, 고등학교 1학년 학생들과 2학년 학생들의 대수적 사고 능력의 발달과정을 비교하고자 할 때, 2학년 학생들 중 수학에 대한 관심 또는 흥미를 상실한 학생들이 1학년 학생들 보다 많아 연구에 참여하는 비율이 낮아진다면, 어떤 학생들이 탈락하고 또한 그들이 남아 있는 학생들과 어떻게 다른지를 알 수 없기 때문에 결과 해석이 어려울 수 있다.

그러나 횡단적 방법이 지닌 이와 같은 단점에도 불구하고, 많은 연구자들은 많은 표본을 동시에 사용할 수 있다는 장점 때문에 종단적 연구보다는 일반적으로 이 방법을 선호한다.

3) 추적연구

추적연구는 일정 시간이 경과한 후에 관심 있는 집단의 상태(또는 지위)를 판단하기 위해 수행되며, 종단적 방법과 어느 정도 유사하다고 할 수 있다. 이 유형의 연구는 구체적인 처치나 프로그램을 실시한 후에 그 결과로서 발생하는 피험자들의 발달 상태를 조사하는 것이다. 예를 들어, 중학교에서 수학영재 교육을 받은 학생들을 4년 후, 8년 후, 12년 후에 그들이 어떤 상태에 있는가를 추적해서 그들의 상태에 관한 객관적인 정보를 조사하며, 동시에 수학영재 프로그램에 대한 그들의 태도와 의견을 조사한다. 만일 수학영재 교육을 받은 학생들의 대다수가 영재프로그램이 그들의 진로에 대하여 별로 영향을 주지 못했다면 영재프로그램을 개선해야 할 것이다. 또 다른 예로, 유치원 교육을 받은 학생들이 사회적으로 잘 적응하고 1학년에서의 학업성취도가 성공적이었다는 것을 보인 한 연구가 있다고 하자. 이러한 결과가 3학년 말에서도 여전히 유지되는가의 여부를 판단하기 위해 추적연구를 수행할 수 있다.

4) 사회성 조사연구

수학을 지도할 때 협동 학습을 통하여 지도하는 경우를 흔히 볼 수 있다. 이때 협동 학습을 하기 위해 조 편성을 어떻게 할 것인가가 관심의 대상이 될 수 있다. 때문에 사회성 조사연구는 학급의 학생들을 대상으로 조 편성을 할 때 도움이 될 수 있다.

사회성 조사란 사회성 또는 동료 관계를 측정하는 것을 의미한다. 이는 집단 내에서 개인 상호 간의 매력, 배척, 무관심의 정도를 파악함으로써 개인 사이의 관계를 평가하고 분석하는 것을 말한다. 집단 내에서 구성원들 간의 선택과 신호도를 표현하게 하고 그 결과를 분석함으로써 집단의 구성원들끼리의 수용과 거부의 정도를 조사할 수 있다. 기본적인 사회성 조사의 과정은, 각각의 구성원들에게 특정한 활동에 함께 참여하고 싶은 구성원들을 지목하도록 하는 것이다. 예를 들어, 협동을 해야 할 어떤 프로젝트에 함께 참여하고 싶은 학생 3명～5명을 선호하는 순서로 나열하도록 한 후, 그 결과를 토대로 소집단을 구성한다면 참여 의욕이 보다 높아질 수 있을 것이다. 집단의 구성원들에 의해 만들어진 선택들을 집단구조도표(또는 인간관계도표, sociogram)라고 부르는 다이어그램으로 나타냄으로써, 매우 빈번하게 선택된 '인기 구성원'과 선택되지 않은 '고립된 구성원', 그리고 서로 선택한 개인들의 소규모 집단인 '사회적 파벌(cliques)'을 확인할 수 있다. 만일, 어떤 학생이 고립된 구성원으로 확인되었다면 교사는 그 학생이 집단의 다른 구성원들과 상호작용하도록 협력적인 기회를 제공하기 위한 노력을 해야 할 것이다.

2. 자기-보고연구의 수행

자기-보고연구를 수행하기 위해서는 모집단 또는 표본의 구성원들로부터 표준화되고 수량화할 수 있는 정보의 수집이 필요하다. 다시 말하면, 모든 피험자들로부터 비교할 수 있는 자료들을 얻기 위하여 동일한 질문들을 해야 한다. 자기-보고연구의 자료를 수집하기 위해서는 성취도, 개인 특성, 지능, 태도를 측정하기 위한 측정도구가 사용되며, 그 밖에 질문지(questionnaire)와 면담(interview)이 사용된다.

1) 질문지 방법의 수행

질문지는 교육뿐만 아니라 여러 분야에서 자료수집 기법으로 널리 사용되는 방법이다. 그러나 질문지 방법은 아래와 같은 여러 가지 이유로 인해서 종종 심각한 비판을 받는다.

- 무응답들이 많이 있다.
- 항목들이 불충분하게 구성되어 있거나 조직되어 있다.
- 응답자들이 진실되게 응답하지 않는다.
- 질문들이 진부한 정보만 취급하고 있다.
- 서로 다른 질문들로부터 획득한 자료들을 종합하기 어렵다.

적절한 질문지를 구성하는 것은 쉬운 일이 아니다. 따라서 연구문제를 정확하게 확인한 후 구성해야 하며, 질문지를 개발하기 위해서는 많은 시간이 필요하며 개발에 필요한 적절한 기능을 가지고 있어야 한다. 하지만 질문지 방법은 면담 방법에 비해 시간이 덜 걸리고, 비용이 적게 들며, 보다 큰 표본으로부터 자료를 수집할 수 있다는 점에서 보다 능률적이다. 질문지 방법은 피험자들을 직접 방문하여 실시될 수 있으나 통상적으로 우편을 이용한다. 그러나 최근에는 전자우편을 통해 실시되는 경우도 있다. 질문지에 의한 방법을 수행하는 단계들은 비록 자료수집에서 어떤 독특한 고려사항이 있다 하더라도 기본적으로 다른 형태의 연구와 동일하다.

질문지 문항 조사하고자 하는 문제와 질문지의 주제는 피험자가 정직한 응답을 하도록 충분히 의미가 있어야 한다. 연구문제는 연구를 통해 달성하고자 하는 특수한 목적에 한정되어야 하고 체계적이어야 하며, 질문지의 문항은 연구문제들과 직접적으로 관련되도록 구성되어야 한다.

피험자 선택 적절한 표집 기법을 사용하여 피험자들을 선택하되(또는 모집단 전체가 사용될 수도 있다), 두 가지의 조건을 만족해야 한다. 첫째, 선택된 피험자들은 연구자가 필요로 하는 적절한 정보를 가지고 있어야 한다. 둘째, 그 정보를 제공하기 위한 의지가 있는 사람들인가를 확인해야 한다.

적절한 정보를 가지고 있으나 질문에 별로 관심이 없는 개인들이거나 또는 연구주제에 대해 별다른 의미를 두지 않는 사람들은 질문지에 응답할 가능성이 없다. 때문에 이러한 조건을 만족시킬 수 있는가를 확인하기 위해 예비 체크를 하는 노력이 필요하다. 경우에 따라서는 바람직한 정보를 가지고 있는 사람들에게 직접적으로 실시하기 보다는 권위가 있는 사람들에게 질문지를 보내는 것이 보다 효과적일 수 있다. 이것은 어떤 사람의 상관이 피험자들에게 질문지를 넘겨주고 질문지를 완성하고 그것을 되돌려 보내도록 지시한다면, 필요한 정보에 대해 응답한 질문지를 회수할 가능성이 더 많아지기 때문이다.

질문지 구성 기본적으로 질문지는 가능한 피험자들의 관심을 끌고 간결해야 하며 응답을 하기 쉬워야 한다. 질문지가 간결하지 않고 길거나 각각의 질문에 대하여 긴 응답을 요구하면 사람들은 외면하게 된다. 따라서 질문지의 내용과 형식을 구성할 때 주의 깊게 계획을 세워야 한다. 질문지의 내용과 형식을 구성할 때 연구의 목표에 직접적으로 관련 되지 않은 문항이 포함되지 않도록 해야 한다. 예를 들어, 교사들을 대상으로 구성한 질문지의 내용에 '학력', '성별', '교육경력' 등에 관한 질문이 있을 때, 이 질문들이 연구의 목표와 관련이 없다면 질문을 할 하등의 이유가 없을 것이다.

일반적으로 문항을 구성하는 방법으로는 폐쇄형(구조화된 질문)과 개방형(비구조화된 질문)이 있으며, 가능한 한 폐쇄형을 사용하는 것이 응답자에게는 편리하다. 폐쇄형은 경우에 따라서는 단답형 응답을 요구할 수 있으나 일반적으로는 응답자가 두 개 또는 그 이상의 답지에서 응답을 선택하도록 하는 선택형이 많이 사용된다. 응답지에는 모든 가능한 응답들이 포함되도록 해야 하며, 각각의 응답들은 다른 응답들과 뚜렷하게 구별될 수 있도록 구성되어야 한다. 이러한 형식의 문항들은 응답자가 응답하기 쉬울 뿐만 아니라 자료 분석이 용이하며 점수를 매기는 것이 매우 객관적이고 능률적이다. 그러나 응답자가 생각하는 응답이 답지 중에 포함되지 않을 가능성이 있다는 단점이 있다. 때문에 각각의 문항들에 대하여 '기타' 범주를 포함시켜 연구자가 예상하지 못한 응답을 쓸 여백을 제공하는 것이 바람직하다.

개방형은 응답자가 응답을 구성하도록 요구하는 형식으로, 응답자들이 질문에 대한 응답을 하기가 보다 자유스러우며, 그렇게 응답한 이유를 파악할 수 있고, 또한 이러한 문항은 구성하기가 간편하다는 장점이 있다. 그러나 응답자들은 종종 연구주제와 관련 없는 정보를 제공하는 경우가 있고, 채점 및 분석이 어려우며, 응답자들이 질문에 대한 응답을 쓰는 것에 대하여 성의가 부족할 수 있다는 단점이 있다.

각각의 문항에 대한 질문을 구성할 때 주의해야 할 점들은 다음과 같다.

첫째, 각 질문은 단 하나의 개념을 취급해야 하며 사용된 단어의 의미가 분명해야 한다. 예를 들어, 학생들에게 하는 질문으로, "여러분은 수학수업 중에

교사에게 질문을 '종종' 하는가?" 또는 "여러분은 수학수업 중에 선생님에게 질문을 '자주' 하는가?"와 같이 물었다면 '종종'과 '자주'에 대한 판단 기준이 불분명할 것이다. 이런 경우에 "학생은 수학수업 중에 선생님에게 질문을 하는 경우가 있는가? 있다면 일주일에 평균 몇 번이나 질문을 하는가?", 또는 "여러분은 수학 수업 중에 다른 학생에 비해서 평균적으로 질문을 많이 하는 편인가?"와 같이 질문을 한다면, 앞의 질문보다는 좀더 분명해 질 수 있을 것이다.

둘째, 문항을 구성할 때 어떤 응답이 다른 것보다 더 적합하다는 것을 암시하는 유도 질문을 피해야 한다. 예를 들어, "당신은 수업을 시작하면서 학습 목표를 반드시 학생들에게 제시하는가?"와 같은 질문을 한다면 아마 대부분의 교사들은 '그렇다'라고 대답할 것이다.

셋째, 문항이 의도된 의미와는 다른 의미를 시사하지 않도록 해야 한다. 예를 들어, "당신이 학생을 가르치는 곳은 어디인가?"라는 질문은 응답자에 따라 해석을 다르게 함으로써 응답이 다양하게 표현될 수 있다.

넷째, 문항이 응답자에게 불쾌감을 주거나 난처하게 해서는 안 된다.

다섯째, 문항을 구성할 때 때때로 민감한 정보(예를 들어, 연령이나 수입 등등)는 직접적인 질문보다는 간접적인 질문(예를 들어, 교사의 연령 대신에 교직 경력을 묻는다)을 하도록 하는 것이 좋다.

질문지의 타당성 질문지의 타당성이란 질문지가 연구자가 얻고자 하는 정보를 충분히 얻을 수 있도록 구성되어 있는지의 여부를 의미 한다. 이러한 질문지의 타당성을 확보하기 위해 질문지의 구성은 적절하고 타당한 절차에 의해 이루어져야 한다. 예를 들어, 교사의 교실 행동을 판단하기 위해 개발된 질문지의 경우, 응답자들의 표본을 관찰하여 그들의 실제적인 행동과 자기-보고된 행동과 일치하는 정도를 보고 그 타당성을 확인할 수 있을 것이다.

타당한 질문지를 최종적으로 확정하기 위해서는 예비검사(또는 예비실행)를 실시하는 것이 필요하다. 예비검사를 실시하기 위한 집단은 무작위 표본일 필요는 없지만, 질문지의 각 항목에 대한 필요한 정보를 제공할 수 있는 집단이어야 한다. 예비검사의 결과를 통해 연구자는 오해, 애매함, 필요없거나 부적절한 항목을 확인할 수 있으며, 또한 더 필요한 정보를 추가할 수도 있다.

표지글(또는 안내문) 준비 표지글은 질문지를 피험자들에게 소개하고 그들이 질문에 응답하도록 하게 하는 절차를 안내하는 글이다. 즉 응답자에게 무엇을 왜 질문하는가를 설명하고, 응답자가 질문지의 각 항목들에 대하여 성실하게 이행하도록 동기를 유발하는 즉, 개인의 응답이 중요하다는 메시지를 전달해야 한다. 표지글은 간결하고 정연해야 하며, 응답자에게 질문의 의도에 대해 의심이 가지 않도록 해야 하며, 일반적으로 개인의 응답은 공개되지 않는다는 확신이 들도록 명확하게 작성해야 한다. 대학원생들인 경우, 논문의 완성을 위해 자료가 필요하다고 쓰는 것은 적절한 사유가 될 수 없으며, 자료분석과 해석이 완성된 후 연구의 결과를 공유하기 위한 약속을 기술하는 것이 바람직하다. 또한 표지글에는 완성된 질문지가 되돌아와야 할 최종 날짜를 제시해야 한다. 이 날짜는 응답자가 응답을 하기에 충분한 시간을 주고 정해야 하며, 통상적으로 2~3주면 적당하다. 마지막으로 응답자 개개인에게 보내져야 할 표지글의 끝에는 사인을 하는 것이 좋다. 전자우편인 경우에는 필요하지 않지만, 회수용으로 우표가 첨부된 반송 봉투를 보내주어야 한다.

후속조치 우편으로 발송된 질문지는 응답자의 개인적 사정에 따라 일부 또는 상당 수가 회수되지 않는 경우가 많기 때문에 응답된 질문지를 회수하는 후속조치가 필요하다. 질문지의 회수율이 높으면 높을수록 연구결과를 일반화 할 수 있기 때문이다. 회수율이 적어도 70%~75% 이상은 되어야 결론을 내리는데 무리가 없다. 질문지 회수 기간이 지난 직후, 모든 응답자들에게(혹은 응답을 하지 않은 사람들에게만) 간단한 편지 또는 카드를 보내서 응답을 독려하되 그들을 질책해서는 안 된다. 첫 번째 독려에도 불구하고 계속 회수가 되지 않을 경우에는 새로운 안내 글을 첨부하여 응답자들이 질문지를 전혀 받지 못했는지를 확인하는 것이 좋다. 또한 연구의 의의와 목적을 다시 반복 설명하고 다른 사람들도 응답을 잘 해주고 있다는 사실을 암시함으로써 그들로 하여금 응답을 하게 만드는 기술이 필요하다.

무응답에 대한 처리 질문지 방법으로 연구를 수행하기 위한 피험자 선택에 대해서는 이미 앞에서 기술한 바 있다. 모집단에서 무작위로 추출된 표본(응답자)들 중 최종 회수율이 70%~75%를 넘지 못하는 경우, 나머지는 무응답으로 처리하게 된다. 그렇다고 무응답을 한 표본들을 무시해서는 안 된다. 응답을 하지 않은 나머지 25%~30%의 표본들 때문에 연구결과의 일반화에 제한을 받게 된다. 그 이유는 응답을 하지 않은 나머지 사람들의 의견이 응답을 한 표본들과 다를 수 있기 때문이다. 때문에 연구자는 무응답의 근원들을 알고 있어야 하며, 가능한 범위에서 무응답에 대한 이유들을 결정하는 것이 중요하다.

무응답에 대한 문제를 처리할 수 있는 통상적인 방법은 무응답자들의 소규모 하위집단을 무작위로 추출하고 그들을 개인적으로 또는 전화로 면담하는 것인데, 이렇게 하여 무응답자들의 응답이 응답자들과 다른지의 여부를 판단할 수 있다. 만일 그들의 응답들이 최초의 응답자들과 동일하거나 유사하다면 응답 집단은 모집단의 대표성을 유지하고 있다고 판단하고 연구결과들을 일반화할 수 있다고 가정할 수 있을 것이다. 만일 그들의 응답이 의미 있게 다르다면, 그 차이점과 더불어 일반화에 대한 제한점을 논의해 주어야 할 것이다.

결과분석 질문지 방법에 의한 연구결과를 제시할 때, 각 문항에 대한 응답률은 전체 표본의 크기와 회수율(%)과 함께 제시해야 한다. 왜냐하면 모든 응답자들이 모든 질문에 응답을 하지 않을 수 있기 때문이다. 결과를 제시하기 위한 가장 간단한 방법은 각 문항에 대하여 각각의 응답을 선택한 응답자들의 비율을 제시하는 것이다. 예를 들어, 고등학생들이 학교 밖에서 매일 수학을 공부하는 시간에 관한 질문에 대하여, '전혀 하지 않음' 이 5%, '1시간~2시간' 은 50%, '2시간~3시간' 은 35%, '3시간 이상' 은 10%와 같이 제시할 수 있다. 또한 한 문항에 대한 응답과 다른 문항에 대한 응답을 비교함으로써 변인들 사이의 관계를 조사할 수 있다. 예를 들어, 매일 수학을 1시간~2시간을 공부하는 학생들 중 40%가 학원에서 공부를 하고 있다고 분석할 수 있다. 따라서 어떤 응답과 관련된 것처럼 보이는 요인들을 확인함으로써 어떤 두 변인 사이의 관계를 분석할 수 있다. 또한 이런 유형의 관계분석들은 연구문제(또는 가설)를 검증하기 위해 사용될 수 있다. 예를 들면, "고등학생들은 학교 밖에서 수학을 공부할 때 자기 주도적으로 하기 보다는 학원이나 과외에 더 의존하는가?"와 같은 연구문제를 검증하는 데 이용될 수 있다. 그러나 이 관계는 원인-효과 관계를 나타내는 것은 아니라는 점에 유의해야 한다.

2) 면담 방법의 수행

면담은 표본의 각 구성원 즉, 개인들에게 질문지 대신 직접 구두로 면담을 실행하여 자료를 수집하는 방법이다. 만일 피면담자가 면담을 허락하고 면담자가 적절한 면담 기능을 가지고 있다면, 질문지에서 가능하지 않은 보다 심층적인 자료들을 수집할 수 있다. 면담을 하기 전에 면담자는 면담을 성공적으로 수행하기 위한 훈련을 통해 적절한 면담 기법을 획득해야 한다. 만일 두 명 이상의 면담자들이 조사를 하는 경우에는 면담자들이 모든 절차에서 일관성을 가질 수 있도록 훈련되어야 함은 물론이다.

면담은 독특한 장점과 단점이 있다. 면담을 할 때 면담의 대상이 되는 표본의 크기는 작지만 질문지보다 일반적으로 시간이 많이 걸린다. 또한 면담은 질문지에 비해 질문의 내용에 있어서 융통성이 있으며, 선택형에서 효과적으로 구조화될 수 없는 질문, 예를 들면 개인적인 상태에 관한 질문과 같은 것을 물어보는 데 아주 적절하다. 또한 면담자가 연구의 목적과 개별적인 질문들을 분명하게 설명해 주기 때문에 보다 정확하고 정직한 응답들을 유도할 수 있다. 또한 불완전하고 분명하지 않거나 특수한 응답들에 대한 이유 등을 심층적으로 깊이 조사함으로써 보다 확실한 응답을 이끌어낼 수 있다.

그러나 면담자와 피면담자와의 직접적인 만남은 면담의 단점이 될 수도 있다. 면담자는 응답자의 반응에 대해 편견(긍정적이든 부정적이든)을 가질 수 있으며 연구결과에 영향을 줄 수 있다.

면담 자료는 피면담자의 응답으로 구성되기 때문에 이들 자료의 정확성은 피면담자의 응답에 대한 진실성이 문제가 될 수 있다. 이 진실성이 확보되기 위해서는 면담자와 피면담자 간에 좋은 신뢰감(래포, rapport)이 형성되어야 하며, 이 때 비로소 피면담자로부터 사실에 입각한 정보를 수집할 수 있다.

면담에서 이루어진 정보들의 기록은 면담의 수행을 방해하지 않도록 효율적으로 진행되어야 한다. 가능하면 피면담자의 동의를 얻어 녹음기나 비디오카메라를 사용함으로써 피면담자가 제공하는 정보를 놓치는 일이 없도록 하는 것이 좋으나, 피면담자가 이들 도구에 의해 방해를 받지 않도록 세심한 주의가 필요하다.

면담에 의한 연구를 수행하는 단계는 표본의 수가 적다는 것만을 제외하고 기본적으로 질문지에 의한 연구와 동일하다. 표본의 수가 적기 때문에 표본으로 선정된 사람이 면담에 참여하지 않는 경우는 질문지에 의한 방법에서 무응답을 한 경우의 처리보다 더 심각한 문제가 될 수 있다.

3 관찰연구

관찰연구는 현상에 대한 현재의 상태(또는 지위)를 결정하기 위하여 질문이 아닌 관찰을 통해 수행하는 연구이다. 예를 들면, 수학교사들에게 교실에서 수학을 가르치는 방법에 대해 질문할 수 있으나, 수학교사들이 학생들을 어떻게 가르치는가에 관한 객관적인 정보는 그들 각각이 실제로 교실에서 어떻게 가르치는가를 관찰해서 얻을 수 있을 것이다.

1. 관찰연구의 유형

관찰연구의 주요 유형은 비참여(nonparticipant) 관찰, 참여(participant) 관찰로 구분할 수 있다.

1) 비참여관찰

비참여 관찰은 관찰자가 관찰되어야 할 상황에 직접 참여하지 않고 일어나는 상황을 단순히 관찰할 뿐이다. 다시 말하면 관찰자는 관찰대상과 의도적으로 상호작용하거나 영향을 주지 않는다. 흔히 사용되는 비참여 관찰에는 사실적(naturalistic) 관찰, 모의실험(simulation) 관찰, 사례 연구(case stydy), 내용 분석(content analysis)이 있다.

사실적 관찰 이 관찰은 행동이 발생되는 상황을 관찰자가 의도적으로 통제하거나 조작하지 않고 사실 그대로의 상황에서 행동을 관찰하는 것을 말한다. 이 관찰의 의도는 행동이 정상적으로 발생하는 것을 기록하고 연구하려는 것에 있다. 교실에서의 교사의 행동, 학생의 행동, 교사와 학생 간의 상호작용은 사실적 관찰을 통해서 연구될 수 있는 대표적인 예이다. 사실적 관찰을 통해서 얻어진 통찰은 종종 실험연구와 같이 보다 통제된 연구를 위한 기틀을 제공할 수 있다. 예를 들면, Piaget의 연구는 기본적으로 아동들에 대한 사실적 관찰을 통해서 이루어졌다. Piaget의 연구결과를 적용한 연구들은 아동들의 교육과 관련하여 많은 시사점을 제공하였다.

모의실험 관찰 이 방법에서는 연구자가 관찰해야 할 상황을 만든 다음, 연구대상자들이 그 상황에서 어떻게 행동하는가를 관찰한다. 이 방법은 연구자가 사실적 상황에서 자주 발생하지 않는 행동을 관찰하기 위해 사용한다. 이 관찰의 단점은 사실적이지 않기 때문에 연구대상자가 사실적 상황에서 발생할 수 있는 행동과는 다른 행동을 나타낼 수 있다는 점이다.

모의실험 관찰에는 개별 역할 연기와 집단 역할 연기에 의한 두 가지 형태가 있다. 개별 역할 연기에서는 비록 다른 연기자들이 포함되어 있다 하더라도, 연구자는 제시된 상황에서 개개인에게 주어진 역할에 관심을 갖고 각 개인을 관찰하기 위해 노력한다. 즉 연구자는 연구대상자가 주어진 상황에서 어떻게 행동하는가를 기록하고 평가한다. 다음은 개별 역할 연기의 한 예이다.

> 어떤 학부모가 자녀의 수학 성적이 매우 저조하다고 하면서 수학 성적을 향상시킬 수 있는 방법에 대해서 상담을 원하고 있습니다. 당신은 이 학부모에게 어떤 말을 하겠습니까?

집단 역할 연기에서는 소집단에게 상황과 문제가 제공되고 그들이 그 문제를 어떻게 해결하는가를 기록하고 평가한다. 이 방법에서는 집단에 속한 개인들 사이에 발생하는 상호작용에 관심을 갖게 된다. 다음은 집단 역할 연기의 한 예이다.

> 당신은 대학교수 4명과 현장 교사 2명으로 구성된 수학과 교육과정 개정 소위원회의 위원으로 임명받았습니다. 대학교수들의 대부분은 초등학교 1학년에서 수를 도입할 때 집합에서의 일대일 대응을 통하여 도입하는 것을 강력하게 주장하고 있습니다. 당신의 역할은 현장 교사의 입장에서 대안을 제시하는 것입니다. 당신은 어떤 주장을 하겠습니까?

모의실험 관찰의 단점은 인위적이라는 것이다. 즉, 주어진 상황에 따라 역할 연기가 수행되기는 하나 연구자가 관찰한 내용이 실제 상황에서 똑같이 발생하리란 보장이 없다.

사례연구 이것은 개인, 집단, 학급, 또는 학교와 같은 기관을 깊게 조사하기 위한 방법이다. 교육에서 사례연구는 일반적으로 특정 아동들의 배경, 환경, 특성을 파악하기 위해 수행된다. 사례연구의 기본적인 목적은 연구대상자의 현재의 행동 또는 지위에서 비롯되는 요인들과 요인들 간의 관계를 판단하기 위한 것이다. 다시 말하면, 사례연구의 목적은 무엇이 아닌 '왜'를 판단하기 위한 것이다. 사례연구의 주요 문제점은 관찰자의 편견(관찰자가 보기를 원하는 것을 보려는)과 일반성의 결여이다. 특수한 사례를 통하여 얻을 수 있는 통찰이나 연구결과는 다른 사례에 적용하지 못할 수 있다. 그러므로 사례연구는 연구결과를 일반화하기보다는 개별적인 사례를 분석하는데 주로 이용된다. 그러나 사례연구는 다른 방법을 이용한 연구에서 검증될 수 있는 가설 설정에 시사점을 줄 수 있다. 예를 들어, 수학을 유난히 싫어하는 학생들 중에서 한 학생을 정하여 수학을 싫어하는 원인(예를 들면, 수학을 싫어하게 된 동기, 수학을 공부하는 방법, 학급에서의 태도 등)을 조사함으로써 수학을 싫어하는 학생에게 도움이 될 수 있는 어떤 방법을 발견할 수 있다. 또 다른 예로, 인기 있는 수학교사(이 교사에게 수학을 배우는 학생들의 수학 성적이 향상된다)가 있을 때 이 교사의 행동을 여러 가지 측면(예를 들면, 가르치는 방법, 발문법, 학생과의 상호작용 등)에서 뭔가 주목할 만한 유형이나 규칙성을 발견함으로써 다른 수학교사들에게 도움이 될 수 있는 아이디어를 발견할 수 있다.

내용분석 내용분석은 연구대상에 대한 체계적이고 양적인 설명이다. 내용 분석을 위한 전형적인 연구대상은 책, 기록물, 음악 작곡, 미술품, 사진과 같은 창조적인 작품들을 포함한다. 예를 들어, 특정한 수학교과서의 내용이 수학 용어들, 제시된 문제들의 난이 수준, 표현 방법(예를 들면, 양성평등, 자연보호, 등) 등등이 학생들의 학년 수준에 적합한지의 여부를 판단하기 위하여 내용분석을 실시한다.

2) 참여관찰

참여관찰은 연구자(또는 관찰자)가 관찰하고자 하는 상황에 구성원의 일원으로써 실제로 참여하여 연구대상자들의 행동을 관찰하는 방법이다. 참여관찰의 근본적인 이유는 외부에서 보는 시각과 내부에서 보는 시각이 다소 다를 수 있기 때문이다. 물론 참여관찰에는 참여의 정도, 즉 관찰을 공개적으로 할 것인가 아니면 은밀하게 할 것인가의 두 종류가 있다. 다시 말하면, 연구대상자 자신들이 관찰대상인지를 알게 할 것인가 아니면 모르게 할 것인가이다. 예를 들어, 소집단을 통한 수학학습에서 연구자가 그 소집단의 구성원의 일원으로 참여하면서 학생들이 어떻게 상호 작용하는가를 관찰하도록 양해 받았다면 이 관찰은 공개적으로 하는 경우가 될 것이고, 학생들에게 양해를 받지 않고 학생들의 대화에 자연스럽게 참여하면서 그들이 상호작용을 어떻게 하는가를 관찰한다면 이것은 은밀하게 관찰하는 경우가 된다.

은밀한 관찰은 보다 타당한 결과들을 얻을지는 모르나 이와 같은 방법은 단점이 있다. 가장 우선적인 단점은 윤리적인 문제가 발생할 수 있다. 즉, 연구대상자들의 허락없이 관찰내용을 몰래 기록하는 것과 같은 행위가 윤리적인 문제가 될 수 있다는 것이다. 두 번째 단점은 관찰자의 참여가 관찰되는 상황에 어떤 영향을 줄 가능성이 있다는 것이다. 다시 말하면, 관찰자가 참여하지 않은 상황과 관찰자가 참여한 상황 간에 다소 차이가 있을 수 있다.

참여 관찰은 가설을 검증하기 위해서, 가설을 도출해내기 위해서, 또는 이 두 가지 모두를 위해서 설계될 수 있다. 가설을 검증하기 위해서 설계된 참여관찰은 관찰되고 기록되어야 할 행동들의 입장에 보다 초점을 두고 구조화되어야 한다. 그러나 참여관찰연구의 목적은 일반적으로 가설을 생성하는 데 있기 때문에 분석하기에 어려운 많은 양의 자료를 수집해야 한다는 특징이 있다. 따라서 참여관찰은 어쩌면 유용한 자료를 풍부하게 산출하기도 하지만, 자료분석과 결론을 내리는 것이 결코 간단한 문제가 아니다.

2. 관찰연구의 수행

관찰연구의 수행은 본질적으로 다른 유형의 기술연구와 같다. 면담처럼 관찰은 시간을 요하며 일반적으로 적은 수의 표본이 필요하다. 모든 관찰은 관찰되어야 할 변인에 대한 정의, 관찰 기록, 관찰자의 훈련과 모니터링이 필요하다.

관찰변인의 정의 관찰자(또는 연구자)가 특히 학급과 같은 자연적 환경에서, 일정 기간 동안 진행되는 모든 것을 관찰하고 기록할 수 있는 방법은 없다. 관찰해야 할 것은 연구주제 또는 연구문제에 의해 결정된다. 앞에서 예로 들었던 수학을 싫어하는 학생의 수학적 태도의 원인을 조사해야 하는 연구주제가 있다고 할 때, '수학적 태도'라는 용어는 모든 사람이 동일한 의미를 갖고 있지 못하다. 그러므로 일단 관찰되어야 할 '수학적 태도'에 대하여 명확하게 정의되지 않으면 안 된다. 다시 말하면, 관찰되어야 할 '수학적 태도'는 어떤 태도를 의미하는가를 명확히 규정할 필요가 있다.

일단 관찰되어야 할 행동을 정의하고 난 다음에, 모든 관찰자들은 관찰내용을 동일한 방법으로 수량화해야 한다. 일반적으로 연구자들은 관찰기간을 몇 개의 특정한 관찰기간으로 나눈다. 다시 말하면 시간 단위를 정의해야 한다. 시간 단위의 길이는 통상 관찰되어야 할 행동과 행동이 정상적으로 발생하는 빈도에 따라 달라진다. 즉 행동이 나타나는 빈도가 많으면 시간 단위가 짧아지고(예를 들면 시간은 10초 단위로 기록), 빈도가 적으면 시간 단위는 길어질 것이다(예를 들면, 30초 또는 1분 단위로 기록). 일단 시간 단위가 설정되고 나면, 관찰자는 관찰기간 동안에 발생한 행동을 기록하게 된다. 변인들이 정의되고 시간 단위가 설정된 다음에는 관찰을 언제 할 것인가(예를 들면, 관찰을 할 요일과 시간)를 결정해야 한다.

관찰기록 관찰내용을 기록할 때는 한 번에 한 가지 행동만을 관찰하고 기록해야 한다. 예를 들어, 두 가지 유형의 행동–예를 들어, 교사 행동과 학생 행동–모두에 관심이 있다 하더라도 관찰자는 한 번에 하나의 행동만을 기록해야 한다. 만일 두 가지 유형의 행동 모두를 관찰하고 기록해야 한다면, 관찰기간 동안에 교사의 행동과 학생의 행동을 교대로 관찰하고 기록하면 된다. 그러나 관찰하면서 기록을 동시에 진행한다는 것은 사실 수월한 일은 아니다. 따라서 예를 들어, 관찰하는 시간은 15초, 기록하는 시간은 5초를 반복적으로 실시하는 것도 좋은 방법이다.

대부분의 관찰연구는 코드 또는 일련의 기호를 사용하여 기록하는 것이 편리하다. 예를 들어, 학급 관찰을 위해 널리 사용되는 Flanders의 분석체계는 교사의 행동과 학생의 행동을 10개의 범주로 분류하고 각각의 빈도를 수로 나타낸다. 〈표 9.1〉은 Flanders의 상호작용 분석체계를 보여준다. Flanders의 언어 상호작용 분석체계의 목적은 교사와 학생의 언어적 상호작용을 분석하기 위한 기법으로, 양적인 수업 관찰 · 분석을 하는 데 그 목적이 있다. 즉, 교사와

표 9.1 Flanders의 언어 상호작용 분석체계

<table>
<tr><td rowspan="3">교사 발언</td><td>반응</td><td>1. 감정의 수용: 비위협적인 방법으로 학생의 감정을 수용하거나 명료화한다. 감정은 긍정적일 수 있고 부정적일 수 있다. 감정을 예상하고 회상하는 것도 포함된다.
2. 칭찬이나 격려: 학생의 행동을 칭찬하거나 격려한다. "음, 흠" 또는 "계속 해"라고 말한다. 긴장을 풀어주는 농담을 하지만 학생의 감정을 상하게 하지 않는다.
3. 학생의 아이디어를 수용하기: 학생의 발언에 알았다고 표시한다. 학생의 아이디어를 명료하게 하거나 또는 학생의 아이디어에 대해 질문한다.</td></tr>
<tr><td></td><td>4. 질문하기: 학생이 대답할 것이라는 예상과 함께 교사의 아이디어에 기초해서 개념이나 절차에 대해 질문한다.</td></tr>
<tr><td>주도</td><td>5. 강의: 내용이나 절차에 대한 사실이나 의견을 제시한다. 교사 자신의 설명을 제시하거나 학생과는 다른 권위를 내 세운다.
6. 지시하기: 학생이 응할 것으로 기대되는 지시, 지휘, 또는 명령을 한다.
7. 학생을 비판하거나 권위를 정당화하기: 학생의 행동을 수용할 수 없는 것에서 수용할 수 있는 패턴으로 변화시키려는 의도로 말을 한다. 학생의 답을 수정한다. 누군가를 꾸짖는다. 또는 교사가 행하고 있는 것을 왜 하고 있는가를 말한다. 자기 자신에 관한 언급을 활용한다.</td></tr>
<tr><td rowspan="2">학생 발언</td><td>반응</td><td>8. 학생 발언-반응: 학생은 상황을 구성하거나 제한하는 교사에 반응하여 말한다. 자기 자신을 표현하기 위한 자유가 제한된다.</td></tr>
<tr><td>주도</td><td>9. 학생 발언-주도: 학생들은 자발적으로 자기 자신의 아이디어를 표현하거나 제안 한다. 사고의 발상이 자유롭다.</td></tr>
<tr><td>침묵</td><td></td><td>10. 침묵 또는 혼란: 관찰자가 의사소통을 이해할 수 없는 잠깐 동안의 혼란, 짧은 침묵, 중단 등의 상황이다.</td></tr>
</table>

학생의 언어 행위가 어떤 범주에 해당되는지를 관찰하고, 이를 근거로 지시적 수업 및 비지시적 수업을 평가하기 위한 수업관찰 및 분석 방법이다.

관찰을 기록하기 위해 사용되는 방법과 도구는 다양하다. 가장 흔히 사용되는 방법은 교사와 학생의 행동이 발생할 때마다 관찰되어야 할 각각의 행동을 체크리스트에 표시하는 것이다. 관찰을 보다 정확히 기록하기 위해 최근에는 비디오 카메라로 수업을 녹화하고 이를 이용하는 방법을 많이 사용하고 있다. 이 때 주의해야 할 점은 학생들이 녹화한다는 사실에 신경을 쓰지 않도록 해야 한다.

관찰자 훈련 관찰연구에서의 중요한 부분의 하나는 관찰자 훈련이라고 할 수 있다. 관찰자간 신뢰도를 높이기 위해 관찰자를 두 명 이상 훈련시켜 관찰시켜야 한다. 관찰자 훈련은 자료수집의 기본적인 절차로서 연구결과의 타당성과 직결된다고 할 수 있다. 관찰자 훈련에서 가장 중요한 점은 관찰자의 편견이 없어야 한다는 점이다. 관찰자 훈련에는 관찰내용, 관찰방법, 관찰기록방법 등이 포함되어야 하며, 실제적인 관찰을 하기 전에 녹화된 수업을 보면서 사전에 모의관찰을 해보는 것은 관찰자 훈련을 위해 바람직하다. 성태제(2006)는 실제 관찰을 하기 전에 사전에 논의를 통하여 훈련해야 할 내용을 다음과 같이 제시하였다.

첫째, 무엇을 관찰할 것인지를 구체적으로 규명한다.
둘째, 측정방법을 명료화한다. 기록하고 수량화하는 방법을 구체화한다.
셋째, 토의를 거쳐 기록하고 분류하는 방법을 일치시킨다.
넷째, 관찰자의 관찰결과의 일관성 여부를 검토한다.

이러한 관찰자의 훈련에도 불구하고 어떤 관찰자들은 관찰대상을 잘못 판단하는 경향이 있다. 이러한 경향을 관찰자의 편견이라고 하는데, 관찰자의 편견에 의해서 발생하는 오류에는 관용의 오류, 중심경향의 오류, 후광효과, 논리성의 오류, 근접의 오류, 대비의 오류 등이 있다. 관용의 오류는 관찰대상에 대하여 지나치게 후하게 기록하려는 경향을 말한다. 중심경향의 오류는 질문지법에서 나타나는 가치중립과 유사한 경향으로 관찰결과를 기록할 때 가능하면 중간으로 기록하려는 경향이고, 후광효과는 관찰자가 관찰대상에 대하여 좋은 인상을 가지고 있으면 관찰결과를 보다 좋은 쪽으로 기록하려는 경향이다. 또한, 논리성의 오류는 논리적으로 관련 있는 항목에 대해 같은 평정을 하는 경향, 근접의 오류는 가까운 위치에 있는 항목들에 대해 비슷한 평정을 하는 경향, 대비의 오류는 평가되는 속성을 어떻게 보느냐에 따라 자신과 정반대로 평가하거나 아주 비슷하게 평가하는 경향을 말한다(성태제, 시기자, 2007).

한편, Bentzen(1997)은 관찰기록 할 때 발생할 수 있는 오류의 종류로 누락의 오류, 첨가의 오류, 전달의 오류를 지적하고 있다. 누락의 오류는 관찰대상의 행동을 이해하는 데 도움이 되거나 필요한 정보를 제외시키는 오류로서 다양한 방해 요인들로 인해 이미 일어난 행동을 놓쳐버리거나 필기를 잘못하는 경우에 발생한다. 첨가의 오류는 현장에서 일어나지 않은 행동, 대화, 상호작용 등을 보고하거나 현장에 없었던 사람이 있었던 것처럼 보고하는 것과 같이 실제로 일어난 내용 이외의 정보를 포함시키는 오류이다. 전달의 오류는 관찰한 행동을 기록함에 있어 순서를 틀리게 기록하는 것을 의미한다. 이러한 오류들은 관찰기록을 할 때 시간을 기록함으로써 줄일 수 있다.

관찰자간 신뢰도　관찰연구에서 연구결과를 도출하기 위한 분석 대상은 관찰자의 관찰 결과이다. 따라서 연구결과의 타당성을 보장하기 위해서는 관찰결과가 타당하고 신뢰로운지를 검증하는 절차가 필요하다. 어느 한 관찰자의 관찰결과만을 가지고 연구결과를 분석할 수도 있겠지만, 이런 경우 그 관찰자의 관찰결과가 주관적일 수 있기 때문에 두 명 이상의 관찰자에 의한 관찰결과를 가지고 분석하는 것이 바람직하다. 삼각측정법(triangulation)은 질적인 교차 타당도를 확보하는 방법이 될 수 있다. 이 방법은 서로 다른 자료나 서로 다른 수집 방법에서 나온 관찰 결과들을 비교하여 그것들 간의 일치성을 찾는 것이다.

관찰자간 신뢰도를 구하는 방법은 관찰자간 신뢰도(inter-observer reliability)와 관찰자내 신뢰도(intra-observer reliability)로 나눌 수 있다. 전자는 한 관찰자와 다른 관찰자의 관찰결과가 얼마나 일치하는가를 알아보는 것이므로 관찰자간 신뢰도를 검정하는 절차는 관찰연구에서 필수적이다. 후자는 한 관찰자가 많은 관찰 대상에 대하여 얼마나 일관성 있게 관찰하였는가를 알아보는 것이다. 관찰자간 신뢰도를 통계적으로 추정하기 위한 방법으로는 상관계수, 적합도, Kappa계수, 일반화 가능도 등이 있다.

관찰연구에서의 유의점　관찰연구에서 유의해야 할 점에 대해서 성태제와 시기자(2007)는 다음과 같이 지적하고 있다. 첫째, 관찰절차를 체계적으로 자세하게 수립하여야 한다. 무엇을 어떻게 관찰하고 기록하며, 어떻게 사용하는지가 명료하여야 한다. 그러므로 관찰결과를 객관화할 수 있도록 점검표와 평정지를 구조화해야 한다. 둘째. 관찰자 훈련을 실시하여야 한다. 관찰자간의 관찰결과가 일치하도록 관찰자들을 훈련시켜야 한다. 셋째, 관찰자간 신뢰도를 검증하여야 한다. 관찰자 훈련으로 관찰자간 신뢰도를 보장받을 수 있는 것은 아니다. 넷째, 관찰상황에 대한 고려가 있어야 한다. 어떤 상황에서 그 같은 결과가 나타났는가를 분석하면 관찰결과에 대한 보다 많은 의미를 부여할 수 있다. 다섯째, 관찰행동에 대한 표집의 대표성이다. 일반적으로 나타나는 행동 중에 나타난 행위가 연구를 위하여 표집되어야 연구결과를 일반화시킬 수 있다. 여섯째, 관찰 결과의 해석이다. 관찰결과를 객관적 입장에서 해석하여야 한다.

10 CHAPTER 문화기술적 연구 및 역사연구

- 문화기술적 연구
- 역사연구

1 문화기술적 연구

1. 문화기술적 연구의 의미와 목적

문화기술적 연구(ethnographic research)는 최근 관심있게 수행되는 연구 방법으로 문화인류학자들에 의하여 개발되었으며, 그 후 사회학, 심리학, 교육학 등의 분야로 확장되었다. 문화기술적 연구는 사실적인 환경에서 오랜 시간에 걸쳐서 많은 변인들에 대한 자료를 집중적으로 수집하며, 참여관찰과 면접 등의 방법으로 자료를 수집한다. 문화기술적 연구에서 관찰 단위는 일반적으로 학급 또는 학교이다. 예를 들면, 교수-학습에 대한 연구를 수행하기 위하여 실험처치 전과 후의 검사 점수를 수집하기 보다는 오히려 학습 환경과 관련된 많은 관점을 관찰하여 학습 환경과 관련된 요소들을 확인하는 귀납적 방법을 적용한다. 문화기술적 연구의 근본적인 철학은 인간의 행동은 행동이 발생하는 환경에 의해 의미 있게 영향을 받는다는 가정에 기반을 두고 있다. 다시 말하면, 행동은 맥락에서 발생하기 때문에, 행동에 대한 정확한 이해는 행동이 발생하는 맥락을 이해해야 한다는 것이다. 예를 들면, 학급과 같은 조직은 학급 내에 있는 학생들의 행동에 영향을 준다. 문화기술적 연구를 수행하는 연구자들은 연구결과를 실세계 환경으로 일반화하기 위해서는 그 결과들은 실세계 환경에서 수행된 연구에서 도출되어야 한다고 주장한다.

2. 문화기술적 연구의 방법 및 절차

문화기술적 연구는 일반적으로 은밀한 수준에서 참여관찰의 형태로 수행된다. 그러나 문화기술적 연구는 '다양한 방법'을 사용하는 연구이며, 연구자는 관찰과 함께 다양한 자료수집 전략을 사용한다. 문화기술적 연구도 역시 다른 연구와 마찬가지로 주의 깊게 수행되어야 하며, 연구를 위해 가장 적절한 환경과 가장 효과적인 참여 정도를 결정해야 한다. 이 결정은 예를 들면, 환경 내에서 어떤 사람들이 서로 상호작용을 해야 하는지, 상호작용의 본질은 무엇인지, 어떤 종류의 질문들을 해야 하는지와 같은 것들이다. 문화기술적 연구는 연구문제를 선정하고, 자료를 수집하고, 자료를 분석하는 과정이 다른 연구에 비해 통합적이다. 문화기술적 연구의 일반적인 연구절차를 도식화 하면 [그림 10.1]과 같다.

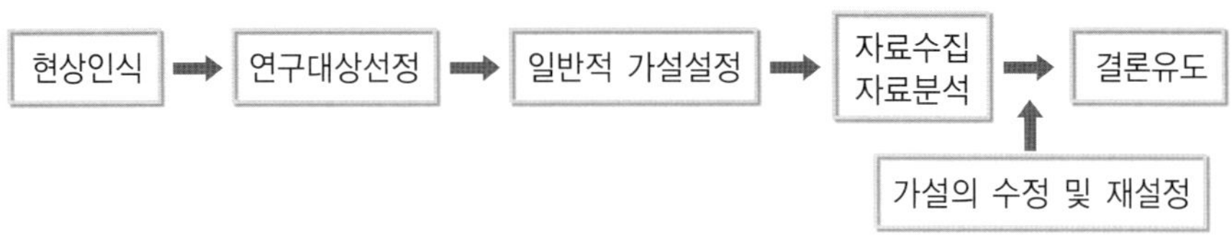

그림 10.1 문화기술적 연구의 절차

현상인식 연구하고자 하는 현상을 인식한다. 연구를 시작하기 전에 어떤 현상을 탐구할 것인지를 결정해야 하고, 연구의 범위를 설정해야 한다. 예를 들어, 현재 시행되고 있는 수준별 수학수업의 문제점은 무엇이고 그 개선점은 무엇인지를 연구하고자 할 때, 수준별 수학수업이 현상이 될 수 있다. 연구자는 연구의 목적에 맞게 현상을 인식해야 한다.

연구대상 선정 두 번째 연구절차는 연구대상을 선정하는 것이다. 문화기술적 연구는 총체적 연구를 실시하므로 특정한 대상만을 연구하는 것은 아니지만, 가능하면 연구대상을 선정하는 것이 연구를 수행하는데 도움이 된다. 일차적으로 선정된 연구대상을 중심으로 자료를 수집하고, 이어서 관련된 다른 연구대상을 통하여 자료를 수집한다. 수준별 수학수업의 예에서, 학생들만이 아니라 교사도 연구대상이 될 수 있으며, 교사와 학생 간의 상호작용도 연구대상이 될 수 있다. 또, 학교의 교육과정 및 운영체계도 연구의 대상으로 삼을 수 있을 것이다.

일반적 가설 설정 문화기술적 연구에서는 자료수집을 위하여 일반적 가설을 설정하는 것이 바람직하다. 일반적 가설이란 실험연구와 인과-관계연구처럼 구체화되어 있는 가설이 아니라 자료를 수집하기 위한 일반적이고 총체적인 가설을 말한다. 따라서 문화기술적 연구의 가설은 일반적이기 때문에, 연구를 수행하는 과정에서 수정되고 재설정될 수 있다. 가설을 설정할 때는 문헌을 검토하기도 하는데, 문화기술적 연구와 전통적인 연구 사이에는 주요한 차이점이 있다. 즉, 전통적인 접근에서의 문헌검토는 가설을 설정하기 위한 것이라면, 문화기술적 연구에서의 문헌검토는 연구결과를 지지하거나 지지하지 않기 위한 것이라는 점이다. 문화기술적 연구를 수행하는 연구자들은 그들의 연구가 다른 연구방법을 적용해서 얻은 결과들에 의해 영향을 받는 것을 원하지 않는다. 그들은 자연적 환경에서 개인의 행동을 관찰함으로써 그러한 행동을 보다 더 깊이 있고 풍부하게 이해하려고 노력한다. 위의 수준별 수학학습의 예에서, "수준별 수학수업은 학생들간의 위화감을 조성할 것이다"라고 일반적 가설을 설정할 수 있다. 이렇게 설정된 일반적 가설에 따라 연구를 진행하면 보다 쉽게 연구를 진행할 수 있다.

자료수집 문화기술적 연구에서도 자료의 수집은 매우 중요한 절차이다. 문화기술적 연구를 위한 자료수집 방법은 크게 참여관찰, 면담, 민속방법론적 실험(ethnomethodogical experiment)이다. 참여관찰은 연구자가 연구대상으로 선정된 집단의 일상적 세계에 비교적 장기간 참여하여 그들의 삶과 문화를 관찰, 기록, 해석하는 것을 말한다. 문화기술적 연구에서의 관찰방법은 서술관찰, 집중관찰, 선별관찰로 나뉘어진다. 서술관찰은 관찰한 내용을 기술하기 위한 것이며, 집중관찰은 보다 자세하게 관찰하기 위한 방법이고, 선별관찰은 집중관찰보다 관찰의 초점을 좁혀서 관찰하는 방법이다. 연구자는 관찰을 함에 있어서 관찰한 내용을 기록하는 수준에서 벗어나 해석하고 의미를 부여할 수 있어야 한다. 관찰한 내용을 바로 기록하지 못하거나 반복하여 분석하고자 할 경우에는 비디오 녹화를 하여 활용한다.

또 다른 자료수집 방법으로는 면담이 있다. 면담은 연구자가 연구를 진행하면서 관찰한 내용을 보다 심층적으로 분석하기 위하여 실시한다. 다른 조사연구나 관찰연구와 달리, 문화기술적 연구에서는 광범위하고 포괄적인 형태의 질문을 하기 위하여 주로 개방형 심층면담법을 사용한다. 면담을 하는 과정에서 연구자는 피면담자와의 대화를 신속하게 기록할 수 있어야 한다. 면담하는 과정에서 기록이 쉽지 않을 경우에는 비디오 녹화나 녹음기를 사용할 수 있다. 자료를 기록할 때는 수집된 자료에 해석을 가하거나 단순화시키지 말고 면담 내용 그대로를 기록해야 한다.

민속방법론적 실험은 사회문화현상을 올바르게 관찰하기 위해서는 사회구성원들이 어떻게 상호작용하며 그 과정에서 어떻게 의미가 형성되고 해석되는지를 알아보기 위한 일종의 실험이다. 예를 들면, 교실에서 당연하게 주어진 규칙이나 질서를 연구자가 의도적으로 파괴하는 실험을 함으로써, 그런 규칙의 이면에 작용하는 교육적 기제는 어떤 것인가를 밝힐 수 있다.

앞에서 제시한 '수준별 수학수업에 대한 문화기술적 연구'를 수행하려고 한다면, 수준별 수학에 대한 교사의 인식조사(설문지 또는 면담), 수준별 수학수업 관찰(참여 또는 비참여), 수업 관찰 후 교사와 심층면담, 각종 문서 자료 조사(학교의 평가계획서 및 평가문항, 학생들의 활동자료, 수준별 수업학습 자료

등)와 같은 자료들을 수집해야 할 것이다.

자료분석 및 결론 유도 문화기술적 연구의 마지막 단계는 자료를 분석하고 그것으로부터 결론을 유도하는 것이다. 즉, 관찰, 면담, 민속방법론적 실험을 통하여 수집한 자료를 분석하는 것이다. 이러한 자료분석에 의하여 나타난 결과를 종합하여 결론을 유도한다. 문화기술적 연구에서도 다른 연구와 마찬가지로 내적 타당도와 외적 타당도를 고려해야 한다. 문화기술적 연구는 오랜 기간에 걸쳐 다량의 자료가 기록되기 때문에, 결과를 분석하기가 어렵고 동일한 연구를 반복하기가 어렵다.

이러한 내적 타당도를 높일 수 있는 방법으로는 삼각측정법(triangulation), 연구자의 해석을 연구대상과 검토하기, 일정 기간에 걸쳐 연구현장에 체류하기, 연구자의 해석에 대하여 동료들의 논평 구하기, 연구자의 편견과 가설들을 명료화하기 등이 있다.

여기서는 특히 삼각측정법에 대하여 자세히 살펴보고자 한다. 가장 일반적인 연구자 삼각측정법은 다른 연구자로 하여금 같은 장면이나 현상을 관찰하게 하는 것이다(홍용희, 노경주, 심종희, 2000). 예를 들어, "NCTM이 Standards를 개발한 목적은 주 정부 기관이 장악하고 있는 수학교육과정의 통제에서 벗어나 수학교사들이 교육과정 결정에 주도권을 되찾기 위한 것이다"라는 연구자의 해석을 삼각측정한다고 가정해보자. 연구자는 다른 연구자들이나 전문가들에게 연구자가 수집한 자료를 제공한 다음에 그들의 반응을 살펴볼 수 있을 것이다. 그들의 반응은 연구자가 내렸던 해석을 지지하거나 반박할 수도 있으며, 아울러 연구자에게는 추가적인 자료가 될 수 있을 것이다. 또한, 보다 확실한 검증을 위하여 연구자들이 각기 다른 조사방법과 자료를 활용하여 분석하는 이른바 방법론적 삼각측정법을 시도하는 경우도 있다.

외적 타당도와 관련해서 심각한 문제는 연구대상의 단위가 일반적으로 학급이거나 학교이기 때문에 연구대상자의 수는 오직 하나라는 점이다. 따라서 연구결과는 연구된 단위에만 유일하게 적용될 수 밖에 없기 때문에, 다른 연구집단으로 일반화하기는 어렵다.

2 역사연구

1. 역사연구의 의미와 목적

Moore(1983)에 따르면, 교육 분야 있어서 역사연구는 "과거로부터 정보를 수집하고 그것을 해석하여 과거의 역사적 사건이나 문제를 연구한다."(p. 181). 즉, 역사연구는 현재의 사건을 설명하고 미래의 사건을 예측하는데 도움이 되는 여러 가지 사건들의 원인, 효과, 경향과 관련된 가설을 조사하기 위하여 과거에 일어났던 자료들을 체계적으로 수집하여 객관적으로 평가하는 연구이다. 많은 초보 연구자들은 역사연구를 비과학적인 조사방법으로 생각하는 경향이 있다. 물론 역사연구의 특성상 다른 연구들과 달리 많은 통제의 과정이 있지는 않지만, 역사연구도 체계적이고 객관적인 자료수집과 분석을 통하여 가설을 검정한다.

현재의 많은 교육 이론과 주장들은 과거의 경험에 비추어보면 더 잘 이해될 수 있다. 예를 들어, 평가에 관한 문제는 새로운 것이 아니며, 개별화 교육도 60년대에 이미 시도되었던 것이다. 실제로 과거 150년 동안 개별화 교육과 소집단 학습은 서로 번갈아 가면서 주목을 받았다. 교육의 역사에 대한 지식은 현재의 교육에 대한 이해를 증진시킬 뿐만 아니라 미래의 경향에 대해서도 예측할 수 있게 한다. 즉, 교육의 역사를 알면 과거의 사건에 비추어서 현재의 교육체계와 원리를 평가할 수 있다는 점에서, 역사연구는 그 의의가 있다고 할 수 있다.

2. 역사연구의 방법 및 절차

역사연구를 수행하는 단계는 다른 유형의 연구들과 거의 유사하다. 즉, 연구문제(또는 가설)의 설정, 역사적 자료의 체계적인 수집, 자료검증, 자료종합, 자료의 객관적인 해석 및 결론 유도이다. 역사연구의 절차를 도식화하면 [그림

10.2]와 같다. 역사연구에서는 변인들을 조작하거나 통제하지 않지만, 연구자는 과거에 발생했던 사건이 어떤 것인지를 정확히 판단하기 위하여 과학적이고 객관적인 방법을 적용해야 한다.

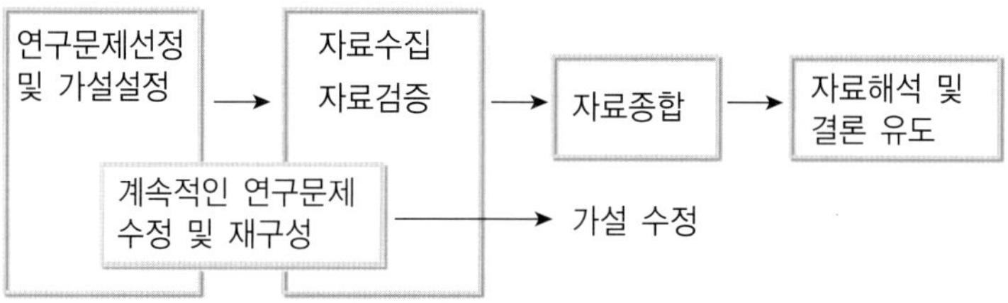

그림 10.2 역사연구의 절차

연구문제 설정 역사연구의 목적은 연구주제와 관련해서 이미 알고 있는 것을 다시 언급하는 것이 아니다. 역사연구의 목적은 새로운 지식을 발견하거나 기존의 지식을 명료화하고, 통합하고, 확장하는 것이어야 한다. 따라서 역사연구에서 연구문제를 설정할 때 주의해야 할 점은 첫째, 연구문제를 해결하기 위한 충분한 자료의 수집한 가능한 것이어야 한다. 다른 연구방법과 달리, 역사연구는 이미 존재해 있는 자료만을 사용할 수 있기 때문에, 검사도구, 질문지 등과 같은 측정을 통하여 자료를 만들어내지 못한다. 따라서 연구문제를 해결하는데 필요한 자료가 충분하지 않은 상태에서 연구문제를 선정하게 되면, 결과적으로는 가설을 입증하는데 실패하게 된다. 둘째, 연구문제를 너무 광범위하게 진술하게 하는 것보다는 좀 더 구체적으로 진술해야 한다. 즉, 모호하지 않고 명료하게 진술해야 역사자료의 수집이 용이하며, 연구를 보다 명확하게 할 수 있다.

'미국에서 시작된 새수학 운동이 우리나라의 수학교육에 미친 영향' 에 대하여 역사연구를 한다고 하면, 이 주제와 관련해서 여러 가지 연구문제나 가설을 설정할 수 있을 것이다. 그 중 한 가지로 "미국의 새수학 운동이 우리나라의 수학교육(수학교육의 목표, 내용, 방법, 평가)에는 어떤 영향을 주었는가?"가 연구문제가 될 수 있다.

자료수집 역사연구에 있어서도 다른 연구와 마찬가지로 자료를 수집한다. 다만, 역사연구에는 측정도구를 통한 측정 과정이 없다는 것이 다른 점이다. 역사연구는 사료에 의존하는 문헌연구로서 질적 연구가 대부분이기 때문에, 역사연구에서는 문헌검토가 매우 중요하다. 역사연구에서 문헌검토는 좀 더 포괄적인 의미를 갖는다. 즉, 문헌검토의 대상으로는 도서나 논문에 한정되는 것이 아니라, 공식적인 보고서, 정기 간행물, 신문, 기록물, 회의 자료, 서신, 사진, 영화 등으로 매우 포괄적이다.

일반적으로 역사연구를 위한 자료는 1차 사료와 2차 사료로 구분된다. 1차 사료는 어떤 사건과 직접적으로 관련이 있는 자료를 말한다. 즉, 어떤 사건이나 일에 대해서 관련된 사람이 직접 기술한 문서, 자서전, 일기, 일지, 협정서 등이 1차 사료에 해당한다. 2차 사료는 어떤 사건이나 일에 대하여 직접적인 관계가 아닌 2차적인 관계가 있는 자료를 말한다. 역사책, 신문 등이 2차 사료에 해당한다. 역사자료는 매우 광범위하기 때문에, 연구자는 연구문제와 관련이 있는 모든 1차 사료는 물론 2차 사료까지도 종합적으로 수집해야 한다. 역사연구의 자료에는 문헌의 검토뿐만 아니라 연구와 관련된 사건에 참여했던 사람들과의 면담도 포함된다. 또한 문헌을 검토하면서 모호하거나 해석이 불가능한 자료에 대해서는 직접 작성한 당사자나 관련된 사람을 면담할 필요가 있다.

앞에 제시한 예와 같이 연구자가 새수학 운동이 우리나라의 수학교육에 미친 영향을 조사하려고 한다면, 새수학 운동에 관한 자료, 새수학 운동이 우리나라에 소개되었을 때의 역사적 자료, 새수학에 영향을 받았던 당시의 우리나라 수학교육에 관한 자료들을 수집할 것이다.

자료검증 역사연구의 성공여부는 역사적 자료의 타당성을 얼마나 잘 확인하는지에 달려 있다고 볼 수 있다. 즉, 연구자는 수집된 역사적 자료가 타당성이 있는지를 검증해야 한다. 이 타당성은 두 가지 측면에서 검증되어야 한다. 자료가 진품인지를 가리키는 외적 타당성과 자료의 내용이 진실인지를 가리키는 내적 타당성이 그것이다. 자료가 진품인지를 밝히기 위해서는 여러 가지 물리적 또는 화학적 검사를 이용하면 된다. 자료의 내용이 진실인지를 밝히는 것은 좀 더 어려운 일이다. 왜냐하면, 자료 자체가 진품인지 밝혀졌더라도 그 속에 들어있는 내용이 진실인지를 확인하기는 쉽지 않기 때문이다. 자료의 진실성을 판단하기 위해서는 다음과 같은 네 가지 요소들을 고려해야 한다. 첫째, 자료를 기록한 사람이 그만한 지식과 능력을 갖고 있는지를 판단해야 한다. 둘째, 사건이 일어난 시점과 그것을 기록한 시점 사이에는 얼마나 시간이 흘렀는지를 고려해야 한다. 셋째, 기록한 사람이 편견 또는 잘못된 의도를 가지고 기록했는지 검토해야 한다. 넷째, 각각의 증거 자료들은 다른 자료들과 일치하는지를 비교해보아야 한다. 가령, 특정한 관찰자의 견해가 다른 관찰자의 견해와 다르다면, 그의 증언이나 기록은 의심해보아야 한다.

자료종합 관련된 문헌검토나 면담 등과 같이 수집된 역사적 자료들은 종합적으로 조직되어야 한다. 이를 통하여 연구결과와 결론을 도출할 수 있다. 역사연구의 결과는 검토한 자료나 사건들을 차례로 나열하는 것이어서는 안 된다. 내적 타당성에 대한 비판은 자료의 종합과 관련이 있다. 수집된 모든 자료들 중 그 진실성이 확보된 자료들은 이제 면밀하게 검토되어야 한다. 핵심적인 아이디어나 개념들은 서로 연결 짓고 통합해야 한다. 역사연구에서는 사건들 간의 인과관계를 분명하게 나타내기 위하여 흔히 연대기적으로 자료들을 종합한다. 서로 다른 자료들에 대하여 일치된 해석이 가능하다면, 이러한 해석으로부터 나타난 정보를 종합하게 된다.

여러 가지 자료들 중에서 상대적인 중요성이나 가치가 고려되어야 한다. 예컨대, 1차 사료는 2차 사료보다 더 중요하게 인정될 수 있다. 자료들이 서로 불일치하거나 모순이 발생하면, 그것을 해결할 수 있는 다른 자료를 수집해야만 한다. 역사적 자료의 종합은 통계적 분석보다는 논리적 분석에 의존하기 때문에, 연구자는 자료를 종합할 때 최대한 객관적이어야 한다. 연구가설을 지지하거나 기각할 수 있는 증거를 간과하거나 의도적으로 빠뜨려서는 안 된다.

연구자가 자료를 검토하여 그것으로부터 정보를 종합하는 과정에서도 처음에 세웠던 가설을 수정 · 보완할 수 있다. 처음에 세웠던 가설을 부정하는 증거들이 수집될 수도 있으며, 예상치 못한 자료가 나타남으로써 새로운 가설을 설정해야 하는 경우도 있을 것이다. 물론 질적 연구의 관점에서 보면, 이러한 가설을 미리 설정하지 않을 수도 있을 것이다. 즉, 자료를 종합하는 과정에서도 연구문제와 가설을 새롭게 설정할 수 있다는 점이 중요하다.

자료해석 및 결론 유도 역사연구의 마지막 단계는 연구문제와 관련하여 자료를 해석하고 결론을 유도하는 것이다. 수집된 자료들을 종합하여 확보한 정보들을 논리적으로 해석하는 것은 매우 중요하다. 연구자는 정보들을 해석할 때 가능하면 객관적이어야 하며, 또 다른 해석이 가능한지를 면밀히 검토해야만 한다. 결론에서는 처음에 설정한 가설을 지지할 것인지 아니면 기각할 것인지를 결정하거나 새롭게 설정한 가설을 주장하게 된다. 다른 질적 연구와 마찬가지로, 역사연구도 모집단 전체(사람, 사건, 상황 등)를 연구대상으로 하기 어렵기 때문에, 관심을 갖고 있는 연구대상의 일부를 표본으로 연구를 수행한다. 따라서 역사연구에서도 연구의 결론을 내릴 때 연구대상에 대해서 상세하게 진술해 주어야 한다.

CHAPTER 11 자료의 통계적 분석

- 통계의 기본 개념
- 기술통계분석
- 집단비교분석
- 상관관계
- 회귀분석
- 신뢰도분석

1 통계의 기본 개념

계획된 연구설계를 바탕으로 연구를 수행할 때, 자료를 수집한 다음에 해야 할 연구절차는 자료를 분석하는 것이다. 통계적 자료와 객관적인 근거에 기초하지 않은 연구자의 주관적 판단은 연구 결과에 대한 타당성을 보장하지 못한다. 따라서 적절한 통계적 분석은 경험과학인 수학교육연구에 있어서 필수적인 수단이다. 교육연구에서 통계학이 강조되는 주된 이유는 통계적 분석 방법이 상당히 과학적이기 때문이다. 수학교육연구를 수행하는데 있어서 자료를 분석하고 그것을 해석하여 다른 사람들에게 전달해야 하기 때문에, 기초적인 통계적 절차에 관한 지식은 필수적이다. 더욱이 다른 사람들의 연구결과를 이해하고 활용하기 위해서도 통계적 절차에 익숙할 필요가 있다.

제 12장에서는 SPSS 14.0을 이용하여 자료를 분석하고 해석하는 방법(이학식, 임지훈, 2008; 박희창, 박진표, 남기성, 2002; 정영해, 김순홍, 조지현, 2001)을 익히는데 초점을 두었다. 특히, 수학교육연구를 수행하는 과정에서 나타나는 실제 상황을 〈예제〉로 제시하여 설명하였다.

1. 통계자료의 형태

통계적 분석을 위한 자료는 측정을 통하여 얻어진 값으로 대부분 수치적인 형태로 나타난다. 자료의 분석 방법은 자료가 어떠한 형태인가에 따라 달라지므로 자료의 형태를 구분할 필요가 있다. 자료는 유형에 따라 여러 가지 방법으로 구분할 수 있으나, 여기서는 측정 수준에 따라 분류한 것을 간단히 소개하고자 한다.

명목척도(nominal scale) 가장 기초적인 측정의 척도는 명목척도이다. 명목척도는 측정대상의 특성을 분류하기 위한 목적으로 각각의 특성에 숫자를 부여한 척도이다. 교육연구에서 연구대상자를 남자/여자, 내성적/외향적, 혈액형의 A형/B형/O형/AB형 등과 같이 구분하는 것이 여기에 해당한다. 명목척도의 숫자는 단지 구분을 위한 것이지 양적 의미를 갖지 않는다. 간단한 예로는 운동선수의 등번호를 들 수 있는데, 야구선수 박찬호의 등번호가 61번이라면 이 숫자의 의미는 단지 그 선수가 누구인지를 알려 주는 것이지 숫자의 양적인 크기를 나타내는 것은 아니다. 또한, 남자와 여자에 대해서 각각 1과 2의 숫자를 부여했다면, 1은 남자 집단에 속한 대상을 의미하고 2는 여자 집단에 속한 대상을 의미하는 것이지, 여자가 남자의 2배 또는 1만큼 차이가 있다는 것을 의미하지 않는다.

서열척도(ordinal scale) 서열척도는 측정대상 간의 순서 관계를 밝혀주는 척도로서, 측정대상 간의 크고 작음이나 높고 낮음 등의 순위를 부여해 주는 척도이다. 예를 들어, 초등학교, 중학교, 고등학교, 대학교의 종류를 순서대로 1, 2, 3, 4의 숫자를 부여하거나 연구대상자의 수학학력을 상, 중, 하로 나누어 숫자 1, 2, 3을 부여하는 경우이다. 이들 숫자들은 단지 순서만 나타낼 뿐이기 때문에, 두 값 사이의 차이나 합은 의미가 없다. 따라서 수학학력의 경우에 1, 2, 3 대신에 5, 6, 7을 써도 아무런 문제가 없다.

조사연구에서 주로 사용되는 Likert 척도는 서열척도로 분류된다. 서열척도로 얻어진 자료는 중앙값, 서열상관관계, 서열간의 차이분석 등의 통계적 분석을 할 수 있으나 산술평균, 표준편차 등과 같은 산술적 계산이 포함된 분석은 수행할 수 없다.

등간척도(interval scale) 등간척도는 측정값에 순위를 부여하되 순위 사이의 간격이 일정한 척도를 말한다. 그러나 두 수의 비는 아무런 의미가 없다. 등간척도의 대표적인 예로는 온도나 IQ 등을 들 수 있는데, 온도의 경우에 100℃와 50℃의 차이는 50℃와 0℃의 차이와 마찬가지로 50℃ 만큼의 차이가 있다. 두 경우 모두 50℃의 차이가 있지만, 100℃가 50℃보다 2배 더 뜨겁다는 의미를 갖는 것은 아니다. 즉, 등간척도의 특징은 '절대원점' 이 존재하지 않고 임의적인 원점만이 존재한다. '절대원점' 이란 어떤 변수의 값이 0이라는 것으로 그 값이 없다는 뜻이다. 온도가 0℃이면 온도가 없다는 뜻이 아니고, 단지 우리가 임의로 0으로 표시한 것 뿐이다.

마찬가지로, IQ와 같은 심리검사에서 0점이라는 것은 임의적인 것이다. 가령, IQ가 0이라고 하더라도 지적 능력이 전혀 없는 상태를 의미하지는 않는다. 또한, 수학학력검사에서 두 명의 학생이 각각 15, 30을 받았다면, 30점을 받은 학생이 15점을 받은 학생보다 2배의 수학적 능력을 가졌다고 할 수 없다. 두 명의 학생이 모두 풀 수 있을 정도로 아주 쉬운 문제 15문항을 추가하여 제시하였다고 생각해보자. 그러면, 이 세 명의 점수는 30, 45점이 될 것이다. 그런데, 45점은 30점의 두 배가 되지 않는다.

교육연구에서 자주 사용되는 등간척도는 학업성취도 점수, 심리검사 점수, 특정한 태도나 인식 점수 등이다. Likert 척도는 원칙적으로 서열척도이기는 하지만, 인문 · 사회과학에서는 등간척도로 취급하기도 한다. 특히, 문항에 대한 응답을 모두 종합해서 점수로 나타내는 총화척도로 활용하는 경우는 등간척도로 취급한다.

비율척도(ratio scale) 비율척도는 등간척도가 갖는 특성에 절대영점을 갖고 있으며, 측정값 간의 비율 계산이 가능한 척도이다. 비율척도의 대표적인 예로는 몸무게, 나이, 키, 교육년수 등이다. 가령, 몸무게가 0이라는 말은 절대 영점으로서 존재하지 않음을 의미하며, 몸무게가 20kg이던 사람이 40kg이 되었다면, 전보다 2배가 되었다고 말할 수 있다. 또한, 5kg과 10kg 사이의 차이나 55kg과 60kg 사이의 차이는 같다. 비율척도로부터 얻어진 자료는 어떠한 형태의 통계적 분석도 가능하다.

2. 통계적 분석의 분류

통계학에서 이루어지는 통계적 절차는 자료를 수량화하여 유의미한 정보로 만들기 위한 것이다. 이 통계적 절차는 크게 기술통계(descriptive statistics)와 추측통계(inferential statistics)로 나눌 수 있다. 기술 통계는 주어진 자료의 특성을 일목요연하게 정리하여 기술하는 것으로써, 평균, 표준편차, 빈도, 첨도, 왜도 등과 같이 수치로 나타내거나 도표와 그래프로 자료의 특성을 나타내는 것을 말한다. 반면에, 추측통계는 표본으로부터 수집된 자료의 통계적 특성을 근거로 하여 모집단의 통계적 특성을 추정하는 것을 말한다.

추측통계에서 모집단의 특성을 나타내는 값을 모수(母數, parameter)라고 하고, 표본의 특성을 나타내는 것을 통계량(statistics)이라고 한다. 결국, 추측통계는 표본의 특성인 통계량을 바탕으로 모집단의 특성인 모수를 추정하는 것이다. 추측통계는 다시 모수통계분석(parametric statistics)과 비모수통계분석(nonparametric statistics)으로 나뉘어진다.

모수통계분석은 표본의 통계량으로부터 모집단의 모수를 추정하는 것이다. 모수통계분석을 적용할 때는 모집단에 대한 기본적인 가정을 만족해야 한다. 첫째, 모집단의 분포가 정규분포이어야 하고, 둘째, 집단의 분산이 같아야 하며, 셋째, 측정된 자료가 최소한 등간척도나 비율척도 이상이어야 한다.

비모수통계분석은 모집단의 분포가 명확하지 않거나 모집단의 평균과 같은 모수가 존재하지 않은 경우에 이용되는 분석 방법이다. 일반적으로 비모수통계분석은 모집단의 분포가 정규분포와 같이 특정한 분포를 이루고 있지 않은 경우와 명목척도와 서열척도로 측정된 자료를 분석하는데 이용된다.

위에서 설명한 모수통계방법과 비모수통계방법을 사용목적별로 분류하여 나타내면 〈표 11.1〉과 같다.

표 11.1 통계분석의 분류

추측통계학		
사용목적	모수통계방법	비모수통계방법
적합도 검증	-	1표본 χ^2검정 1표본 Kologorov-Smirnov 검정
무작위성 검증	-	Run 검증
2개의 독립표본간 비교	t-검정	Mann-Whitney U 검증 2표본 Kologorov-Smirnov 검정
2개의 대응표본간 비교	짝지어진 t-검정	Wilcoxon 부호-서열 검증
3개 이상의 표본간 비교	ANOVA	Kruskal-Wallis H 검증
3개 이상의 표본간 비교(다변량)	MANOVA	Friedman 검정 Kendall W 검정
2개의 표본간의 관계	상관분석	Spearman 서열상관관계분석
변수들간의 상호관계	회귀분석	-

3. 가설검증의 기초

표집오차와 표준오차 추정은 표본의 통계량을 근거로 하여 모집단의 특성을 추측하는 것이다. 어떤 표집방법을 사용하더라도 표집의 통계량이 모집단의 모수와 일치할 가능성은 거의 없다. 이 때 발생하는 것이 바로 표집오차(sampling error)로서, 표본에서 얻은 자료를 통해 모집단 전체의 특성을 추론하는 과정에서 발생하는 오차이다. 모집단의 평균(μ)과 표본의 평균($\overline{X}$)을 알고 있을 때, 두 평균의 차 $\mu-\overline{X}$는 표본오차(e)이다. 즉, $e=\mu-\overline{X}$이다. 표본오차의 중요한 특성 중 하나는 그것이 정규분포를 이룬다는 것이다. 즉, 표본오차의 크기는 매우 다양한데 이들의 분포가 정규분포를 이룬다. 따라서 표집된 표본의 평균들 또한 정규분포를 이룬다. 예를 들어, 10,000명의 4학년 학생들의 IQ 평균이 100이고 표준편차가 16이라고 할 때, 모집단으로부터 50명씩 100번에 걸쳐서 표집을 실시하였다고 하자. 100번의 표본에 대하여 IQ의 평균을 구하면, 각 표본 평균은 64, 67, …, 136, 142 등으로 다양하게 나타날 것이다. 그런데, 각 표본의 평균의 분포를 그림으로 나타내면 정규분포에 가까워진다. 이것을 평균의 표본분포(sampling distribution of means)라고 하며, 추측통계에서 중요한 개념인 중심극한정리로 표현될 수 있다.

〈중심극한정리〉
평균 μ와 표준편차 σ를 갖는 모집단에서 모집단의 크기 n의 표본을 반복적으로 추출하면(일반적으로 표본의 수가 30이상일 때) 표본평균 X의 분포는 정규분포에 가까워지게 된다. 표본평균 X의 평균은 표본의 수와 관계없이 모집단의 평균 μ와 같아지며, 표본평균 X의 표준편차는 $\frac{\sigma}{\sqrt{n}}$가 된다. 이 때의 표준편차, 즉 표본분포의 표준편차를 표준오차(standard error, SE)라고 한다.

위에서 설명한 바와 같이, 가설검증에서 표준오차는 매우 중요한 개념인데, 평균의 표본분포의 표준오차는 $\frac{\sigma}{\sqrt{n}}$이지만, 대부분의 경우에 모집단의 평균인 σ를 모르기 때문에 대신 표본의 표준편차 s를 사용하며, 통계학의 불편성으로 인하여 n대신에 $n-1$로 나눈다. 이 경우의 표준편차는 다음과 같이 표현된다.

$$SE = \frac{s}{\sqrt{n-1}} = \frac{\sigma}{\sqrt{n}}$$

영가설과 대립가설 가설은 연구자가 어떤 현상에 대하여, "그럴 것이다"라고 추측하는 것으로, 모집단의 특성에 대하여 잠정적으로 설정한 예상이나 추측을 말한다. 가설은 영가설과 대립가설로 나뉜다. 교육연구에서 두 표본 집단

간에 차이가 있다는 것은 우연이 아닌 실험처치에 의하여 발생되는 차이를 의미한다. 다시 말해서, 이 차이는 연구가설에서 진술된 것처럼, 실험처치에 의한 것으로서 우연이나 표본오차에 의한 것이 아니다. 우연에 의하여 발생할 수 있는 차이를 진술한 것이 바로 영가설이다. 예를 들어, 어떤 실험처치를 하였더니 수학점수의 평균이 70점에서 75점으로 5점이 올랐다면, 이 향상된 점수 5점은 처치에 의해 발생한 차가 아니라 우연히 오른 점수이므로 70점과 75점을 같다고 보고 영가설 H_0: 70=75를 채택한다.

대립가설은 연구가설(research hypothesis)이라고도 하며 연구자가 예상하거나 주장하는 현상에 대한 진술이며, 영가설은 귀무가설이라고도 하는데 연구자의 주장과 반대되는 진술이다. 영가설(H_0)과 대립가설(H_1)을 예를 들어 표현하면 다음과 같다.

가령, 새로운 수학수업모형(A)로 학습한 학생들과 전통적 수학수업모형(B)로 학습한 학생들은 수학성취도에 차이가 있는지를 검증하는 경우를 생각해 보자.

H_0: $\mu_A = \mu_B$

H_1: $\mu_A \neq \mu_B$

μ_A : 수학수업모형(A)로 학습한 학생들의 수학성취도

μ_B : 수학수업모형(B)로 학습한 학생들의 수학성취도

위 경우에 연구자는 실험처치의 효과를 기대하면서 영가설이 채택되기 보다는 영가설이 기각되기를 바란다. 결국, 통계적 검증의 대상이 되는 가설은 대립가설이 아니고 영가설이다. 통계적 가설검증을 거쳐서 영가설은 기각되거나 기각되지 않는다. 만일 영가설과 차이가 있는 것으로 검증 결과가 나타났다면, 영가설을 기각하고 두 집단에서 차이가 있다는 대립가설을 채택하게 된다.

그러면 왜 대립가설을 직접 검증하지 않고 영가설을 검증하는가? 이것을 간단히 설명하기는 어렵지만, 본질적인 이유는 영가설을 기각하는 것이 대립

가설을 직접 검증하는 것보다 훨씬 더 타당하기 때문이다. 다시 말해서, 연구자가 대립가설을 지지하는 연구결과를 얻었더라도 대립가설의 증거를 한 가지 밖에 확보하지 못하지만, 단 한 차례의 연구라도 영가설을 기각하게 되면 대립가설을 긍정하는 강력한 증거가 된다. 예를 들어 설명하면 이해가 쉬울 것이다. "모든 수학책에는 통계학의 내용이 들어 있다"는 가설을 검증하려고 한다. 이 경우에, 모든 수학책을 검사할 수 없기 때문에 수학책 일부만을 표집하여 검사할 수 밖에 없다. 표집한 표본들을 검사한 결과, 통계학의 내용이 모두 들어 있다고 해서, "모든 수학책에는 통계학의 내용이 들어있다"는 가설을 입증하는 것은 아니다. 왜냐하면, 아직도 검사하지 않은 수학책이 많이 있기 때문이다. 그러나, 검사한 수학책 중 통계학의 내용이 들어있지 않은 수학책이 발견되었다면, 가설은 쉽게 부정할 수 있다. 즉, 가설을 부정하기 위해서는 1권의 수학책으로도 충분하지만, 10000권을 검사해도 가설을 긍정할 수 없다.

이러한 점에서, 대립가설을 긍정하기 보다는 영가설을 부정하는 검증 방법을 사용하는 것이다. 즉 두 집단 간의 차가 실제로 있다는 것을 보이기 위해, 처음에 차이가 없다고 가정한 후 모순을 들어내어 증명하는 방법이다.

1종 오류와 2종 오류 앞서 설명한대로, 연구자는 영가설을 채택하거나 기각하게 될 것이다. 어떤 결론을 내리든 옳을 수도 있고 틀릴 수도 있다. 가설검증 결과 발생할 수 있는 오류에는 1종 오류와 2종 오류가 있다. 먼저, 1종 오류는 영가설이 참인데 기각하는 오류이다. 예를 들어, 실제로는 남녀 간에 수학성취도에 차이가 없는데, 가설검증에서 차이가 있다는 결론을 내리는 경우이다. 2종 오류는 영가설이 거짓인데 이를 기각하지 않고 채택하는 오류이다. 예를 들어, 실제로는 남녀 간에 수학성취도에 차이가 있는데, 가설검증에서 차이가 없다고 결론을 내리는 경우이다. 1종 오류와 2종 오류를 표로 나타내면 〈표 11.2〉와 같다.

표 11.2 1종 오류와 2종 오류

	영가설(H_0)	
연구자의 결정	참	거짓
H_0기각	1종 오류	바른 결정
H_0채택	바른 결정	2종 오류

이 두 종류의 오류를 범할 확률을 가능한 한 작게 해주는 것이 좋겠지만, 두 종류의 오류를 동시에 최소화하는 검정 방법은 존재하지 않는다. 그러면 두 가지 오류 중에서 어떤 오류가 더 심각한 오류인가? 위의 예에서 1종 오류는 실제로는 남녀 간에 수학성취도에 차이가 없는데 가설검증에서 차이가 있다고 결론을 내리는 경우(영가설이 참인데 기각하는 오류)이고, 2종 오류는 실제로는 남녀 간에 수학성취도에 차이가 있는데 가설검증에서 차이가 없다고 결론을 내리는 경우(영가설이 거짓인데 이를 기각하지 않고 채택하는 오류)이다. 이 경우, 보다 심각한 오류는 1종 오류이다. 즉, 수학교육연구의 관점에서 볼 때, 남녀 간에 수학성취도에서 차이가 없는데 차이가 있다고 판단하는 것(1종 오류)은 남녀 간에 수학성취도에서 차이가 있는데 차이가 없다고 판단하는 것보다 훨씬 더 심각한 오류이다. 일반적으로 가설검증은 1종 오류를 중심으로 이루어지며, 1종 오류를 범할 최대 허용 한계치를 정하게 된다. 이것이 바로 유의수준 로 나타난다. 따라서 가장 좋은 방법은 1종 오류를 주어진 값(유의수준) 이하인 상태로 하여 2종 오류를 범할 확률을 최소화하는 것이다.

유의수준(level of significance) 교육연구 논문에서 연구결과를 진술할 때, "유의수준 .05(또는 .01)에서 영가설이 기각되었다" 또는 "유의수준 .05(또는 .01)에서 두 집단 간에 차이가 있었다"라고 하는 경우를 자주 접하게 된다. 여기서 유의수준 .05 혹은 .01은 '영가설을 잘못 기각하였을 확률' 즉, '영가설이 맞는데 틀렸다고 결론을 내릴 확률'을 말한다. 즉, 어떤 교수법에 의해 학생들의 성취도가 70점에서 75점으로 5점 향상되었을 때, 5점이 오른 이유가 처치 즉 교수법에 의해서가 아니라, 우연히 일어났을 가능성을 말한다. 연구자는 자신의 연구가설이 지지되기를 원하기 때문에, 일반적으로 유의수준이 낮은 연구결과를 원한다.

유의수준은 α로 나타낸다. 그러면, 어느 정도의 α가 적당한가? 앞에서 1종 오류와 2종 오류를 설명하면서, 1종 오류는 영가설이 참인데 기각하는 오류라고 하였다. 또한 유의수준은 영가설이 참인데 틀렸다고 결론을 내릴 확률을 뜻한다. 따라서 유의수준은 결국 1종 오류를 범할 확률 즉, 어떤 효과가 처치에 의해서가 아니라 우연히 일어날 확률을 말한다. 1종 오류를 범할 확률을 줄인다는 것은 유의수준 α의 크기를 줄이면 된다고 생각할 수 있다. 즉, α의 크기가 작으면 영가설을 쉽게 기각할 수 없으며 1종 오류를 범할 가능성이 작아진다. 그러나 유의수준의 크기를 줄이면, '영가설이 거짓인데도 이를 기각하지 않을 확률' 즉 2종 오류의 확률이 커지게 된다. 2종 오류를 범할 확률을 β로 나타낸다. 이와 같이 α와 β는 서로 반대로 작용한다. 따라서 α는 적정한 수준으로 정해져야 하는데, 인문 · 사회과학에서는 보통 .01이나 .05로 정한다.

가설검정의 원리 가설검정에는 두 가지 방식이 있다. 첫 번째는 주어진 자료로부터 검정 통계량을 계산하고 이 검정 통계량이 유의수준 α에 따라 설정되는 기각역에 위치하는지를 알아보는 방식이다. 두 번째는 유의확률(p-value)을 계산하여 유의수준과 비교하는 방식이다.

첫 번째 가설검정 방식을 다음과 같은 예를 가지고 알아보자. 작년에 조사한 결과에 의하면 초등학교 3학년 아동의 수학학력평균이 64점이라고 하였는데, 올해 조사한 결과에서는 60점으로 나왔다. 그러나 연구자는 이러한 결과를 보고 초등학교 3학년 아동의 수학학력은 낮아지지 않았다고 주장하고자 한다. 영가설과 대립가설은 다음과 같이 설정할 수 있다.

$H_0 : \mu = 64$ $\qquad\qquad$ $H_1 : \mu < 64$

일단 영가설과 대립가설이 설정되면, 그 다음 문제는 영가설을 기각할 것인가 아니면 채택할 것인가를 결정하는 일이다. 그러면, 어떤 기준을 가지고 영가설을 기각 또는 채택할 것인가? 올해 조사한 결과에서는 평균점수에서 작년의 64점보다는 4점이 낮게 나타났지만, 이것을 보고 올해의 수학학력이 작년보다 낮아졌다고 판단할 수 있을 것인지가 문제가 된다. 따라서, 평균점수 64점으로부터 얼마나 적어야 영가설을 기각하는 결정을 내릴 것인가 하는 분기점(cut off point)이 필요하다. 이를 수학적으로 표현하면, 평균 점수 $\overline{X}$가 어떤 값 c보다 작으면 영가설을 기각하고, 반면에 $\overline{X}$가 c보다 작지 않으면 영가설을 채택하게 하는 c를 결정할 필요가 있다.

이러한 분기점에 의하여 영가설을 기각 또는 채택하는 기준은 대립가설의 종류에 따라 달라진다. 가설검증은 크게 양측검정과 단측검정으로 구분된다. 양측검정은 기각영역이 두 부분으로 구성되는 가설검증이다. 예를 들어, 영가설과 대립가설이

$$H_0: \mu = \mu_0 \qquad H_1: \mu \neq \mu_0$$

으로 주어졌을 때, 이 검증에 대한 기각역과 채택역은 [그림 11.1]과 같다.

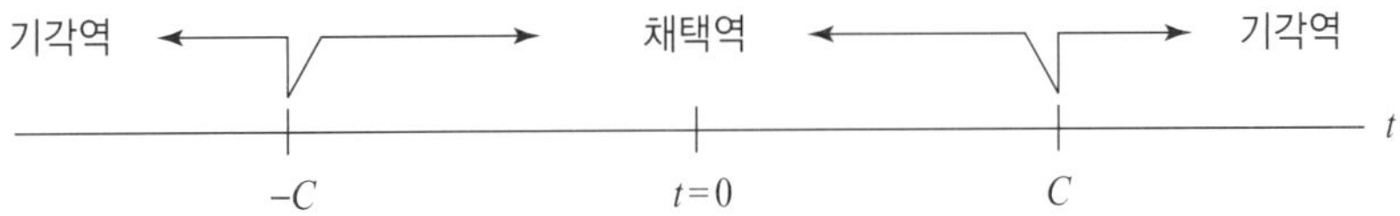

그림 11.1 양측 검정의 기각역과 채택역

단측검정은 기각역이 오직 한쪽 부분으로 구성되는 가설검정으로 좌측검정과 우측검정으로 구분된다. 좌측검정은 기각역이 왼쪽에 있는 단측검정이다.

예를 들어, 영가설과 대립가설이

H_0: $\mu = \mu_0$ H_1: $\mu < \mu_0$

으로 주어지면, 기각역과 채택역은 [그림 11.2]와 같다.

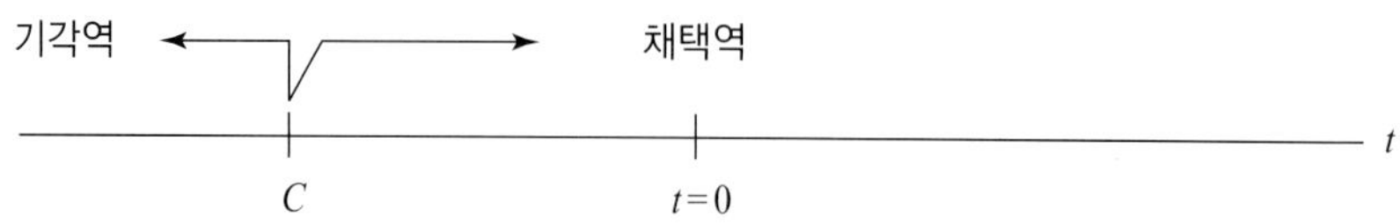

그림 11.2 좌측검정의 기각역과 채택역

우측검정은 기각영역이 오른쪽으로 주어지는 단측검정이다. 영가설과 대립가설이

H_0: $\mu = \mu_0$ H_1: $\mu > \mu_0$

으로 주어지면, 기각역과 채택역은 [그림 11.3]과 같다.

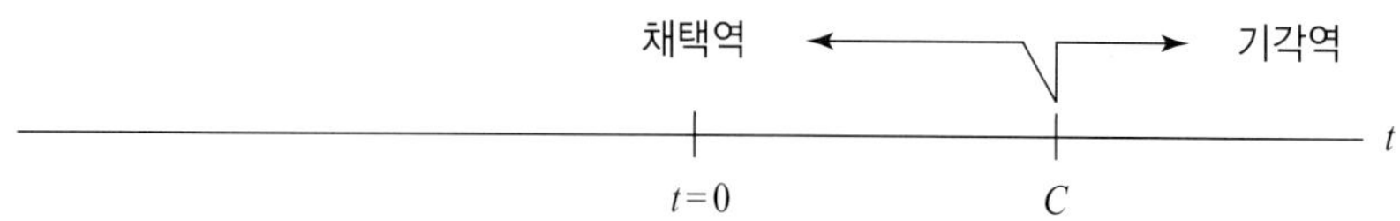

그림 11.3 우측검정의 기각역과 채택역

두 번째 가설 검정의 방식은 유의확률을 구하여 이용하는 방법이다. 영가설이 기각될 때, 기각값을 겨우 벗어나서 기각하는 경우와 기각값으로부터 멀리 떨어져서 기각하는 경우는 큰 차이가 있다. 이러한 차이를 나타내는 것이 바로 유의확률(p-value)이다. 유의확률은 확률이므로 0과 1사이의 값을 갖는다. 예를 들어, 유의확률이 .07이라는 의미는 영가설을 기각하면 잘못 기각할 확률이 .07이라는 것이고, 유의확률이 .01이라는 의미는 영가설을 기각하면 잘못 기각

할 확률이 .01이라는 것이다. 유의확률을 이용하면 기각값을 따로 구하지 않더라도 유의수준과 비교해서 가설검증을 할 수 있다. SPSS 등의 통계 패키지에서는 유의확률을 계산해 주기 때문에, 유의확률을 이용하여 가설을 검정한다. 즉, 유의확률이 유의수준보다 작으면 '통계적으로 유의미한 결과' 라고 보고 영가설을 기각한다. 따라서 유의수준 .05에서 유의확률이 .07인 경우는 영가설을 기각할 수 없지만 유의확률이 0.1인 경우에는 영가설은 기각된다. 이 책에서는 SPSS 통계 패키지를 활용한 가설검증을 소개하기 때문에 유의확률에 의한 가설검증 방법으로 설명할 것이다.

2 기술통계분석

1. 기술통계량 구하기

분석하고자 하는 자료의 구조와 특징을 좀 더 자세하게 알아보기 위해서는 구체적인 기술통계량을 구할 필요가 있다. 자료의 구조를 나타내주는 대표적인 기술통계량으로는 대푯값, 산포도, 분포의 형태 등이 있다. 대푯값은 자료를 대표할 만한 값이 얼마인지를 알아보는 것으로, 평균, 중앙값, 최빈값이 있다. 산포도는 자료가 특정한 대푯값을 중심으로 어느 정도나 흩어져 있는지를 나타내는 통계량으로, 범위, 사분위수범위, 분산, 표준편차가 있다. 분포의 형태를 나타내는 것으로서, 자료의 분포가 대칭을 이루고 있는지 또는 어느 한쪽으로 치우쳐 있는지를 나타내는 왜도(skewness)와 분포의 모양이 높은지 낮은지를 타내는 첨도(kurtosis)가 있다. 또한, 통계량을 형상화하여 표현하는 그래프를 이용하면 자료의 특성을 보다 쉽게 나타낼 수 있다. 그래프의 종류에는 히스토그램, 도수다각형, 원 그래프, 점 그래프, 꺾은선 그래프, 띠 그래프, 줄기-잎 그림, 상자 그림 등이 있다. 아래 〈예제〉의 기술통계량을 구하는 과정은 다음과 같다.

〈예제〉 어느 초등학교에서 실시한 수학과 중간고사의 성적을 조사한 결과에 대한 기술통계량을 구하시오.

1) 간단한 기술통계량 구하기

자료의 대푯값과 산포도와 같은 기본적인 기술통계량을 구하기 위한 절차는 아래와 같다.

(1) 분석절차

① [그림 11.4]와 같이 [분석(A)] → [기술통계량(E)] → [기술통계(D)...]의 절차에 따라 실시한다.

그림 11.4 간단한 기술통계량 구하는 절차

② [그림 11.4]와 같이 실행하여 [그림 11.5]의 빈도분석 대화상자가 나타나면, 분석하고자 하는 변수인 '중간고사'를 선정하여 [변수(V)] 상자로 보낸다.

③ [그림 11.5]에서 [옵션(O)...]를 클릭하여 옵션 대화상자에서 [그림 11.6]과 같이 구하고자 하는 통계량을 선택한다.

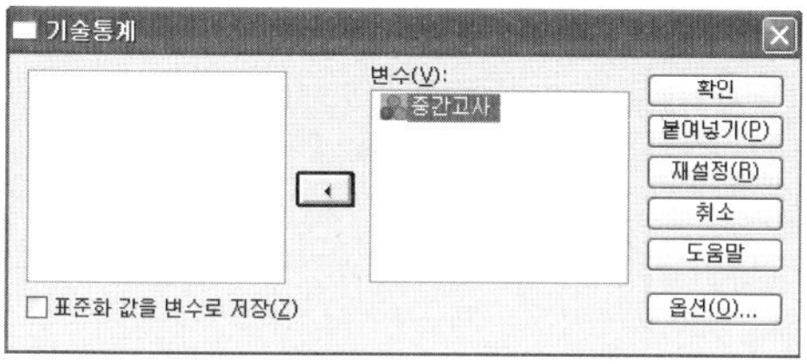

그림 11.5 분석대상 변수지정

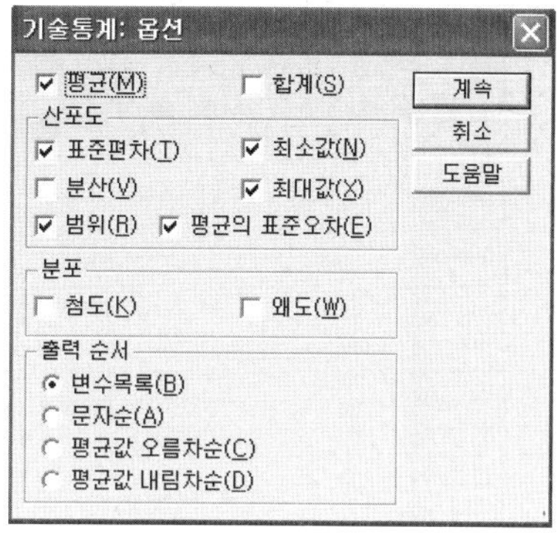

그림 11.6 옵션 대화상자

(2) 분석결과

〈표 11.3〉의 기술통계량을 보면, 수학과 중간고사의 평균은 83.92, 표준편차는 16.009로 나타났으며, 성적이 가장 낮은 학생은 44, 가장 높은 학생은 100으로 나타났다.

표 11.3 기술통계량 분석결과

	N	범위	최솟값	최댓값	평균	표준편차
중간고사	53	56	44	100	83.92	16.009
유효수 (목록별)	53					

2) 자세한 기술통계량 구하기

간단한 기술통계량으로는 대푯값과 산포도와 같은 기본적인 기술통계량을 알 수 있지만, 데이터 탐색 기능을 이용하면 좀 더 자세한 기술통계량을 구할 수 있다.

(1) 분석절차

① [그림 11.7]과 같이 [분석(A)] → [기술통계량(E)] → [데이터탐색(E)...]의 절차에 따라 실시한다.

그림 11.7 자세한 기술통계량 구하는 절차

② [그림 11.7]과 같이 실행하여 [그림 11.8]의 데이터입력 대화상자가 나타나면, 분석하고자 하는 변수인 '중간고사'를 선정하여 [종속변수(D)] 상자로 보낸다.

③ [그림 11.8]에서 [통계량(S)...]를 클릭하여 통계량 대화상자에서 [그림 11.9]와 같이 [기술통계(D)]를 선택한다.

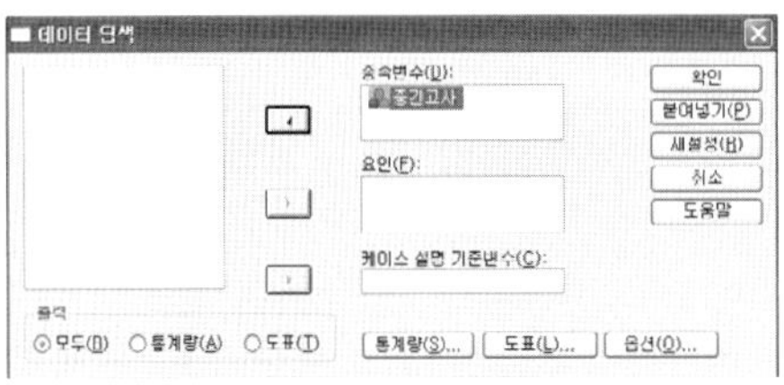

그림 11.8 분석대상 변수지정

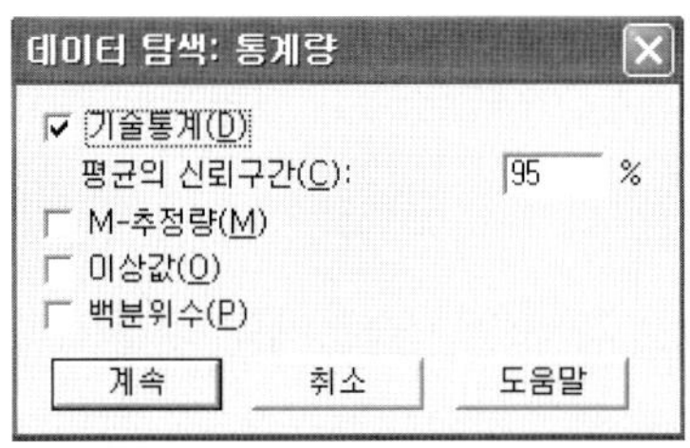

그림 11.9 데이터 탐색: 통계량

④ 자료의 통계량을 그래프로 나타내기 위해서는 [그림 11.8]에서 [도표(L)...]를 클릭하여 도표 대화상자에서 [그림 11.10]과 같이 그리고자 하는 도표를 선택한다.

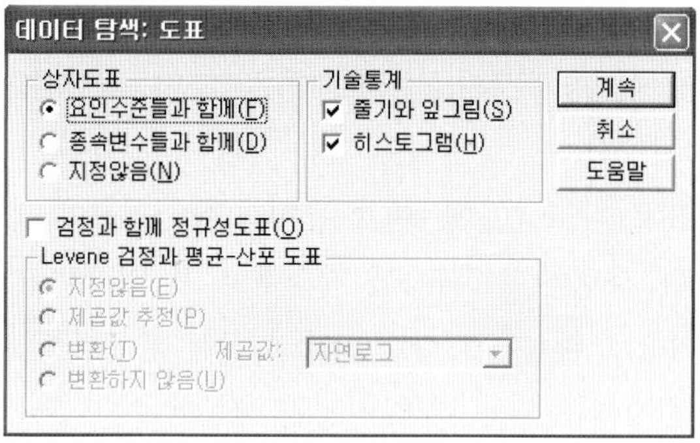

그림 11.10 데이터 탐색: 도표

(2) 분석결과

〈표 11.4〉의 기술통계량에는 앞에서 분석했던 기본적인 기술통계량 이외에 평균의 95% 신뢰구간, 5% 절삭평균, 범위, 왜도, 첨도 등이 제시된다. 여기서,

표 11.4 기술통계량 분석결과

			통계량	표준오차
중간고사	평균		83.92	2.199
	평균의 95% 신뢰구간	하한	79.51	
		상한	88.34	
	5% 절삭평균		85.19	
	중위수		92.00	
	분산		256.302	
	표준편차		16.009	
	최솟값		44	
	최댓값		100	
	범위		56	
	사분위수 범위		20	
	왜도		-1.033	.327
	첨도		.326	.644

평균의 95% 신뢰구간은 모집단의 평균이 이 구간 안에 있을 것으로 95% 확신한다는 의미이다. 즉, 95% 신뢰구간의 하한은 79.51, 상한은 88.19이므로, 평균점수는 약 79.51에서 88.19 사이에 있을 것을 95% 확신한다는 것이다. 5% 절삭평균은 85.19로 나타났는데, 이것은 이상점이 평균에 영향을 주는 것을 막기 위한 것으로, 자료의 양쪽 5%를 제외하고 계산한 평균이다. 또한, 왜도 -1.033은 음수이므로 왼쪽에 기다란 꼬리를 갖는 분포임을 알 수 있다. 첨도 .326은 판단 기준이 되는 3에 거의 가깝기 때문에 거의 중첨에 가깝다고 할 수 있다.

[그림 11.11]과 [그림 11.12]는 각각 줄기-잎 그림과 상자 그림으로 자료를 나타낸 결과이다.

4	4488
5	66
6	
7	2222666666666666
8	0488
9	22226666666666666
10	000000000

그림 11.11 줄기-잎 그림

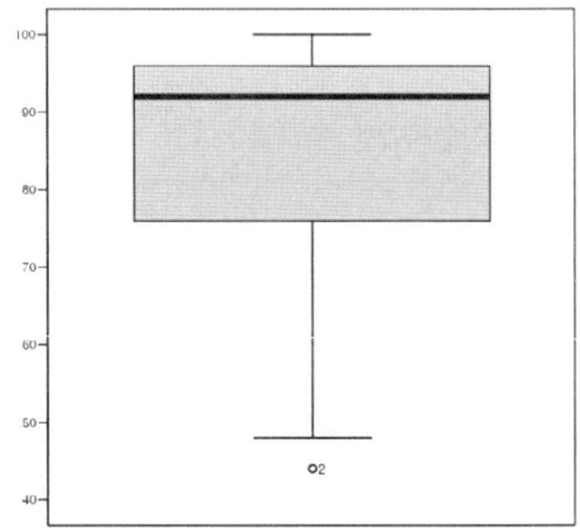

그림 11.12 상자 그림

2. 빈도분석

빈도분석은 도수분포표의 산출 및 변수별 자료들의 빈도를 분석하여 자료들이 이루는 분포의 특성을 알아보는데 사용된다.

〈예제〉 어느 대학에서 실시하는 수학과 연수에 참여한 초등학교 교사 56명의 담당학년을 조사하였다. 담당학년에 대한 빈도표를 작성하고 막대그래프와 원그래프로 나타내시오.

(1) 분석절차

① [그림 11.13]과 같이 [분석(A)] → [기술통계량(E)] → [빈도분석(F)...]의 절차에 따라 실시한다.

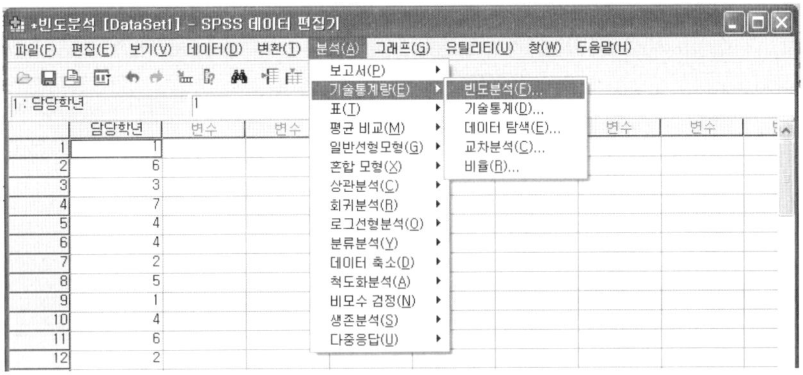

그림 11.13 빈도분석절차

② [그림 11.13]과 같이 실행하여 [그림 11.14]의 빈도분석 대화상자가 나타나면, 분석하고자 하는 변수인 '담당학년'을 선정하여 [변수(V)] 상자로 보낸다.

③ [그림 11.14]에서 [도표(C)...]를 클릭하여 도표대화상자에서 [그림 11.15]와 같이 [막대도표(B)]나 [원도표(P)]를 선택한다.

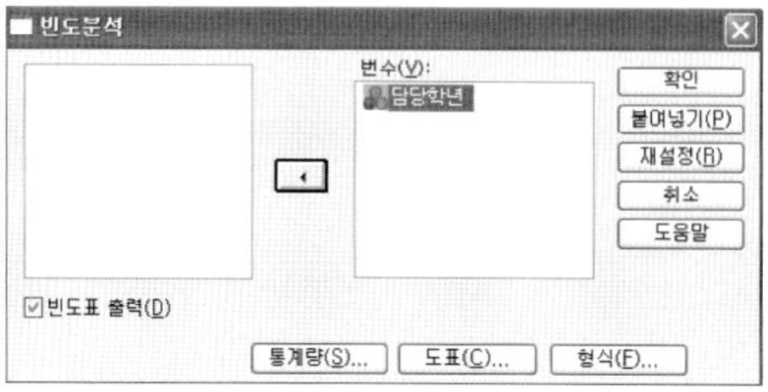

그림 11.14 분석대상 변수지정

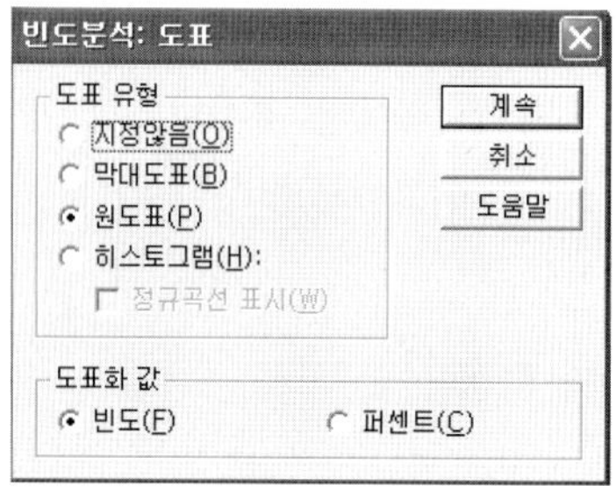

그림 11.15 도표 대화상자

(2) 분석결과

〈표 11.5〉의 케이스 처리 요약표를 보면, 담당학년에 대한 결측 케이스가 없음을 나타내고 있다. 〈표 11.6〉의 빈도분석 결과에는 56개 케이스의 빈도, 퍼센트, 유효 퍼센트, 누적 퍼센트가 나타나 있다. 본 예에서는 초등학교 교사 56명 중에서 1학년을 담당하고 있는 교사가 16명으로 28.6%로 가장 많았으며, 2

표 11.5 케이스 처리 요약

N	유효	56
	결측	0

표 11.6 빈도분석 결과

담당학년		빈도	퍼센트	유효 퍼센트	누적 퍼센트
유효	1	16	28.6	28.6	28.6
	2	9	16.1	16.1	44.6
	3	6	10.7	10.7	55.4
	4	6	10.7	10.7	66.1
	5	7	12.5	12.5	78.6
	6	8	14.3	14.3	92.9
	기타	4	7.1	7.1	100.0
	합계	56	100.0	100.0	

학년이 9명(16.1%), 3학년이 6명(10.7%), 4학년이 6명(10.7%), 5학년이 7명(12.5%), 6학년이 8명(14.3%), 기타가 4명(7.1%)인 것으로 나타났다. 이 빈도분석 결과를 막대그래프와 원그래프로 나타내면 [그림 11.16], [그림 11.17]과 같다.

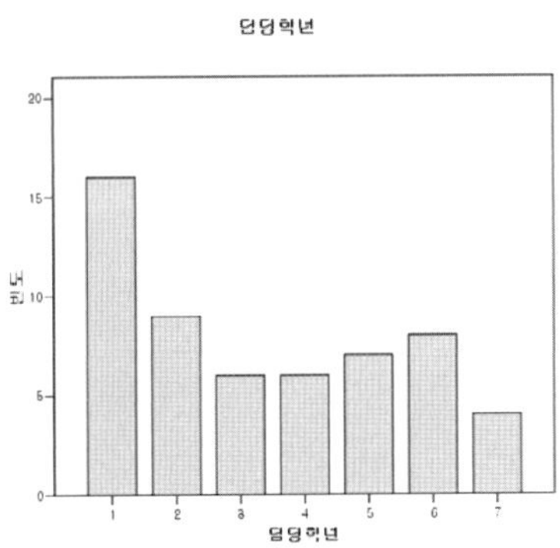

그림 11.16 막대그래프

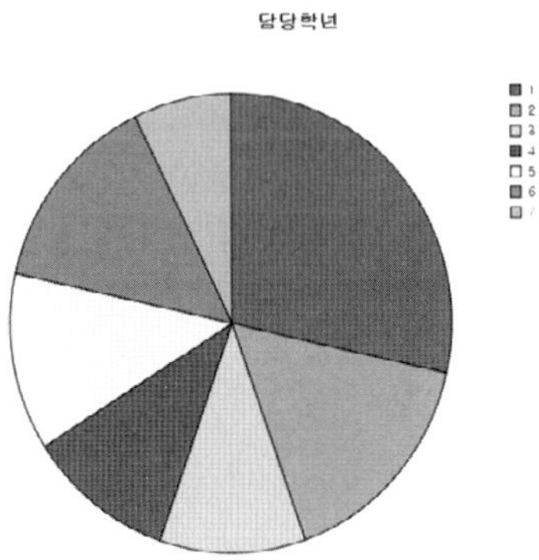

그림 11.17 원그래프

3. 교차분석

빈도분석은 한 변수의 분포를 살펴보기 위한 것인 반면에, 교차분석은 서로 다른 변수에 대하여 각각의 변수들이 어떠한 방식으로 상호 분포되어 있는지를 알아보기 위한 것이다.

〈예제〉 어느 대학에서 실시하는 수학과 연수에 참여한 초등학교 교사 56명의 성별과 담당학년을 조사하였다. 성별과 담당학년에 대한 교차표를 작성하시오.

(1) 분석절차

① [그림 11.18]과 같이 [분석(A)] → [기술통계량(E)] → [교차분석(C)...]의 절차에 따라 실시한다.

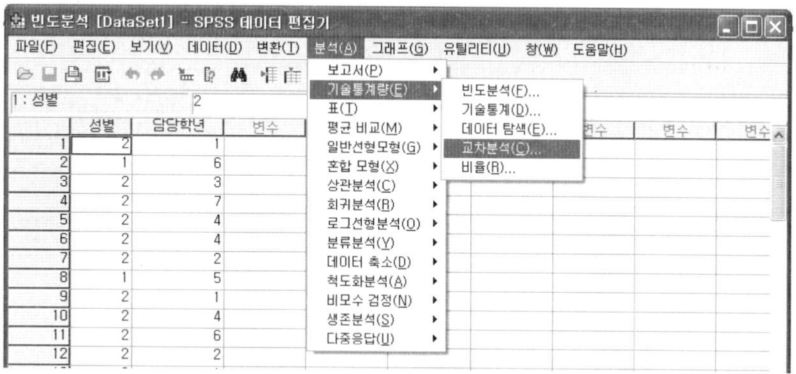

그림 11.18 교차분석절차

② [그림 11-18]과 같이 실행하여 [그림 11.19]의 교차분석 대화상자가 나타나면, 분석하고자 하는 변수인 '성별'을 [행(O)]으로, '담당학년'을 [열(C)]로 보낸다.

③ [그림 11.19]에서 [셀(E)...]를 클릭하여 셀 출력 대화상자에서 [그림 11.20]과 같이 셀 출력 방식을 선택한다.

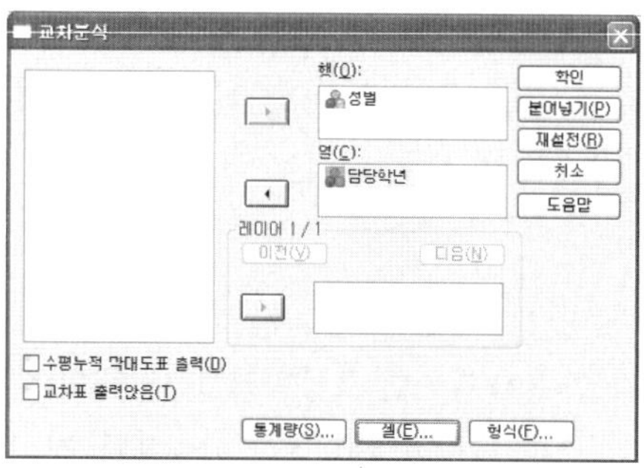

그림 11.19 분석대상 변수지정

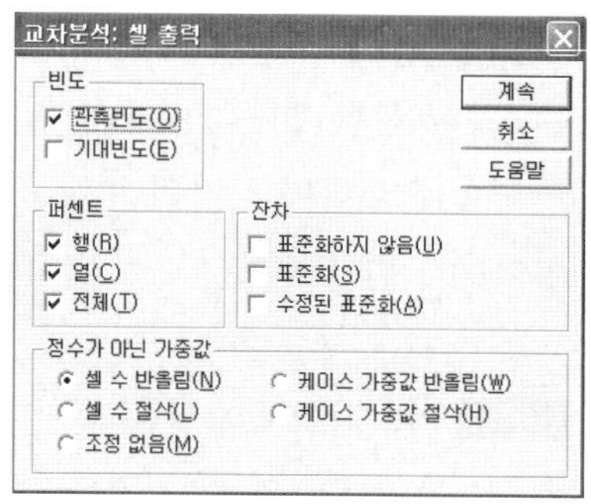

그림 11.20 셀 출력 대화상자

(2) 분석결과

〈표 11.7〉의 케이스 처리 요약표에서 담당 학년과 교직 경력 모두 결측 케이스가 없음을 나타내고 있다. 〈표 11.8〉의 교차표를 보면, 성별과 담당학년에 대

한 케이스 수, 각 케이스에 대한 행의 퍼센트와 열의 퍼센트, 전체 퍼센트가 제시되어 있다. 가령, 1학년을 담당하고 있는 남교사는 3명으로 성별의 27.3%, 담당학년의 18.8%, 전체교사의 5.4%임을 알 수 있다. 또한, 1학년을 담당하고 있는 여교사는 13명으로 성별의 28.9%, 담당학년의 81.3%, 전체교사의 23.2%임을 알 수 있다.

표 11.7 케이스 처리 요약

	케이스					
	유효		결측		전체	
	N	퍼센트	N	퍼센트	N	퍼센트
담당학년 * 교직경력	56	100.0%	0	.0%	56	100.0%

표 11.8 성별 * 담당학년 교차표

			담당학년							전체
			1	2	3	4	5	6	7	
성별	남	빈 도	3	1	1	1	2	2	1	11
		성별의 %	27.3%	9.1%	9.1%	9.1%	18.2%	18.2%	9.1%	100.0%
		담당학년의 %	18.8%	11.1%	16.7%	16.7%	28.6%	25.0%	25.0%	19.6%
		전체 %	5.4%	1.8%	1.8%	1.8%	3.6%	3.6%	1.8%	19.6%
	여	빈 도	13	8	5	5	5	6	3	45
		성별의 %	28.9%	17.8%	11.1%	11.1%	11.1%	13.3%	6.7%	100.0%
		담당학년의 %	81.3%	88.9%	83.3%	83.3%	71.4%	75.0%	75.0%	80.4%
		전체 %	23.2%	14.3%	8.9%	8.9%	8.9%	10.7%	5.4%	80.4%
전체		빈 도	16	9	6	6	7	8	4	56
		성별의 %	28.6%	16.1%	10.7%	10.7%	12.5%	14.3%	7.1%	100.0%
		담당학년의 %	100.0%	100.0%	100.0%	100.0%	100.0%	100.0%	100.0%	100.0%
		전체 %	28.6%	16.1%	10.7%	10.7%	12.5%	14.3%	7.1%	100.0%

3 집단비교분석

1. t-검정

이 장에서는 교육연구에서 많이 적용되는 검정방법인 t-검정을 소개하고자 한다. t-검정을 사용하기 위해서는 다음과 같은 기본 가정이 필요하다.

첫째, 종속변수가 양적 변수(키, 몸무게, 학업성취도, 지능지수와 같이 수로 표현할 수 있는 변수)이어야 한다.

둘째, 종속변수에 대한 모집단의 분포가 정규분포이어야 한다.

셋째, 두 집단의 비교에서 두 모집단의 분산이 같아야 한다.

t-검정은 모집단에서 추출한 집단의 평균과 모집단의 평균이 같은지를 검정하는 단일모집단 t-검정, 두 모집단 t-검정(독립표본인 경우, 대응표본인 경우)으로 나누어 볼 수 있다.

1) 단일모집단 t-검정

단일모집단 t-검정은 표본집단의 평균값과 모집단의 평균값을 비교했을 때, 차이가 있는지를 검증하는 것이다. 단일모집단 t-검정에는 모집단이 정규분포를 이룬다는 가정 하에 t-검정을 사용한다. 원래는 표준점수인 z값을 통계량으로 사용하여 z-검정을 사용할 수 있으나, 표본의 크기가 충분히 크면($n \geq 30$), 중심극한정리에 의하여 t-검정을 사용하는 것이 바람직하다.

〈예제〉 전국의 초등학교 6학년 학생들을 대상으로 수학학력평가를 실시한 결과 평균이 65점이었다. 이에 따라 어느 초등학교에서는 6학년 학생의 수학학력의 평균이 65점이라고 말할 수 있는지를 조사하기 위하여 6학년 학생 30명을 대상으로 수학학력평가를 실시하였다. 이러한 자료로부터 이 학교 6학년 학생들의 수학학력평가의 평균은 65점이라고 말할 수 있는가? 유의수준 .05에서 검정하시오.

(1) 가설설정

가설검증을 위하여 영가설(H_0)과 대립가설(H_1)을 다음과 같이 설정한다.

H_0: $\mu = 65$ H_1: $\mu \neq 65$ (μ : 모집단의 평균)

(2) 분석절차

① [그림 11.21]과 같이 [분석(A)] → [평균비교(M)] → [일표본T검정(S)...]의 절차를 따라서 검정을 수행한다.

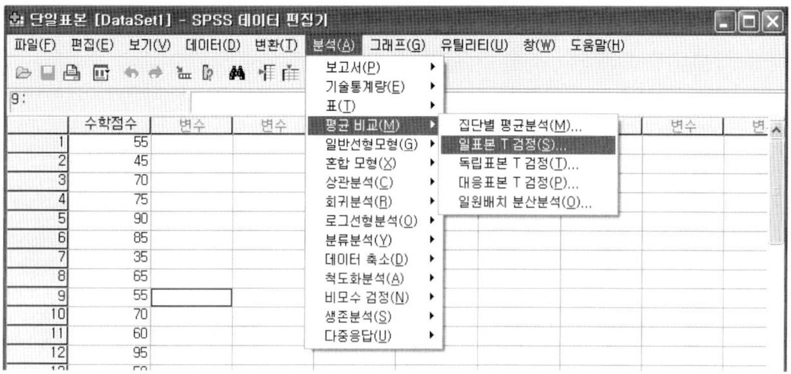

그림 11.21 단일표본 t-검정 절차

② [그림 11.21]과 같이 실행하여 [그림 11.22]와 같은 대화상자가 나타나면, 검정하고자 하는 변수인 '수학점수'를 클릭하여 [검정변수(T)]로 보낸다. [검정값(V)]에는 검정하고자 하는 평균값 65를 입력한다.

③ [옵션(O)...]을 클릭하면, [그림 11.23]과 같이 옵션 대화상자에서 신뢰구간(C)과 결측값 처리방법을 설정한다.

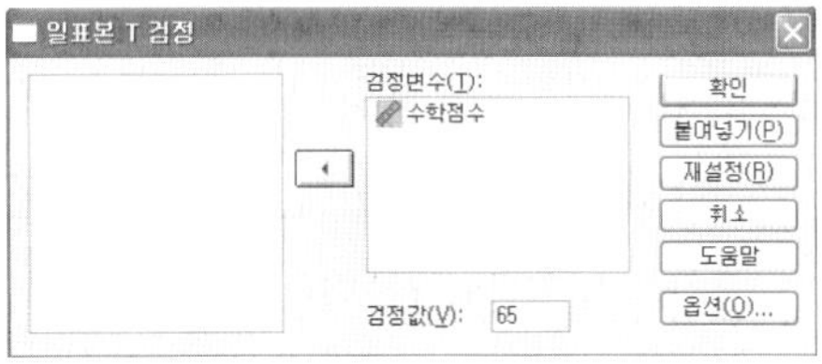

그림 11.22 검정변수 및 검정값 설정

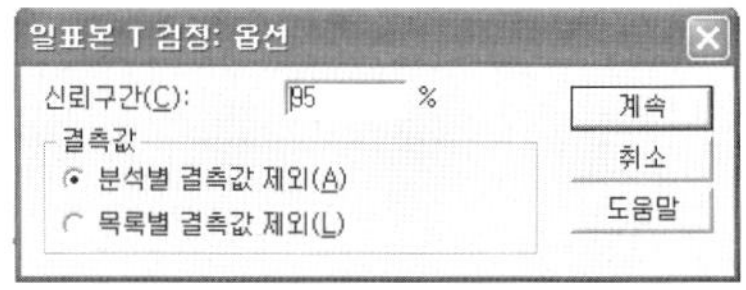

그림 11.23 옵션 대화상자

(3) 분석결과

〈표 11.9〉에 나타낸 단일 모집단 평균검정 결과, t값이 .010이고 유의수준 α =.05의 양측 검정에서 유의확률이 .992로서 유의미하지 않다. 따라서 이 학교의 수학학력검사의 평균점수는 65가 아니라고 말할 수 없다. 즉, 전국의 평균인 65와 다르다고 할만한 충분한 근거가 없다.

표 11.9 단일표본 t-검정 결과

일표본 통계량

	N	평균	표준편차	평균의 표준오차
수학점수	30	65.03	17.490	3.193

일표본 검정

<table>
<tr><td rowspan="4">수학점수</td><td colspan="6">검정값 = 65</td></tr>
<tr><td rowspan="2">t</td><td rowspan="2">자유도</td><td rowspan="2">유의확률
(양쪽)</td><td rowspan="2">평균차</td><td colspan="2">차이의 95% 신뢰구간</td></tr>
<tr><td>하한</td><td>상한</td></tr>
<tr><td>.010</td><td>29</td><td>.992</td><td>.033</td><td>-6.50</td><td>6.56</td></tr>
</table>

2) 두 모집단 t-검정(독립표본인 경우)

앞에서는 자료 전체가 하나의 모집단으로부터 수집된 경우에 모집단의 평균에 대해 검정하는 방법을 살펴보았다. 지금부터는 서로 독립인 두 집단의 평균 차이를 검정하는 방법을 알아보고자 한다. 독립인 두 집단을 예를 들면, 남자와 여자, 도시 사람과 농촌 사람, 교수법A로 학습한 집단과 교수법B로 학습한 집단 등을 말한다. 독립이라는 의미는 한 집단을 표본으로 추출할 때, 다른 집단의 추출에 아무런 영향을 주지 않는다는 것이다. 반면에 교육연구에서 한 집단에 대해 사전검사를 하고 난 다음에 실험처치를 하고 이어서 사후검사를 하는 경우에, 사전검사 집단과 사후검사 집단은 서로 영향을 받기 때문에 독립이 아니다.

두 모집단이 독립표본인 경우의 t-검정은 두 모집단이 서로 독립이고 정규분포를 이루며 분산이 같다는 가정하에 t-검정을 사용한다.

〈예제〉 중학교 2학년 학생들에게 두 가지 수학교수법을 적용하여 어떤 교수법이 수학학력에 더 효과적인지를 알아보려고 한다. 이를 위하여 어느 한 중학교에서 2개 반을 임의로 선정하여 한 반은 교수법A를 다른 한 반은 교수법B를 적용하여 교육하였다. 이렇게 3개월간 교육한 다음에 수학학력을 검사하였다. 두 집단이 수학학력검사의 평균에서 차이가 있는지를 유의수준 α=.05에서 검정하시오.

(1) 가설설정

가설검증을 위하여 영가설(H_0)과 대립가설(H_1)을 다음과 같이 설정한다.

H_0: $\mu_1 = \mu_2$ $\qquad$ H_1: $\mu_1 \neq \mu_2$

(μ_1 : 교수법 A를 적용한 모집단의 평균 μ_2 : 교수법 B를 적용한 모집단의 평균)

(2) 분석절차

① [그림 11.24]와 같이 [분석(A)] → [평균비교(M)] → [독립표본 T검정(T)]의 절차에 따라서 검정을 수행한다.

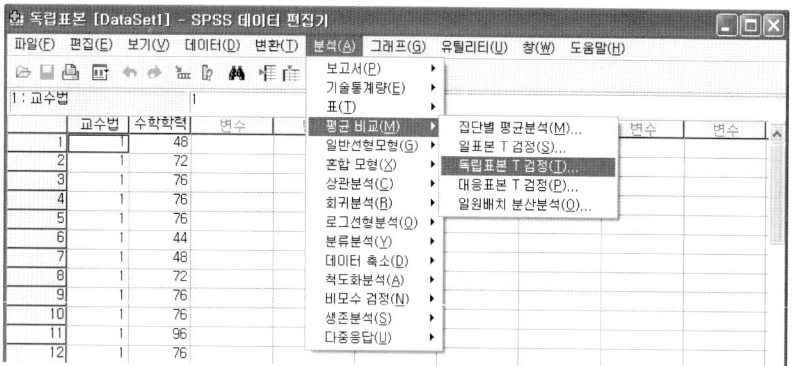

그림 11.24 독립표본 t-검정 절차

② [그림 11.24]와 같이 실행하여 [그림 11.25]와 같은 대화상자가 나타나면, 검정하고자 하는 변수인 '수학학력'을 클릭하여 [검정변수(T)]로 보낸다. 이어서 집단변수인 '교수법'을 선정하여 하단의 [집단변수(G)]로 보낸다.

③ [그림 11.25]에서 [집단정의(D)]를 클릭하면, [그림 11.26]과 같은 집단정의 대화상자에서 [지정값(U)]을 이용하여 집단을 정의한다.

④ [그림 11.25]에서 [옵션(O)...]을 클릭하여, [그림 11.27]과 같이 [신뢰구간(C)]과 결측값 처리방법을 설정한다.

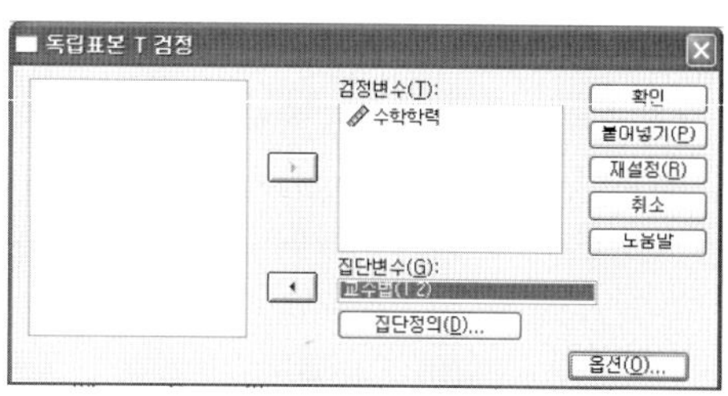

그림 11.25 검정변수 및 집단변수 정의

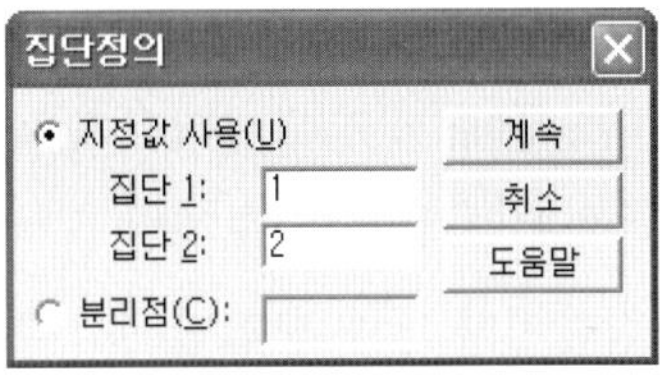

그림 11.26 집단 정의

그림 11.27 신뢰구간 지정

(3) 분석결과

〈표 11.10〉의 집단통계량을 보면, 교수법(A)의 수학학력은 76.50이고 교수법(B)의 수학학력은 88.41로서 교수법(A)보다는 교수법(B)의 수학학력이 더 높게 나타났다. Levene의 등분산검정 결과, 유의확률 .248로서 유의수준 α =.05에서 등분산을 가정할 수 있다. 등분산이 가정된 경우의 t−검정 결과를 보면, t값이 −2.364이고 유의확률이 .025로서, 유의수준 α=.05에서 영가설 H_0: $\mu_1 = \mu_2$를 기각한다. 즉, 두 가지 교수법에 따라서 수학학력에 통계적으로 유의미한 차이가 있다고 할 수 있다.

표 11.10 독립표본 t−검정 결과

집단 통계량

	교수법	N	평균	표준편차	평균의 표준오차
수학학력	1	16	76.50	17.881	4.470
	2	17	88.41	10.278	2.493

독립표본 검정

		Levene의 등분산 검정		평균의 동일성에 대한 t−검정						
		F	유의확률	t	자유도	유의확률(양쪽)	평균차	차이의 표준오차	차이의 95% 신뢰구간 하한	차이의 95% 신뢰구간 상한
수학학력	등분산이 가정됨	1.385	.248	−2.364	31	.025	−11.912	5.038	−22.187	−1.636
	등분산이 가정않됨			−2.327	23.636	.029	−11.912	5.118	−22.484	−1.339

3) 두 모집단 t-검정(대응표본인 경우)

대응표본은 표본의 값들이 짝을 이루고 있기 때문에 서로 독립적이지 않은 경우이다. 예를 들어, 남녀를 비교하는 경우, 남녀 표본을 남자 모집단과 여자 모집단에서 독립적으로 추출하지 않고 부부 모집단이나 남매 모집단에서 추출하는 경우가 여기에 해당한다. 즉, 부부 모집단의 경우에 남자 1명이 표본으로 결정되면 자동적으로 부부 관계에 있는 여자 1명이 표본으로 결정된다. 또 다른 예는 교육연구에서 많이 나타나는 경우로 사전-사후검사가 여기에 해당된다. 사전검사를 실시한 다음에 어떤 실험처치를 하고 실험처치의 효과가 있는지를 알아보기 위하여 사후검사를 실시했을 때, 사전검사의 피험자와 사후검사의 피험자는 동일한 대상이기 때문에 서로 독립적이지 않다.

〈예제〉 어느 연구자는 점심시간의 독서 활동이 초등학교 3학년 아동의 수학문장제의 독해력 향상에 효과가 있는지를 알아보기 위하여, 임의로 1개 반을 선정하여 3개월간 독서활동을 실시하였다. 점심시간의 독서활동이 수학문장제의 독해력 향상에 효과가 있는지를 유의수준 α=.05에서 검정하시오.

(1) 가설설정

가설검증을 위하여 영가설(H_0)과 대립가설(H_1)을 다음과 같이 설정한다.

H_0: $\mu_1 = \mu_2$ H_1: $\mu_1 \neq \mu_2$

μ_1 : 점시시간에 독서활동을 하기 전 모집단의 독해력 수학문장제 평균

μ_2 : 점심시간에 독서활동을 한 후 모집단의 수학문장제 독해력 평균

(2) 분석절차

① [그림 11.28]과 같이 [분석(A)] → [평균비교(M)] → [대응표본T검정(P)]의 절차에 따라 분석을 수행한다.

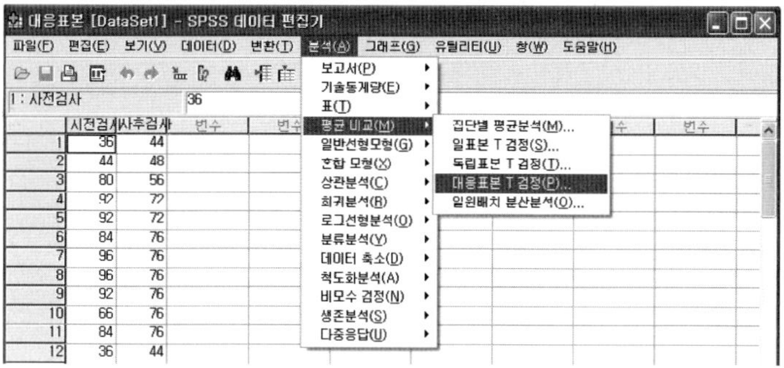

그림 11.28 대응표본 t-검정 절차

② [그림 11.28]과 같이 실행하여 [그림 11.29]와 같은 대화상자가 나타나면, 검정하고자 하는 변수인 '사전검사', '사후검사'를 차례로 클릭하여 [대응변수(V)]로 보낸다.

③ [그림 11.29]에서 [옵션(O)]을 클릭하여, 신뢰 구간(C)과 결측값 처리방법을 설정하고, 확인을 클릭하여 실행시킨다.

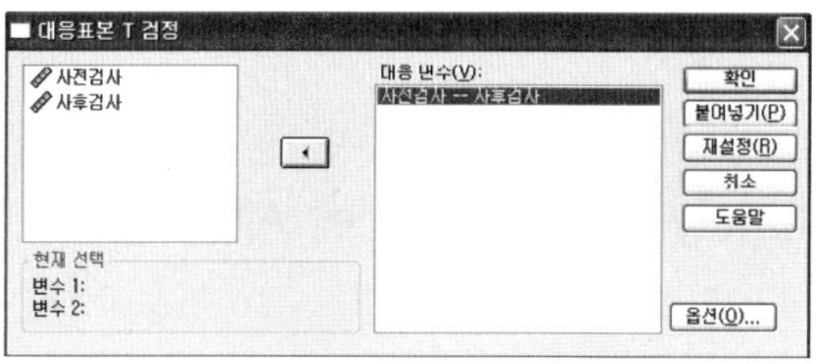

그림 11.29 대응표본 t-검정 대화상자

(3) 분석결과

〈표 11.11〉의 집단 통계량을 보면, 사전검사의 평균은 84.21이고 사후검사의 평균은 83.92로서 두 검사에서 별로 차이가 없는 것으로 나타났다. 또한, 양측 검정에서 t-값은 .132, 유의확률은 .895로서 영가설 H_0: $\mu_1 = \mu_2$는 유의수준 α =.05에서 기각되지 않는다. 즉, 사전검사와 사후검사에서는 통계적으로 유의미한 차이가 없는 것으로 나타났다. 결론적으로, 점심시간의 독서 활동은 초등

학교 3학년 아동의 수학문장제 독해력 향상에 통계적으로 유의미한 영향을 주지 못하였다.

표 11.11 대응표본 t-검정 결과

집단 통계량

		N	평균	표준편차	평균의 표준오차
대응1	사전검사	53	84.21	16.904	2.322
	사후검사	53	83.92	16.009	2.199

대응표본 검정

		대응차					t	자유도	유의확률 (양쪽)
		평균	표준편차	평균의 표준오차	차이의 95% 신뢰구간				
					하한	상한			
대응 1	사전검사 - 사후검사	.283	15.577	2.140	-4.010	4.576	.132	52	.895

2. 분산분석(analysis of variance: ANOVA)

t-검정이 두 집단의 평균의 차이를 검정하는데 이용되는 반면에, 분산분석은 세 집단 이상의 평균의 차이를 검증하는데 이용되는 방법이다. 분산분석의 검정 통계량은 분산의 비인 F값을 이용한다. 분산분석을 하기 위해서는 다음과 같은 기본 가정이 필요하다.

첫째, 종속변수가 양적 변수이어야 한다.
둘째, 각 모집단이 분포가 정규분포이어야 한다.
셋째, 모집단의 분산이 같아야 한다.

분산분석은 크게 일원분산분석(one-way ANOVA)과 이원분산분석(two-way ANOVA)으로 나뉜다. 일원분산분석은 독립변수가 1개일 때 적용하며 이원분산분석은 2개일 때 적용한다.

예를 들어, 세 가지 수학수업모형(개념학습, 탐구학습, 문제해결학습)에 따라서 수학성취도에 차이가 있는지를 알아보려고 한다. 이 때, 수학수업모형 세 가지는 독립변수이고 수학성취도는 종속변수로 고려하여 일원분산분석을 이용하게 된다. 여기에 남녀의 특성에 따라 수업모형의 효과가 달라질 수 있다는 가정 하에, 남녀의 특성을 독립변수로 고려하게 되면 이원분산분석을 적용하게 된다.

1) 일원분산분석

일원분산분석은 3개 이상의 집단들이 1개의 종속변수에 있어서 평균의 차이가 있는지를 검정하기 위한 통계 기법이다.

〈예제〉 어느 연구자는 세 가지 수학수업모형을 적용하여 수학성취도에서 차이가 있는지를 알아보기 위하여 실험연구를 실시하였다. 이를 위하여 한 중학교 1학년 6개반 중에서 3개반을 선정하여, 개념학습, 탐구학습, 문제해결학습으로 무작위 할당한 다음에 3개월간 수업을 실시하였다. 실험처치를 실시하기 전에 시행한 사전검사에서는 3집단 간에 수학학력이 동일한 것으로 가정되었다. 각기 다른 수업모형으로 학습한 세 집단은 수학성취도에서 차이가 있는지 유의수준 α=.05에서 검정하시오.

(1) 가설설정

가설검증을 위하여 영가설(H_0)과 대립가설(H_1)을 다음과 같이 설정한다.

H_0: 모든 집단의 평균은 같다 (즉, 세 가지 수학수업모형에 따른 수학성취도는 동일하다).

H_1: 모든 집단의 평균이 다 같지는 않다 (즉, 세 가지 수학수업모형에

따른 수학성취도는 모두 동일하지 않다).

(2) 분석절차

① [그림 11.30]과 같이 [분석(A)] → [평균비교(M)] → [일원배치분산분석(O)]의 절차에 따라 검정을 수행한다.

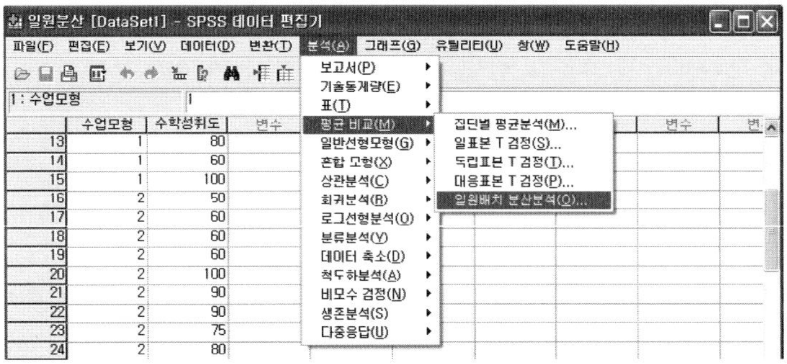

그림 11.30 일원배치 분산분석절차

② [그림 11.30]과 같이 실행하여 [그림 11.31]과 같은 대화상자가 나타나면, 검정하고자 하는 변수인 '수학성취도'를 클릭하여 [종속변수(E)]로 보낸다. '수업모형'을 선택한 후 [요인(F)] 상자로 보낸다.

③ [그림 11.31]에서 [옵션(O)...]을 클릭하여, [그림 11.32]와 같이 종속변수의 기술통계량을 확인하고 분산의 동질성을 검정한다.

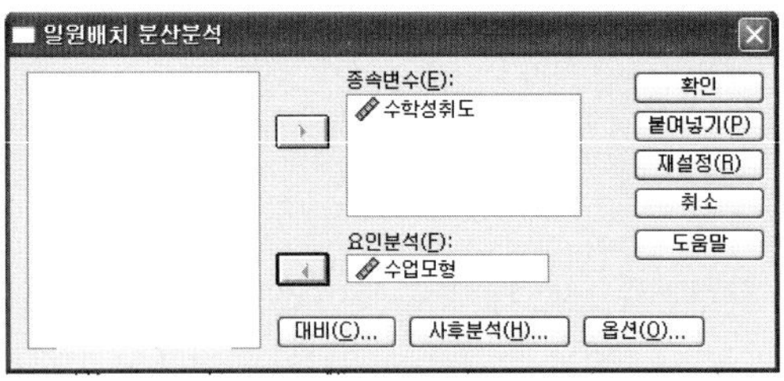

그림 11.31 분석대상 변수지정

그림 11.32 옵션 대화상자

분산분석을 통하여 영가설(즉, 모든 집단의 평균은 같다)을 기각할 경우, 구체적으로 어떤 집단 간에 차이가 있는지를 알아볼 필요가 있다. 이러한 분석을 사후분석이라고 한다. 사후분석 방법에는 여러 가지 방법이 있으나, 주로 Tukey법, Scheffé법, Boneferroni법이 사용된다. Tukey법은 각 집단의 크기가 같을 때만 사용하며, Scheffé법과 Boneferroni법은 각 집단의 크기에 상관없이 사용할 수 있다. 따라서, 여러 가지 방법 중에서 Tukey법, Scheffé법, Boneferroni법의 결과는 비슷하지만, 각 집단의 크기가 모두 같은 때는 Tukey법을 사용하는 것이 좋다.

위의 〈예제〉에서는 각 집단의 크기가 다르기 때문에, Scheffé법과 Boneferroni법을 적용하여 분석한다.

④ [그림 11.31]에서 [사후분석(H)...]를 선택하면, [그림 11.33]과 같은 사후분석-다중비교 대화상자가 나타난다. 여기서 [Scheffé(C)]와 [Boneferroni(B)]을 선택한다.

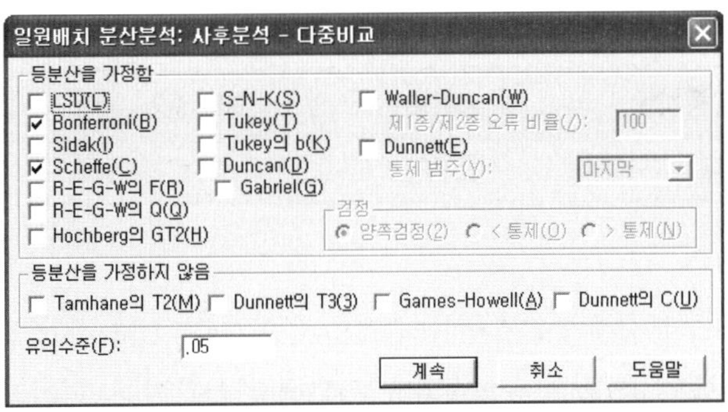

그림 11.33 사후분석

(3) 분석결과

〈표 11.12〉에는 수업모형별 통계량이 제시되었다. 이 표에서 나타난 바와 같이, 개념학습집단의 평균이 99.00으로 가장 높으며, 탐구학습집단의 평균이 75.63으로 가장 낮은 것으로 나타났다.

표 11.12 기술통계량

	N	평균	표준 편차	표준 오차	평균에 대한 95% 신뢰구간		최솟값	최댓값
					하한값	상한값		
개념학습(1)	15	92.00	12.071	3.117	85.32	98.68	60	100
탐구학습(2)	16	75.63	15.370	3.843	67.43	83.82	50	100
문제해결학습(3)	16	85.00	16.733	4.183	76.08	93.92	40	100
합계	47	84.04	16.072	2.344	79.32	88.76	40	100

분산분석은 각 모집단의 분산이 같다는 가정 하에 실시된다. 〈표 11.13〉은 Levene 통계량을 이용하여 분산의 동질성에 대한 검정결과를 나타낸 것이다. 표에 제시된 것처럼, 유의확률은 .474로서 유의수준 α =.05에서 영가설 즉, 분산이 동일하다는 가설을 기각하지 못한다. 따라서 등분산을 가정하는 데는 문제가 없다.

표 11.13 분산의 동질성 검정

Levene 통계량	자유도1	자유도2	유의확률
.759	2	44	.474

〈표 11.14〉의 분산분석표에서 F=4.718, 유의확률=.014로서, 영가설(H_0: 모든 집단의 평균은 같다)은 유의수준 α =.05에서 기각된다. 따라서 수업모형에 따른 수학성취도는 모두 같지 않다. 즉, 적어도 어느 두 수업모형 사이에는 수학성취도에 있어서 차이가 있다고 볼 수 있다.

표 11.14 일원배치 분산분석 결과

	제곱합	자유도	평균제곱	F	유의확률
집단-간	2098.165	2	1049.082	4.718	.014
집단-내	9783.750	44	222.358		
합계	11881.915	46			

〈표 11.15〉는 세 집단 즉 수업모형에 따른 수학성취도 간의 사후검증 결과를 나타낸 것이다. 즉, 개념학습과 탐구학습에서 유의미한 차이가 있는 것으로 나타났다. 개념학습과 탐구학습의 차이에 대한 유의확률은 Scheffé법에서는 .015, Bonferroni법에서는 .011로 나타났다. 결과적으로 세 가지 수업모형 중에서 개념학습과 탐구학습이 수학성취도에서 유의미한 차이를 보였다.

표 11.15 사후검증 결과

	(I) 수업 모형	(J) 수업 모형	평균차 (I-J)	표준 오차	유의확률	95% 신뢰구간	
						하한값	상한값
Scheffé	개념학습(1)	2	16.375*	5.359	.015	2.80	29.95
		3	7.000	5.359	.433	-6.58	20.58
	탐구학습(2)	1	-16.375*	5.359	.015	-29.95	-2.80
		3	-9.375	5.272	.217	-22.73	3.98
	문제해결 학습(3)	1	-7.000	5.359	.433	-20.58	6.58
		2	9.375	5.272	.217	-3.98	22.73
Bonferroni	개념학습(1)	2	16.375*	5.359	.011	3.04	29.71
		3	7.000	5.359	.595	-6.34	20.34
	탐구학습(2)	1	-16.375*	5.359	.011	-29.71	-3.04
		3	-9.375	5.272	.247	-22.50	3.75
	문제해결 학습(3)	1	-7.000	5.359	.595	-20.34	6.34
		2	9.375	5.272	.247	-3.75	22.50

* .05 수준에서 평균차가 큽니다.

2) 이원분산분석

이원분산분석은 2개 이상의 독립변수에 대한 1개의 종속변수에 있어서 평균의 차이가 있는지를 검정하기 위한 통계기법이다. 예를 들어, 세 가지 수학수업모형(개념학습, 탐구학습, 문제해결학습)에 성별을 독립변수로 추가하여 수학성취도에 차이가 있는지를 알아보려고 하는 경우이다. 이 때, 수학수업모형 3가지와 성별은 독립변수이고 수학성취도는 종속변수이다.

〈예제〉 어느 연구자는 세 가지 수학수업모형을 적용하여 수학성취도에서 차이가 있는지를 알아보기 위하여 실험연구를 실시하였다. 또한, 연구자는 수학성취도에 미치는 수업모형의 효과가 남녀간에 차이가 있을지도 모른다고 생각하고, 수학성취도에 있어서 남 · 녀 간의 차이를 알아보고자 하였다. 이 실험에서 한 중학교 1학년 6개반 중에서 3개반을 선정하여, 개념학습, 탐구학습, 문제해결학습으로 무작위 할당한 다음에 3개월간 수업을 실시하였다. 실험처치를 실시하기 전에 시행한 사전검사에서는 3집단 간에 수학학력은 동일한 것으로 가정되었다. 각기 다른 수업모형으로 학습한 세 집단은 수학성취도에서 차이가 있는지 유의수준 α =.05에서 검정하시오.

(1) 가설설정

가설검증을 위하여 영가설(H_0)과 대립가설(H_1)을 다음과 같이 설정한다.

① H_0: 모든 집단의 평균은 같다. H_1: 모든 집단의 평균이 다 같지는 않다.
② H_0: $\mu_{남} = \mu_{여}$ H_1: $\mu_{남} \neq \mu_{여}$
③ H_0: 상호작용효과가 없다. H_1: 상호작용효과가 있다.

(2) 분석절차

① [그림 11.34]와 같이 [분석(A)] → [일반선형모형(G)] → [일변량(U)...]의 절차에 따라 검정을 수행한다.

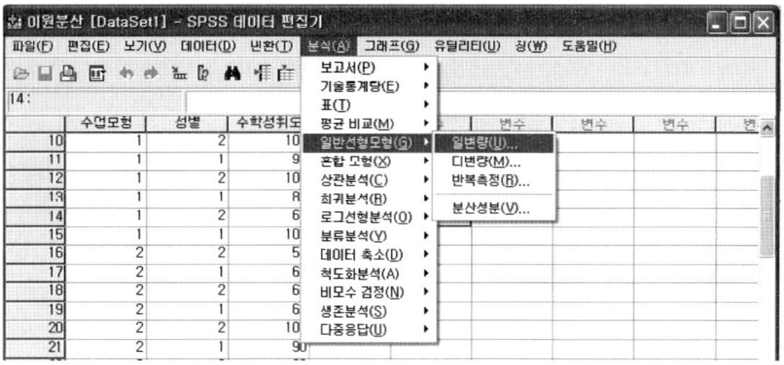

그림 11.34 이원배치 분산분석절차

② [그림 11.34]와 같이 실행하여 [그림 11.35]와 같은 대화상자가 나타나면, 검정하고자 하는 변수인 '수학성취도'를 클릭하여 [종속변수(E)] 상자로 보내고, '수업모형'과 '성별'을 선택하여 [모수요인(F)] 상자로 보낸다.

③ [그림 11.35]의 대화상자에서 사후분석(H)을 선택하고 확인을 클릭한다.

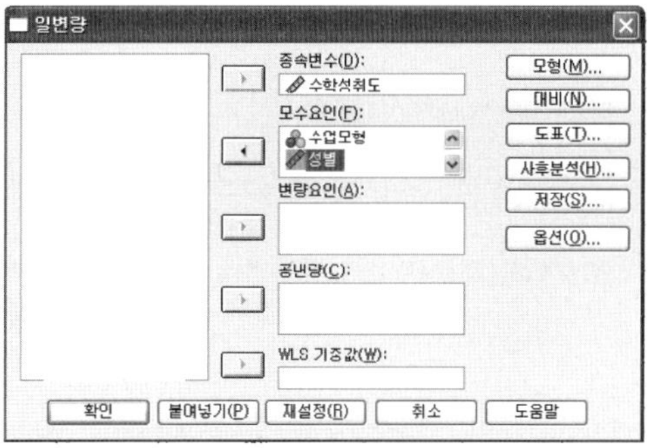

그림 11.35 분석대상 변수지정

(3) 분석결과

〈표 11.16〉은 분석에 포함된 요인별 사례 수를 나타낸 것이다. 〈표 11.17〉에는 수학성취도에 대한 수업모형과 성별의 주효과 및 두 변수의 상호작용 효과가 나타나 있다. 첫째, 수업모형의 주효과를 보면, F=4.454, 유의확률=.018로

서, 영가설 "H_0: 모든 집단의 평균은 같다"는 기각된다. 즉, 수업모형에 따라 수학성취도에 차이가 있는 것으로 나타났다. 둘째, 성별의 주효과를 보면, F=1.101, 유의확률=.300으로, 영가설 'H_0: $\mu_{남} = \mu_{여}$'는 기각하지 못한다. 즉, 성별에 따라 수학성취도에는 차이가 없는 것으로 나타났다. 셋째, 상호작용 효과를 보면 F=.285, 유의확률=.753으로서, 영가설 "H_0: 상호작용 효과가 없다"를 기각하지 못한다. 즉, 수업모형과 성별은 상호작용효과가 없는 것으로 나타났다.

표 11.16 개체-간 요인

		N
수업모형	1	15
	2	16
	3	16
성별	1	24
	2	23

표 11.17 개체-간 효과검정(이원분산분석 결과)

소 스	제 III 유형 제곱합	자유도	평균제곱	F	유의확률
수정 모형	2477.451(a)	5	495.490	2.160	.077
절편	331890.739	1	331890.739	1446.921	.000
수업모형	2043.405	2	1021.703	4.454	.018
성별	252.658	1	252.658	1.101	.300
수업모형 * 성별	130.763	2	65.381	.285	.753
오차	9404.464	41	229.377		
합계	343850.000	47			
수정 합계	11881.915	46			

3. 공분산분석(analysis of covariance; ANCOVA)

분산분석은 집단 간에 종속변수의 차이가 있는지를 검정하기 위한 것이었다. 이 때 각 집단에 대한 실험처치 방법이 종속변수에 미치는 영향을 알아보기 위해서는 실험설계에서 실험처치 이외의 변수들은 통제되어야 한다. 즉, 실험처치 이전에 각 집단은 동질집단이어야 한다. 그러나 실험설계에서 이러한 변수들을 통제하기 불가능한 경우 이를 공변량(covariate)으로 처리하여 그 효과를 제거하는 공분산분석을 실시한다.

〈예제〉 세 가지 수학수업모형(개념학습, 탐구학습, 문제해결학습)을 적용하여 수학성취도에서 차이가 있는지를 알아보기 위하여 실험연구를 실시하였다. 이를 위하여 한 중학교 1학년 6개반 중에서 3개반을 선정하여, 개념학습, 탐구학습, 문제해결학습으로 무작위할당한 다음에 3개월간 수업을 실시하였다. 실험처치를 실시하기 전에 시행한 사전검사(수학학력)에서 세 집단 간에는 유의미한 차이가 있는 것으로 나타났다(F=5.20, 유의확률=.010). 서로 다른 수업모형으로 학습한 세 집단은 수학성취도에서 차이가 있는지 유의수준 α=.05에서 검정하시오.

(1) 가설설정

가설검증을 위하여 영가설(H_0)과 대립가설(H_1)을 다음과 같이 설정한다.

H_0: 모든 집단의 평균은 같다. H_1: 모든 집단의 평균이 다 같지는 않다.

(2) 분석절차

① [그림 11.36]과 같이 [분석(A)] → [일반선형모형(M)] → [일변량(U)...]의 절차에 따라 검정을 수행한다.

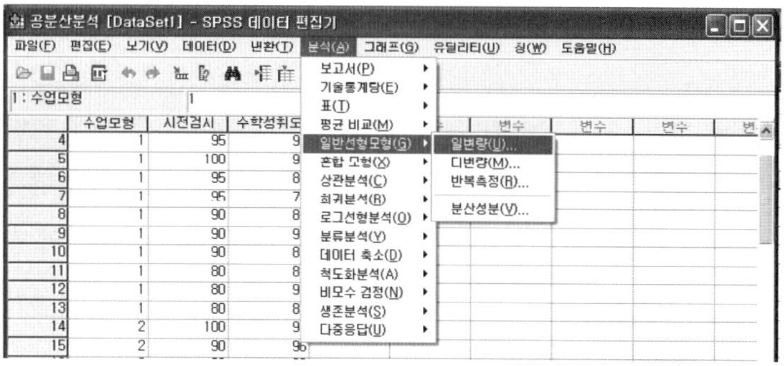

그림 11.36 공분산분석절차

② [그림 11.36]과 같이 실행하여 [그림 11.37]과 같은 대화상자가 나타나면, 검정하고자 하는 변수인 '수학성취도'를 클릭하여 [종속변수(E)]로 보내고, '수업모형'을 선택하여 [모수요인(F)]로 보내고 '사전검사'를 선택하여 [공변량(G)]으로 보낸다.

③ [그림 11.37]의 대화상자에서 확인을 클릭한다.

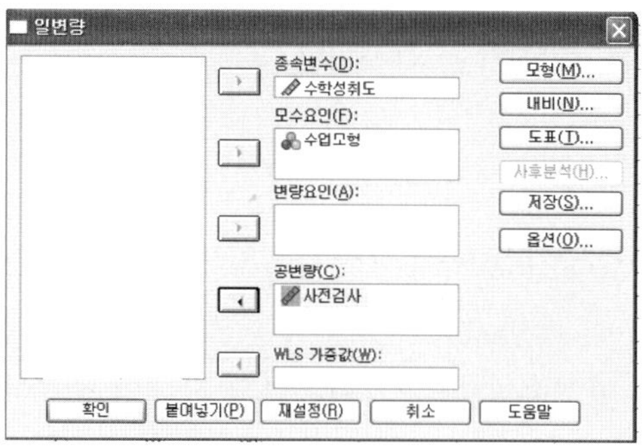

그림 11.37 분석대상 변수지정

(3) 분석결과

〈표 11.18〉은 분석에 포함된 요인별 사례수를 나타낸 것이다. 〈표 11.19〉는 사전검사가 공변량으로 반영된 공분산분석 결과이다. 사전검사를 공변량으로 반영하지 않고 수학성취도에 대하여 일원분산분석을 실시했을 때는 세 집단

간에 유의미한 차이가 있는 것으로 나타난 반면에(F=4.054, 유의확률=.026), 공분산분석에서는 수학성취도에 있어서 세 집단 간에 차이가 없는 것으로 나타났다(F=.780, 유의확률=.466). 사전검사가 공변량으로 반영되었기 때문에, 수업모형에 따른 수학성취도는 차이가 없다. 따라서 집단별 수학성취도의 차이는 수업모형의 차이라기보다는 사전검사(수학학력)의 차이에 기인한 것이라고 해석할 수 있다.

표 11.18 개체-간 요인

		N
수업모형	1	13
	2	13
	3	13

표 11.19 공분산분석 결과표

소 스	제 III 유형 제곱합	자유도	평균제곱	F	유의확률
수정 모형	1268.868(a)	3	422.956	8.401	.000
절편	686.611	1	686.611	13.638	.001
사전검사	711.740	1	711.740	14.137	.001
수업모형	78.538	2	39.269	.780	.466
오차	1762.107	35	50.346		
합계	289072.000	39			
수정 합계	3030.974	38			

a R 제곱 = .419 (수정된 R 제곱 = .369)

4. 다변량분산분석(multivariate analysis of variance; MANOVA)

두 집단의 평균을 비교하는 데는 t-검정을 사용하고 두 집단 이상의 평균을 비교하는 데는 분산분석(ANOVA)를 사용한다. 분산분석은 종속변수가 한 개인데 비하여, 다변량분산분석(MANOVA)은 종속변수가 두 개 이상의 변수로 합성되어 있을 때 독립변수의 효과를 분석하는 방법이다. 특히, 종속변수들의 상관관계가 높은 경우에는 ANOVA를 여러 번 수행하기보다는 MANOVA를 실시하여 종속변수의 효과를 동시에 고려하는 분석하는 것이 바람직하다. 이 때 독립변수는 범주형 자료이어야 하고 종속변수는 등간척도 또는 비율척도이어야 한다.

분산분석에서는 단일 종속변수의 평균이 모든 집단에서 동일하다는 영가설을 검정하는 반면, 다변량분산분석은 여러 종속변수가 선형적으로 결합하여 이룬 평균벡터가 모든 집단에서 같다는 영가설을 검정한다. 따라서 영가설이 기각되면 종속변수들이 결합된 점수의 평균벡터가 독립변수에 따라 다르다는 것을 의미한다. 여러 종속변수를 한꺼번에 분석하므로 1종 오류를 통제한 상태에서 변수들 간의 관계성을 명확히 밝힐 수 있는 장점이 있으며, 종속변수들 간의 의존적인 관계성이 이론적, 경험적으로 명확할 때 유용한 방법이다. 여러 종속변수를 동시에 분석할 필요가 없거나 종속변수들 간의 상관이 없을 때에는 다변량분산분석보다 각각의 종속변수에 대한 분산분석을 사용하는 것이 바람직하다.

분산분석과 마찬가지로 다변량분산분석을 하기 위해서는 다음과 같은 가정이 필요하다.

첫째, 측정값이 서로 독립적이어야 한다.

둘째, 각 집단의 분산-공분산 행렬이 동일하다.

셋째, 모든 종속변수들은 다변량 정규분포를 따른다.

다변량분산분석은 독립변수의 개수에 따라 일원다변량분산분석(one-way MANOVA)와 이원다변량분산분석(two-way MANOVA)으로 나누어진다. 범주변수인 독립변수가 1개이고 종속변수가 2개 이상일 경우에는 일원다변량분산분석을 적용하며, 범주변수인 독립변수가 2개 이상이고 종속변수가 2개 이상인 경우에는 이원다변량분산분석을 적용한다.

예를 들어, 수업모형에 따라 대수적 능력에 차이가 있는지를 검정하고자 할 때, 종속변수인 대수적 능력이 양적추론능력, 일반화능력, 변수사용능력 등이 합성된 개념이라면 다변량분산분석을 적용할 수 있다. 이 분석을 적용하면, 수업모형에 따라 양적추론능력, 일반화능력, 변수사용능력 각각에 차이가 있는지를 검증할 수 있으며, 이 세 가지 대수적 추론능력의 조합된 차이를 검증할 수도 있다. 이 때, 수업모형을 독립변수로 하고 양적추론능력, 일반화능력, 변수사용능력을 종속변수로 고려하여 분석하면 일원다변량분산분석을 적용하게 된다. 여기에 학습자의 정보처리유형에 따라 수업모형의 효과가 달라질 수 있다는 가정 하에, 정보처리유형을 독립변수로 추가하여 분석하면 이원다변량분산분석을 적용하게 된다.

1) 일원다변량분산분석

일원다변량분산분석은 독립변수가 1개이고 종속변수가 2개 이상일 경우에 종속변수에 있어서 차이가 있는지를 검증하기 위한 통계기법이다.

〈예제〉 어느 연구자는 수업모형(직접교수형, 문제해결형, 탐구형)에 따라 대수적 능력(양적추론능력, 변수사용능력, 일반화능력)에 차이가 있는지 알아보고자 한다. 이를 위하여 한 중학교 6개반 중에서 3개반을 선정하여, 직접교수형, 문제해결형, 탐구형으로 무작위로 할당한 다음 3개월간 수학 수업을 실시하였다. 실험처치를 실시하기 전에 시행한 사전검사를 통하여 세 집단이 동질집단임을 확인하였다. 수업모형에 따라 양적추론능력, 변수사용능력, 일반화능력으로 구성된 대수적 능력에는 차이가 있는지 유의수준 α =.05에서 검정하시오.

(1) 가설설정

가설 검증을 위하여 영가설(H0)과 대립가설(H1)을 다음과 같이 설정한다.

H_0: 모든 집단의 평균 벡터(평균값)는 동일하다(즉, 세 가지 수업모형에 따른 대수적 능력은 동일하다)

H_1: 모든 집단의 평균 벡터(평균값)는 동일하지 않다(즉, 세 가지 수업모형에 따른 대수적 능력은 동일하지 않다).

(2) 분석절차

① [그림 11.38]과 같이 [분석(A)]→[일반선형모형(G)]→[다변량(M)...]의 절차에 따라 검정을 수행한다.

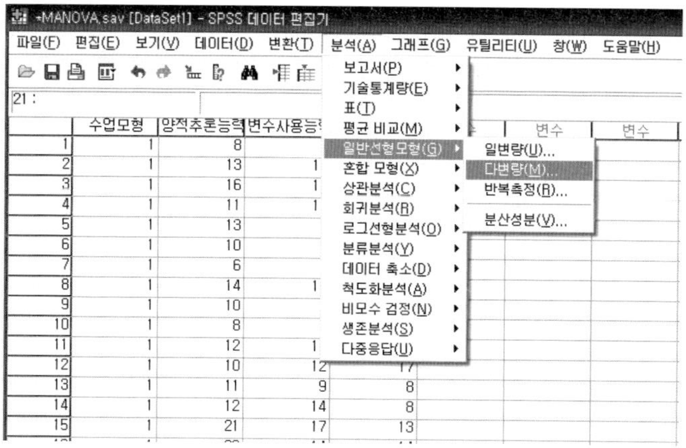

그림 11.38 일원다변량분산분석 절차

② [그림 11.38]과 같이 실행하여 [그림 11.39]와 같은 대화상자가 나타나면, 변수목록 상자에서 양적추론능력, 변수사용능력, 일반화능력을 선택하여 [종속변수(D)] 상자로 보내고, 수업모형을 선택하여 [모수요인(F)]으로 보낸다.

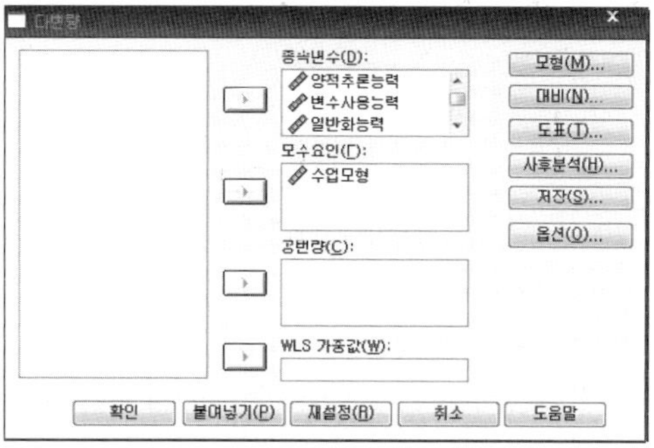

그림 11.39 분석대상 변수지정

③ [그림 11.39]에서 [모형(M)]을 클릭하면, [그림 11.40]과 같은 모형 대화상자가 나타난다. 본 분석에서는 기본 설정된 [완전요인모형(A)], [제Ⅲ유형]을 유지하고 [모형에 절편 포함(I)]은 해제한다.

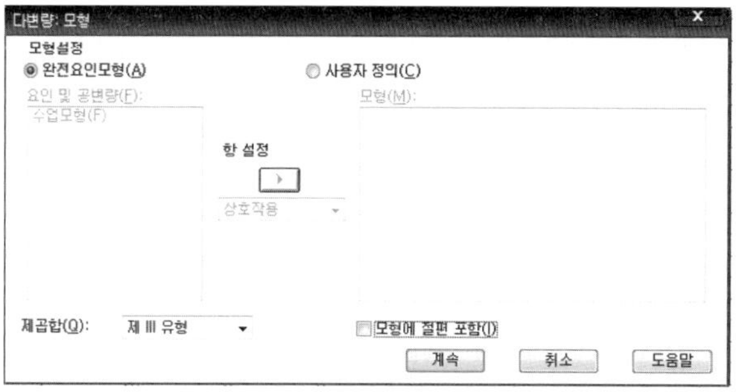

그림 11.40 모형 대화상자

④ [그림 11.39]에서 [사후분석(H)]를 클릭하면, [그림 11.41]과 같은 사후분석 다중비교 대화상자가 나타난다. 대화상자에서 [요인분석(F)]에 수업모형을 선택하여 [사후검정변수(P)]로 보내고 사후검정방법을 선택한다. 여기서는 각 집단의 사례수가 같기 때문에 [Tukey 방법(T)]을 선택한다.

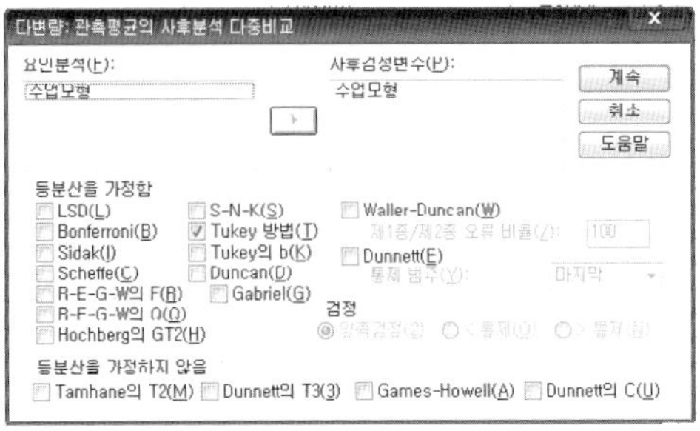

그림 11.41 사후분석 다중비교 대화상자

⑤ [그림 11.39]에서 [옵션(O)]을 클릭하여, [그림 11.42]와 같이 [기술통계량(D)]과 [동질성 검정(H)]을 선택하고 확인을 클릭하여 실행시킨다.

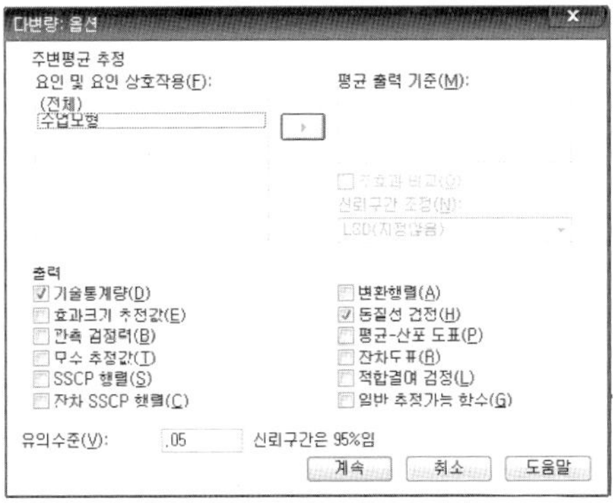

그림 11.42 옵션 대화상자

(3) 분석결과

〈표 11.20〉에는 세 가지 수업모형의 집단별 사례수가 제시되어 있으며, 〈11.21〉은 기술통계량으로서 종속변수인 양적추론능력, 변수사용능력, 일반화능력에 대한 수업모형별로 평균과 표준편차와 사례수가 제시되어 있다.

표 11.20 개체-간 요인

		변수값 설명	N
수업모형	1	직접교수형	33
	2	문제해결형	33
	3	탐구형	33

표 11.21 기술통계량

	수업모형	평균	표준편차	N
양적추론능력	1	11.79	3.248	33
	2	13.70	3.644	33
	3	12.55	4.191	33
	합계	12.68	3.760	99
변수사용능력	1	12.18	3.653	33
	2	15.24	4.828	33
	3	17.12	4.045	33
	합계	14.85	4.637	99
일반화능력	1	11.73	4.303	33
	2	12.06	4.038	33
	3	18.45	4.637	33
	합계	14.08	5.299	99

〈표 11.22〉는 세 집단의 공분산행렬이 동일하다는 가정에 대한 검증결과를 나타낸 것이다. Box의 M이 16.163으로 이에 대한 F값은 1.286이고 유의확률은 .219로서 $p>.05$이므로 "H_0: 공분산행렬이 동일하다"를 기각하지 않으므로 분산-공분산 행렬이 동질적임을 가정하는데 문제가 없다.

표 11.22 분산의 동질성 검증[a]

Box의 M	16.163
F	1.286
자유도	12
자유도2	44662.154
유의확률	.219

여러 집단에서 종속변수의 관측 공분산행력이 동일한 영가설을 검정합니다.
a. 계획: 수업모형

종속변수들의 상관관계가 높은 경우 ANOVA를 여러번 시행하는 것보다는 MANOVA를 시행하는 것이 바람직하다는 점에서 종속변수들의 다중공선성을 검증할 필요가 있다. 종속변수의 다중공선성을 검증하기 위해서는 Bartlett의 구형성 검증을 이용한다. 〈표 11.23〉은 그 결과를 나타낸 것으로서, 근사카이제곱이 34.539이고 유의확률이 .000으로 $p<.01$이므로 종속변수가 독립적이라는 영가설은 기각된다. 따라서 종속변수 간의 상관관계가 통계적으로 유의미하므로 다변량분산분석이 타당하다.

표 11.23 Bartlett의 구형성 검증[a]

우도비	.000
근사카이제곱	34.539
자유도	5
유의확률	.000

잔차 공분산행렬이 단위행력에 비례하는 영가설을 검정합니다.
a. 계획: 수업모형

〈표 11.24〉는 수업모형에 따른 양적추론능력, 변수사용능력, 일반화능력의 차이를 분석한 결과이다. 이 표에는 네 가지 다변량 통계량인 Pillai의 트레이

스, Wilks의 람다, Hotelling의 트레이스, Roy의 최대근의 F값이 제시되어 있다. Hotelling의 트레이스와 Wilks의 람다는 작을수록 집단 간의 평균차이를 나타내는 F값이 커진다. 이 네 가지 통계량으로 검증할 때, 유의확률이 모두 .000으로 $p<.05$으므로 영가설 "H_0: 모든 집단의 평균 벡터(평균값)는 동일하다"는 기각된다. 따라서 세 가지 수업모형에 따라 양적추론능력, 변수사용능력, 일반화능력에 차이가 있다고 볼 수 있다.

표 11.24 다변량 검정[c]

효 과		값	F	가설 자유도	오차 자유도	유의확률
수업모형	Pillai의 트레이스	.476	9.899	6.000	190.000	.000
	Wilks의 람다	.560	10.549[a]	6.000	188.000	.000
	Hotelling의 트레이스	.722	11.196	6.000	186.000	.000
	Roy의 최대근	.618	19.581[b]	3.000	95.000	.000

a. 정확한 통계량
b. 정확한 통계량 해당 유의수준에서 하한값을 발생하는 통계량은 F에서 상한값입니다.
c. 계획: 수업모형

다음 단계는 세 가지 수업모형에 따라 차이가 있다는 결론이 세 개의 종속변수(양적추론능력, 변수사용능력, 일반화능력) 중 어느 변수에 주로 기인하는가를 알아보는 것이다. 〈표 11.25〉는 수업모형(직접교수형, 문제해결형, 탐구형)에 따른 양적추론능력, 변수사용능력, 일반화능력의 차이를 검증한 결과이다. 이를 통하여 다음과 같은 결과를 얻을 수 있다. 수업모형에 따른 양적추론능력의 차이검증에서는 차이가 없으나(F=2.210, $p>.05$), 변수사용능력(F=11.607, $p<.05$)과 일반화능력(F=25.263, $p<.05$)에서는 차이가 있는 것으로 나타났다.

표 11.25 개체-간 효과 검정

소 스	종속변수	제Ⅲ유형 제곱합	자유도	평균제곱	F	유의확률
수정모형	양적추론능력	60.990[a]	2	30.495	2.210	.115
	변수사용능력	410.242[b]	2	205.121	11.607	.000
	일반화능력	948.747[c]	2	474.374	25.263	.000
수업모형	양적추론능력	60.990	2	30.495	2.210	.115
	변수사용능력	410.242	2	205.121	11.607	.000
	일반화능력	948.747	2	474.374	25.263	.000
오 차	양적추론능력	1324.667	96	13.799		
	변수사용능력	1696.485	96	17.672		
	일반화능력	1802.606	96	18.777		
합 계	양적추론능력	17295.000	99			
	변수사용능력	23934.000	99			
	일반화능력	22380.000	99			
수정합계	양적추론능력	1385.657	98			
	변수사용능력	2106.727	98			
	일반화능력	2751.354	98			

a. R 제곱=.044 (수정된 R 제곱=.024)
b. R 제곱=.195 (수정된 R 제곱=.178)
c. R 제곱=.345 (수정된 R 제곱=.331)

〈표 11.26〉은 각 종속변수별로 어느 집단들 간에 차이가 있는지를 분석한 사후검증 결과이다. 〈표 11.26〉에서 제시된 바와 같이 양적추론능력은 세 집단에서 차이가 없음을 사후검증에서도 확인할 수 있다. 변수사용능력은 직접교수형과 문제해결형(평균차=-3.06, 유의확률=.011), 직접교수형과 탐구형(평균차=-4.94, 유의확률=.000) 사이에 유의미한 차이가 있는 것으로 나타났다. 일반화능력은 직접교수형과 탐구형(평균차=-6.73, 유의확률=.000), 문제해결형과 탐구형(평균차=-6.39, 유의확률=.000) 사이에 유의미한 차이가 있는 것으로 나타났다.

표 11.26 사후검증(Tukey HSD)

종속변수	(I)수업모형	(J)수업모형	평균차 (I−J)	표준오차	유의확률	95% 신뢰구간	
						하한값	상한값
양적추론능력	1	2	−1.91	.914	.098	−4.09	.27
		3	−.76	.914	.686	−2.93	1.42
	2	1	1.91	.914	.098	−.27	4.09
		3	1.15	.914	.422	−1.03	3.33
	3	1	.76	.914	.686	−1.42	2.93
		2	−1.15	.914	.422	−3.33	1.03
변수사용능력	1	2	−3.06*	1.035	.011	−5.52	−.60
		3	−4.94*	1.035	.000	−7.40	−2.48
	2	1	3.06*	1.035	.011	.60	5.52
		3	−1.88	1.035	.170	−4.34	.58
	3	1	4.94*	1.035	.000	2.48	7.40
		2	1.88	1.035	.170	−.58	4.34
일반화능력	1	2	−.33	1.067	.948	−2.87	2.21
		3	−6.73*	1.067	.000	−9.27	−4.19
	2	1	.33	1.067	.948	−2.21	2.87
		3	−6.39*	1.067	.000	−8.93	−3.85
	3	1	6.73*	1.067	.000	4.19	9.27
		2	6.39*	1.067	.000	3.85	8.93

관측된 평균에 기초합니다.
*.05 수준에서 평균차는 유의미합니다.

2) 이원다변량분산분석

이원다변량분산분석은 독립변수가 2개 이상이고 종속변수가 2개 이상으로 요인이 서로 교차하는 요인설계의 상황일 경우에 종속변수에 있어서 차이가 있는지를 검증하기 위한 통계기법이다.

〈예제〉 어느 연구자는 수업모형(직접교수형, 문제해결형, 탐구형)과 정보처리유형(동시적 처리/연속적 처리)에 따라 대수적 능력(양적추론능력, 변수사용능력, 일반화능력)에 차이가 있는지 알아보고자 한다. 수업모형과 정보처리유형에 따라 양적추론능력, 변수사용능력, 일반화능력으로 구성된 대수적 능력에는 차이가 있는지 유의수준 α=.05에서 검정하시오.

(1) 가설의 설정

가설 검증을 위하여 영가설(H_0)과 대립가설(H_1)을 다음과 같이 설정한다.

① H_0: 모든 집단의 평균 벡터(평균값)은 동일하다(즉, 세 가지 수업모형에 따른 대수적 능력은 동일하다)

H_1: 모든 집단의 평균 벡터(평균값)은 동일하지 않다(즉, 세 가지 수업모형에 따른 대수적 능력은 동일하지 않다).

② H_0: 정보처리유형에 따른 대수적 능력은 동일하다.

H_1: 정보처리유형에 따른 대수적 능력은 동일하지 않다.

③ H_0: 상호작용효과가 없다.

H_1: 상호작용효과가 있다.

(2) 분석절차

① [그림 11.43]과 같이 [분석(A)]→[일반선형모형(G)]→[다변량(M)...]의 절차에 따라 검정을 수행한다.

그림 11.43 이원다변량분산분석 절차

② [그림 11.43]과 같이 실행하여 [그림 11.44]와 같은 대화상자가 나타나면, 변수목록 상자에서 양적추론능력, 변수사용능력, 일반화능력을 선택하여 [종속변수(D)] 상자로 보내고, 수업모형, 정보처리유형을 선택하여 [모수요인(F)]으로 보낸다.

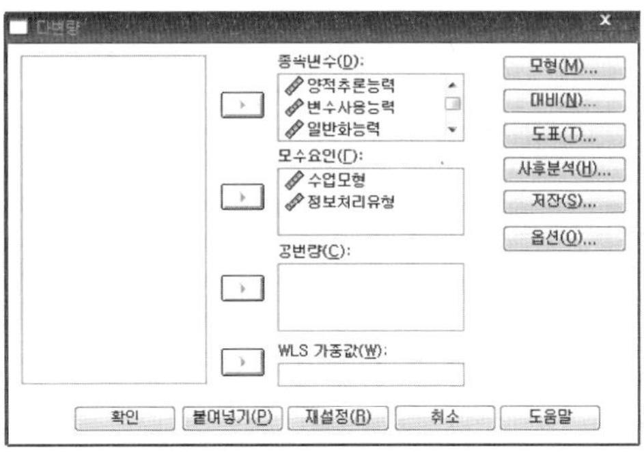

그림 11.44 분석대상 변수지정

③ [그림 11.44]에서 [모형(M)]을 클릭하면, [그림 11.45]와 같은 모형 대화상자가 나타난다. 본 분석에서는 기본 설정된 [완전요인모형(A)], [제Ⅲ유형]을 유지하고, [모형에 절편 포함(I)]은 해제한다.

그림 11.45 모형 대화상자

④ [그림 11.44]에서 [옵션(O)]을 클릭하여, [그림 11.46]과 같이 [기술통계량(D)], [동질성 검정(H)], [잔차 SSCP행력(C)]을 선택하고, 확인을 클릭하여 실행시킨다.

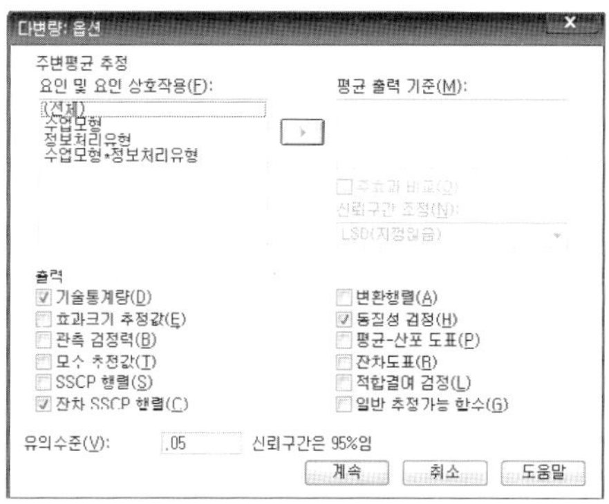

그림 11.46 옵션 대화상자

(3) 분석결과

〈표 11.27〉에는 세 가지 수업모형의 집단별 사례수가 제시되어 있으며, 〈11.28〉은 기술통계량으로서 종속변수인 양적추론능력, 변수사용능력, 일반화능력에 대한 수업모형과 정보처리유형별로 평균과 표준편차와 사례수가 제시되어 있다.

표 11.27 개체-간 요인

		변수값 설명	N
수업모형	1	직접교수형	34
	2	문제해결형	34
	3	탐구형	34
정보처리유형	1	동시적 처리	51
	2	연속적 처리	51

표 11.28 기술통계량

	수업모형	정보처리유형	평균	표준편차	N
양적추론능력	1	1	11.82	3.395	17
		2	11.71	3.098	17
		합계	11.76	3.201	34
	2	1	14.47	2.787	17
		2	12.94	4.190	17
		합계	13.71	3.589	34
	3	1	12.71	3.949	17
		2	12.71	4.620	17
		합계	12.71	4.232	34
	합계	1	13.00	3.521	51
		2	12.45	3.976	51
		합계	12.73	3.747	102
변수사용능력	1	1	11.65	3.888	17
		2	12.65	3.334	17
		합계	12.15	3.602	34
	2	1	14.29	3.771	17
		2	16.35	5.533	17
		합계	15.32	4.778	34

	수업모형	정보처리유형	평균	표준편차	N
변수사용능력	3	1	18.24	3.914	17
		2	16.06	3.864	17
		합계	17.15	3.986	34
	합계	1	14.73	4.665	51
		2	15.02	4.585	51
		합계	14.87	4.604	102
일반화능력	1	1	10.53	2.961	17
		2	12.88	5.036	17
		합계	11.71	4.239	34
	2	1	12.82	4.035	17
		2	11.41	3.938	17
		합계	12.12	3.991	34
	3	1	17.71	4.870	17
		2	18.88	4.512	17
		합계	18.29	4.661	34
	합계	1	13.69	4.974	51
		2	14.39	5.499	51
		합계	14.04	5.229	102

〈표 11.29〉는 세 집단의 공분산 행렬이 동일하다는 가정에 대한 검증결과를 나타낸 것이다. Box의 M이 36.499이고 F값은 1.119이며 유의확률은 .299로서 $p>.05$이므로 공분산행렬이 동질적임을 가정할 수 있다.

표 11.29 분산의 동질성 검증[a]

Box의 M	36.499
F	1.119
자유도	30
자유도2	20827.527
유의확률	.299

여러 집단에서 종속변수의 관측 공분산행렬이 동일한 영가설을 검정합니다.
a. 계획: 수업모형+정보처리유형+수업모형×정보처리유형

종속변수들간의 상관정도를 검증하기 위하여 Bartlett의 구형성 검증을 이용한다. 〈표 11.30〉에 나타낸 바와 같이, 근사카이제곱이 38.966이고 유의확률이 .000($p<.01$)이므로 종속변수가 독립적이라는 영가설은 기각된다. 따라서 종속변수 간의 상관관계가 통계적으로 유의미하므로 다변량분산분석이 타당하다.

표 11.30 Bartlett의 구형성 검증[a]

우도비	.000
근사카이제곱	38.966
자유도	5
유의확률	.000

잔치 공분신행렬이 단위행력에 비례하는 영가설을 섬성합니다.
a. 계획: 수업모형+정보처리유형+수업모형×정보리유형

〈표 11.31〉은 양적추론능력, 변수사용능력, 일반화능력에 대한 수업모형과 정보처리유형의 주효과 및 두 독립변수의 상호작용효과를 분석한 결과이다. 다변량 통계량(Pillai의 트레이스, Wilks의 람다, Hotelling의 트레이스, Roy의 최대근)에서 수업모형에서 Wilks의 람다값이 .561이고 F값은 10.512이며

유의확률은 .000(p<.05)이므로 수업모형에 따라 양적추론능력, 변수사용능력, 일반화능력에 차이가 있는 것으로 나타났다. 그러나 정보처리유형에서는 Wilks의 람다값이 .982이고 F값은 .580이며 유의확률은 .630(p>.05)이므로 양적추론능력, 변수사용능력, 일반화능력에 차이가 없는 것으로 나타났다. 상호작용 효과를 보면, Wilks의 람다값이 .860이고 F값은 2.447이며 유의확률은 .027(p<.05)이므로 양적추론능력, 변수사용능력, 일반화능력에 대하여 수업모형과 정보처리유형은 상호작용효과가 있는 것으로 나타났다.

표 11.31 다변량 검정[c]

효과		값	F	가설 자유도	오차 자유도	유의확률
수업모형	Pillai의 트레이스	.478	9.934	6.000	190.000	.000
	Wilks의 람다	.561	10.512[a]	6.000	188.000	.000
	Hotelling의 트레이스	.715	11.086	6.000	186.000	.000
	Roy의 최대근	.602	19.055[b]	3.000	95.000	.000
정보처리유형	Pillai의 트레이스	.018	.580[a]	3.000	94.000	.630
	Wilks의 람다	.982	.580[a]	3.000	94.000	.630
	Hotelling의 트레이스	.018	.580[a]	3.000	94.000	.630
	Roy의 최대근	.018	.580[a]	3.000	94.000	.630
수업모형 × 정보처리유형	Pillai의 트레이스	.142	2.416	6.000	190.000	.028
	Wilks의 람다	.860	2.447[a]	6.000	188.000	.027
	Hotelling의 트레이스	.160	2.447	6.000	186.000	.025
	Roy의 최대근	.142	4.509[a]	3.000	95.000	.005

a. 정확한 통계량
b. 정확한 통계량 해당 유의수준에서 하한값을 발생하는 통계량은 F에서 상한값입니다.
c. 계획: 수업모형+정보처리유형+수업모형×정보리유형

〈표 11.32〉는 수업모형과 정보처리유형에 따른 양적추론능력, 변수사용능력, 일반화능력의 차이를 검증한 결과이다. 이를 통하여 다음과 같은 결과를 얻을 수 있다. 첫째, 수업모형에 따른 양적추론능력의 차이검증에서는 차이가

없으나(F=2.305, p>.05), 변수사용능력(F=12.891, p<.05)과 일반화능력(F=25.262, p<.05)에서는 차이가 있는 것으로 나타났다. 둘째, 정보처리유형

표 11.32 개체-간 효과 검정

소스	종속변수	제Ⅲ유형 제곱합	자유도	평균제곱	F	유의확률
수정모형	양적추론능력	84.078[a]	5	16.816	1.210	.310
	변수사용능력	520.167[b]	5	104.033	6.160	.000
	일반화능력	1001.961[c]	5	200.392	10.931	.000
수업모형	양적추론능력	64.078	2	32.039	2.305	.105
	변수사용능력	435.373	2	217.686	12.891	.000
	일반화능력	926.196	2	463.098	25.262	.000
정보처리유형	양적추론능력	7.686	1	7.686	.553	.459
	변수사용능력	2.206	1	2.206	.131	.719
	일반화능력	12.706	1	12.706	.693	.407
수업모형×정보처리유형	양적추론능력	12.314	2	6.157	.443	.643
	변수사용능력	82.588	2	41.294	2.445	.092
	일반화능력	63.059	2	31.529	1.720	.185
오 차	양적추론능력	1334.235	96	13.898		
	변수사용능력	1621.176	96	16.887		
	일반화능력	1759.882	96	18.332		
합 계	양적추론능력	17936.000	102			
	변수사용능력	24703.000	102			
	일반화능력	22866.000	102			
수정합계	양적추론능력	1418.314	101			
	변수사용능력	2141.343	101			
	일반화능력	2761.843	101			

a. R 제곱=.059 (수정된 R 제곱=.010)
b. R 제곱=.243 (수정된 R 제곱=.203)
c. R 제곱=.363 (수정된 R 제곱=.330)

에 따른 차이검증에서는 양적추론능력(F=.553, p>.05), 변수사용능력(F=.131, p>.05), 일반화능력(F=.693, p>.05) 모두에서 차이가 없는 것으로 나타났다. 셋째, 수업모형과 정보처리유형의 상호작용이 양적추론능력(F=.443, p>.05), 변수사용능력(F=2.445, p>.05), 일반화능력(F=1.720, p>.05)에 미치는 차이 검증에서는 모두 유의미한 차이가 없는 것으로 나타났다.

5. χ^2 검정

t-검정과 분산분석은 집단 비교에 있어서 종속변수가 양적 변수일 때 사용하는 통계처리 방법이다. 수집된 자료가 양적 변수가 아니라 빈도 또는 비율로 구성되어 있는 범주형 자료(수로 표현할 수 없는 변수로, 예를 들어 5단계 Likert 척도를 사용하여 연구 대상의 흥미, 태도 등을 묻는 경우)일 경우의 집단 비교에는 카이제곱 검정(chi-square test)을 사용한다. χ^2 검정은 χ^2 값을 통계량으로 사용하며, 독립성검정과 적합도검정이 있다.

1) 독립성검정

독립성검정은 분류기준(또는 요인)이 둘인 경우, 즉, 범주형 변수가 2개인 경우 이들 변수간에 관련성이 있는지를 검정하는 것이다. 독립성검정은 단순히 교차분석표를 검토함으로써 차이나 관계를 밝힐 수도 있지만, 대개는 χ^2 값을 이용하여 검증한다.

〈예제〉 어느 초등학교 3학년 학생들이 학교 수업 이외에 공부하는 시간에 있어서 남녀 간에 차이가 있는지를 알아보려고 한다. 이를 위하여 3학년 학생 278명을 대상으로 하루에 몇 시간씩 공부를 하는지 조사하여 〈표 11.33〉과 같이 교차표를 만들었다. 유의수준 α=.05에서 검정하시오.

표 11.33 성별과 학교외 공부시간에 대한 교차표

공부하는 시간	남	여	합 계
1시간 미만	32	11	43
1시간~2시간	26	34	60
2시간~3시간	54	67	121
3시간~4시간	12	25	37
4시간~5시간	6	6	12
5시간 이상	2	3	5
합계	132	146	278

(1) 가설설정

가설검증을 위하여 영가설(H_0)과 대립가설(H_1)을 다음과 같이 설정한다.

H_0: 성별로 공부하는 시간은 독립이다(성별에 따라 공부하는 시간은 다르지 않다).

H_1: 성별과 공부하는 시간은 독립이 아니다(성별에 따라 공부하는 시간은 다르다).

(2) 분석절차

① [그림 11.47]과 같이 [분석(A)] → [기술통계량(E)] → [교차분석(C)...]의 절차에 따라 검정을 수행한다.

② [그림 11.47]과 같이 실행하여 [그림 11.48]과 같은 대화상자가 나타나면, 변수상자에서 공부시간을 [행(O)]으로 성별을 [열(C)]로 보낸다.

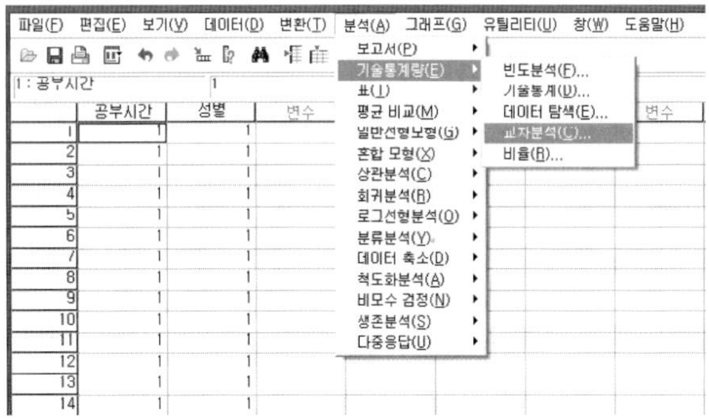

그림 11.47 독립성검정 절차

④ [그림 11.48]에서 통계량을 선택하고 [그림 11.49]의 통계량 대화상자에서 [카이 제곱(H)]과 [분할계수(O)]를 선택한다.

⑤ [그림 11.48]의 대화상자에서 확인을 클릭한다.

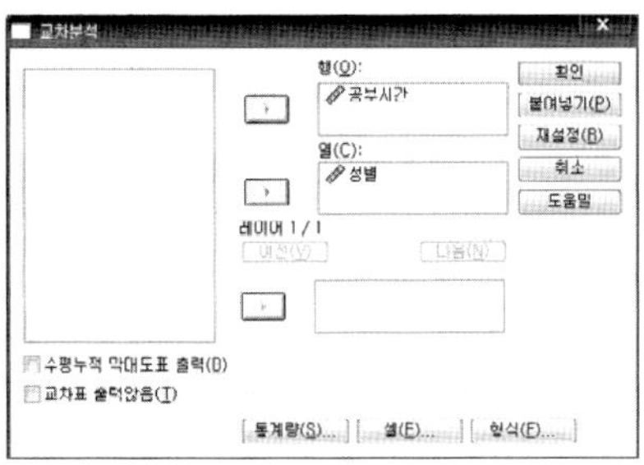

그림 11.48 분석대상 변수지정

그림 11.49 통계량 대화상자

(3) 분석결과

〈표 11.34〉에 따르면, Pearson 카이제곱은 17.976, 유의확률은 .003으로 영가설 "H_0: 성별로 공부하는 시간은 독립이다"는 유의수준 α=.05에서 기각된다. 따라서, 성별에 따라 공부하는 시간은 다르며, 성별과 공부하는 시간과는 관련이 있다고 해석할 수 있다.

표 11.34 카이제곱 검정표

	값	자유도	점근 유의확률 (양측검정)
Pearson 카이제곱	17.976[a]	5	.003
우도비	18.525	5	.002
선형 대 선형결합우도비	11.252	1	.001
유효 케이스 수	269		

a. 2 셀 (16.7%)은(는) 5보다 작은 기대 빈도를 가지는 셀입니다. 최소 기대빈도는 2.42입니다.

2) 적합도검정

적합도검정은 측정값들이 어떤 분포를 따르고 있는지를 검정하는 것이다. 기대빈도와 실제빈도 사이의 일치정도를 적합도(goodness of fit)라고 하고, 이는 χ^2 값에 의해서 판단되며 χ^2의 값이 작을수록 적합도가 높으며 클수록 적합도가 낮아진다.

〈예제〉 다음은 A초등학교에서 아동들이 가장 선호하는 과목을 조사한 것이다. 이 자료로부터 A초등학교 아동의 과목에 대한 선호도는 다르다고 할 수 있는가? 유의수준 α=.05에서 검정하시오.

표 11.35

선호하는 과목	측정값(명)
사회	51
국어	133
수학	89
과학	101
합계	374

(1) 가설설정

가설검증을 위하여 영가설(H_0)과 대립가설(H_1)을 다음과 같이 설정한다.

H_0: 아동들의 과목에 대한 선호도는 차이가 없다.
H_1: 아동들의 과목에 대한 선호도는 차이가 있다.

(2) 분석절차

① [그림 11.50]과 같이 [분석(A)] → [비모수 검정(N)] → [카이제곱 검정(C)...]의 절차에 따라 검정을 수행한다.

그림 11.50 적합도검정 절차

② [그림 11.50]과 같이 실행하여 [그림 11.51]과 같은 대화상자가 나타나면, 변수상자에서 과목을 선택하여 [검정변수(T)]로 보낸다.

③ 대화상자에서 확인을 클릭한다.

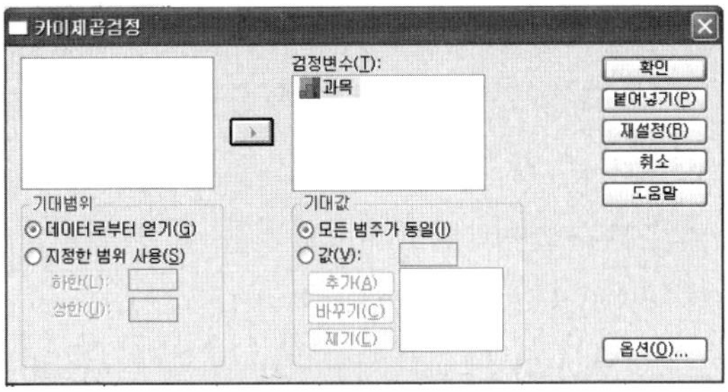

그림 11.51 카이제곱검정 대화상자

(3) 결과분석

〈표 11.36〉에서 검정 통계량의 카이제곱값은 36.824, 유의확률=.000이므로 영가설 "H_0: 아동들의 과목에 대한 선호도는 차이가 없다"는 유의수준 α=.05에서 기각된다. 따라서 아동들의 과목에 대한 선호도는 유의미한 차이가 있다고 할 수 있다.

표 11.36 검정통계량

	과 목
카이제곱[(a)]	36.824
자유도	3
근사 유의확률	.000

a 0 셀 (.0%)은(는) 5보다 작은 기대빈도를 가집니다. 최소 셀 기대빈도는 93.5입니다.

4 상관관계

지금까지는 주로 하나의 변수에 대한 집단 간의 비교방법을 논의하였다. 이 절에서는 2개 이상의 변수들에 대해서 측정치를 얻었을 때, 이들 측정치 사이의 관계를 알아보기 위한 분석을 설명하려고 한다.

상관관계 분석은 두 변수간의 관련성을 분석하기 위한 것이다. 즉, 두 변수간의 관계를 안다면 한 변수의 값을 바탕으로 다른 변수의 값을 추정할 수 있다. 예를 들어, 언어적 능력과 수학적 능력이 관계가 있는지를 분석하는데, 상관관계 분석을 적용할 수 있다. 상관관계 분석을 사용하기 위해서는 두 변수가 모두 같은 분석단위에서 측정되어야 하며, 정규분포를 따른다는 가정이 필요하다. 상관관계의 크기를 나타내는 값을 상관계수(correlation coefficient)라고 하며, −1부터 +1사이의 값을 갖는다. 상관계수가 −1 또는 +1에 가까울수록 두 변수의 상관관계가 높으며 0에 가까울수록 상관관계가 낮다. 일반적으로, −1에 가까우면 부적상관, 1에 가까우면 정적상관이며 일반적으로 0.3부터 상관이 시작된다고 본다.

상관계수에는 여러 가지가 있는데 가장 널리 쓰이고 있는 것은 Pearson 상관계수와 Spearman 서열상관계수이다. Pearson 상관계수는 측정 자료가 등간척도와 비율척도일 때 사용하는 반면에, Spearman 상관계수는 측정 자료가 서열척도일 때 사용한다.

1. Pearson 상관관계 분석

〈예제〉 언어적 능력과 수학적 능력간의 관계를 조사하기 위하여 초등학교 4학년 학생들 100명을 대상으로 자료를 수집하였다. 두 능력간의 상관관계를 구하고 유의수준 α=.05에서 검정하시오.

(1) 가설설정

가설 검증을 위하여 영가설(H_0)과 대립가설(H_1)을 다음과 같이 설정한다.

H_0: 언어적 능력과 수학적 능력간에는 상관관계가 없다.

H_1: 언어적 능력과 수학적 능력간에는 상관관계가 있다.

(2) 분석절차

① [그림 11.52]와 같이 [분석(A)]→[상관분석(C)]→[이변량 상관계수(B)]의 절차에 따라 검정을 수행한다.

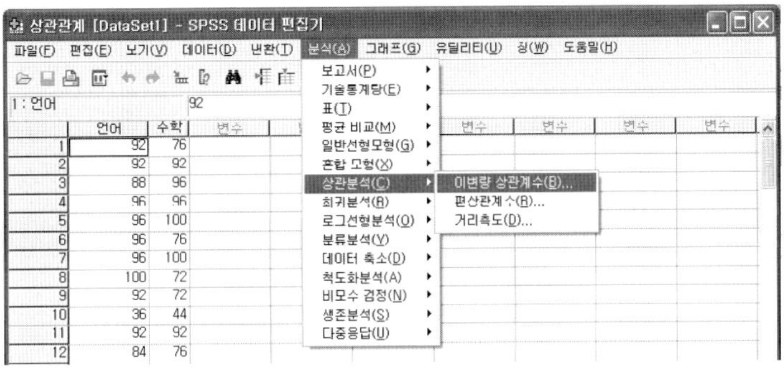

그림 11.52 상관관계분석 절차

② [그림 11.52]와 같이 실행하여 [그림 11.53]과 같은 대화상자가 나타나면, 분석할 변수들(언어, 수학)을 클릭하여 [변수(V)] 상자로 보내고, 상관계수는 [Pearson(N)]을, 유의성 검정은 [양쪽(T)]으로 설정한다.

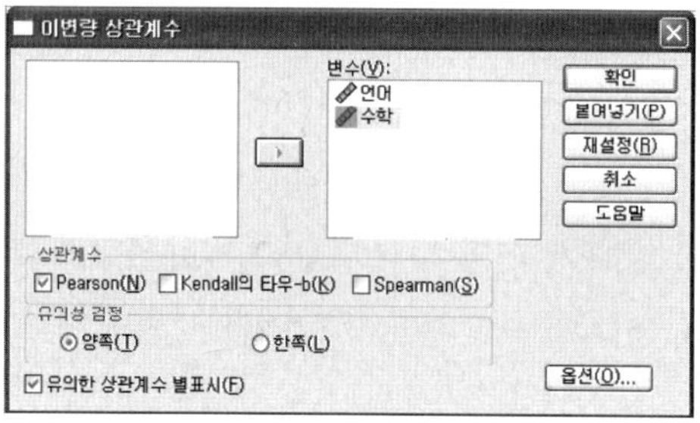

그림 11.53 분석대상 변수지정

③ [그림 11.53]의 대화상자에서 확인을 클릭한다.

(3) 분석결과

〈표 11.37〉의 상관관계분석 결과를 보면, 언어와 수학간의 상관계수(r)는 .699이고 유의확률이 .000이므로 영가설 " H_0: 언어적 능력과 수학적 능력간에는 상관관계가 없다"은 기각된다. 따라서, 언어적 능력과 수학적 능력간에는 통계적으로 유의미한 상관관계가 있다.

표 11.37 상관관계분석 결과표

		언어	수학
언어	Pearson 상관계수	1	.699(**)
	유의확률 (양쪽)		.000
	N	100	100
수학	Pearson 상관계수	.699(**)	1
	유의확률 (양쪽)	.000	
	N	100	100

**. 상관계수는 0.01 수준(양쪽)에서 유의합니다.

2. Spearman 서열상관관계 분석

〈예제〉 교사P와 교사K는 초등학교 4학년 11명을 대상으로 수학성적을 서열화하였다. 두 교사의 등급에 대한 서열상관계수를 구하고 유의수준 α=.05에서 검정하시오.

(1) 가설설정

가설 검증을 위하여 영가설(H_0)과 대립가설(H_1)을 다음과 같이 설정한다.

H_0: 교사P와 교사K의 수학성적 서열은 관계가 없다.
H_1: 교사P와 교사K의 수학성적 서열은 관계가 있다.

(2) 분석절차

① [그림 11.54]와 같이 [분석(A)]→[상관분석(C)]→[이변량 상관계수(B)]의 절차에 따라 검정을 수행한다.

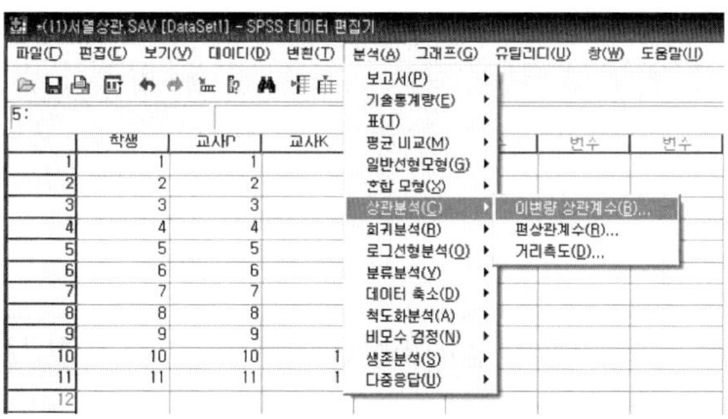

그림 11.54 상관관계분석 절차

② [그림 11.54]와 같이 실행하여 [그림 11.55]와 같은 대화상자가 나타나면, 분석할 변수들(교사P, 교사K)를 클릭하여 [변수(V)] 상자로 보내고, 상관계수는 [Spearman(S)]를, 유의성 검정은 [양쪽(T)]으로 설정한다.

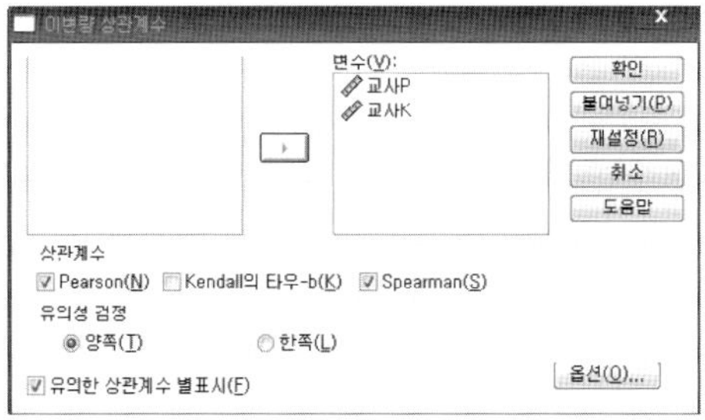

그림 11.55 분석대상 변수지정

③ [그림 11.55]의 대화상자에서 확인을 클릭한다.

(3) 분석결과

〈표 11.38〉의 Spearman 상관관계분석 결과를 보면, 교사P와 교사K의 응답의 Spearman 상관계수(ρ)는 .882로서 α=.05 수준에서 유의미한 상관관계를 갖는 것으로 나타났다. 이 결과에 따르면, 영가설은 기각된다. 따라서 교사P와 교사K의 수학성적 서열은 관계가 있다고 할 수 있다.

표 11.38 서열상관관계분석 결과표

			교사P	교사K
Spearman의 rho	교사P	상관계수(ρ)	1	.882(**)
		유의확률 (양쪽)		.000
		N	11	100
	교사K	상관계수(ρ)	.882(**)	11
		유의확률 (양쪽)	.000	
		N	11	11

**. 상관계수는 0.01 수준(양쪽)에서 유의합니다.

5 회귀분석

상관관계분석이 두 변수 간의 선형관계를 조사하는 반면에, 회귀분석은 한 변수를 종속변수로 하고 다른 여러 변수들을 독립변수로 설정하여 이들 간의 관계를 분석하는 것이다. 즉, 상관관계분석을 통하여 두 개의 변수 간에 관련성이 있다는 결론이 났다면, 두 개의 변수 또는 여러 개의 변수간에 어떠한 관계가 있는지를 하나의 식으로 표현하고자 하는 것이 회귀분석이다.

독립변수가 한 개인 경우는 단순회귀분석, 두 개 이상인 경우는 다중회귀분석이라고 한다. 회귀분석을 적용하기 위해서는 종속변수는 양적변수이어야 하고, 정규분포를 가정할 수 있어야 한다.

1. 단순회귀분석(simple regression analysis)

독립변수가 한 개인 경우에 실시하는 단순회귀분석의 기본식은 $\hat{Y} = \hat{\beta}_0 + \hat{\beta}_1 X$로서 이 분석을 통하여 결국 $\hat{\beta}_0$와 $\hat{\beta}_1$을 구하는 것이다.

〈예제〉 수학적 신념이 수학학력에 영향을 미치는지를 알아보기 위하여, 초등학교 5학년을 대상으로 수학적 신념과 수학학력을 조사하여 다음과 같은 자료를 얻었다. 수학적 신념을 독립변수로, 수학학력을 종속변수로 하는 단순회귀분석을 실행하시오.

(1) 가설설정

가설검증을 위하여 영가설(H_0)과 대립가설(H_1)을 다음과 같이 설정한다.

H_0: 수학적 신념은 수학학력에 영향을 미치지 않는다.

H_1: 수학적 신념은 수학학력에 영향을 미친다.

(2) 분석절차

① [그림 11.56]과 같이 [분석(A)] → [회귀분석(R)] → [선형(L)...]의 절차에 따라 검정을 수행한다.

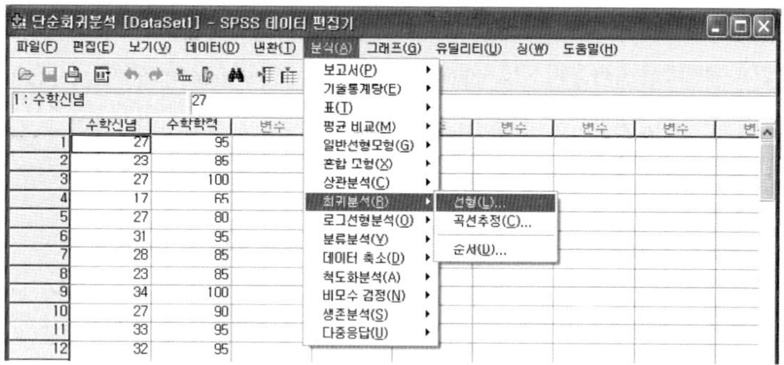

그림 11.56 단순회귀분석절차

② [그림 11.56]과 같이 실행하여 [그림 11.57]과 같은 대화상자가 나타나면, 수학학력을 클릭하여 [종속변수(D)] 상자로 보내고, 수학신념을 선택하여 [독립변수(I)]로 보낸다. 단순회귀분석에서는 입력방식만 사용되므로 [방법(M)]은 기본설정대로 '입력' 으로 한다.

③ [그림 11.57]의 대화상자에서 확인을 클릭한다.

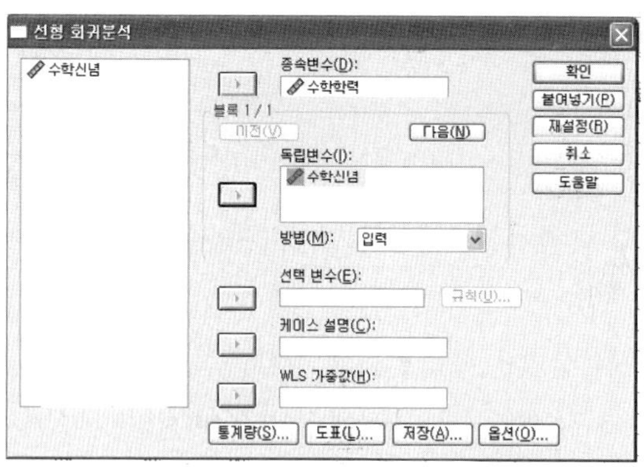

그림 11.57 분석대상 변수지정

(3) 분석결과

〈표 11.39〉의 모형 요약에 따르면, 두 변수의 상관계수 r=.789이고 결정계수 R^2=.623으로 나타났다. 결정계수 R^2은 종속변수의 분산 중 몇 %가 독립변수에 의해 설명되는가를 나타내는 것으로 0과 1의 값을 갖는다. 따라서, 결정계수 R^2=.623이라는 의미는 종속변수인 수학학력의 분산의 62.3%가 독립변수인 수학신념에 의해 설명됨을 알 수 있다.

표 11.39 모형 요약

모형	R	R 제곱	수정된 R 제곱	추정값의 표준오차
1	.789[a]	.623	.616	7.821

a 예측값: (상수), 수학신념

〈표 11.40〉의 분산분석에서는 이 모형이 통계적으로 유의미한지를 나타낸다. 유의확률이 .000으로서 유의수준 .05에서 이 모형은 유의미하다고 할 수 있다. 다시 말해서, 모형의 독립변수인 수학신념은 유의미하다는 결정을 내릴 수 있다.

표 11.40 분산분석[b]

모형		제곱합	자유도	평균제곱	F	유의확률
1	선형회귀분석	5661.973	1	5661.973	92.561	.000[a]
	잔차	3425.544	56	61.170		
	합계	9087.517	57			

a. 예측값: (상수), 수학신념
b. 종속변수: 수학학력

〈표 11.41〉에서 비표준화계수(B)에 의해 와 같은 회귀방정식이 도출될 수 있다. 여기서 수학신념에 대한 회귀계수(1.700)는 통계적으로 유의미하므로

(t=9.621, 유의확률=.000), 영가설 " H_0: 수학적 신념은 수학학력에 영향을 미치지 않는다"는 기각된다. 따라서, 수학적 신념은 수학학력에 영향을 미치며, 특히 회귀계수가 양수이므로 수학적 신념의 증가에 따라 수학학력도 증가하는 것으로 해석할 수 있다.

표 11.41 계수[a]

모형		비표준화 계수		표준화 계수	t	유의확률
		B	표준오차	베타		
1	(상수)	38.072	4.862		7.830	.000
	수학신념	1.700	.177	.789	9.621	.000

a. 종속변수: 수학학력

2. 다중회귀분석(multiple regression analysis)

사회과학 분야에서는 종속변수의 변화량에 대한 보다 설득력 있는 설명이나 예측을 위해 다수의 독립변수를 회귀모형에 포함하게 된다. 이와 같이 여러 개의 독립변수를 회귀 모형에 포함시킴으로써 종속변수에 가장 큰 영향을 미치는 변수가 무엇인지, 종속변수를 설명해 줄 수 있는 가장 적합한 모형이 무엇인지를 밝히는 통계적 방법을 다중회귀분석이라고 한다. 다중회귀분석에서 종속변수와 각 독립변수 사이의 상관은 높고 독립변수 사이의 상관은 낮아야 한다. 독립변수들 사이의 높은 상관을 다중공선성(multicolinearity)이라고 한다. 따라서 다중회귀분석을 할 때는 독립변인 간의 상관이 높은 것을 선택해서는 안 되며 서로 상관이 작은 독립변인들을 확인해야 한다.

다중회귀분석에서 독립변수를 투입하여 다중회귀식을 추정하는 방법은 동시입력(enter), 전진선택법(forward), 후진제거법(backward), 단계입력법(stepwise)의 네 가지로 지정할 수 있다. 여기서는 이 중 가장 많이 활용되는 방법인 동시입력을 중심으로 설명할 것이다. 동시입력은 선택한 모든 변인을 동시에 투입하는 방법으로서, 다른 독립변수들이 통제된 상태에서 특정 독립변수의 영향력을 알 수 있으며, 모든 독립변수들이 동시에 종속변수를 설명하는 정도를 알 수 있다.

다중회귀분석에서 구한 모형을 다중회귀모형이라고 한다. k개의 독립변수가 있을 때 실시한 다중회귀분석의 기본식은 $\hat{Y}=\hat{\beta}_0+\hat{\beta}_1X_1+\hat{\beta}_2X_2+\cdots+\hat{\beta}_kX_k$로서, 이 분석을 통하여 결국 $\hat{\beta}_0$와 $\hat{\beta}_i$를 구하는 것이다.

〈예제〉 정의적 특성의 하위 요인 중에서 어느 요인이 수학성적에 더 많은 영향을 미치는지를 알아보고자 한다. 이를 위해 수학교과에 대한 자아개념, 흥미, 불안을 독립변수로 하고, 수학성적을 종속변수로 하여 다중회귀분석을 실시하시오.

(1) 가설설정

가설 검증을 위하여 영가설(H_0)과 대립가설(H_1)을 다음과 같이 설정한다.

H_0: 세 독립변수(자아개념, 흥미, 불안)은 종속변수(수학성적)에 영향을 미치지 않는다.

H_1: 세 독립변수(자아개념, 흥미, 불안)은 종속변수(수학성적)에 영향을 미친다.

(2) 분석절차

① [그림 11.58]과 같이 [분석(A)]→[회귀분석(R)]→[선형(L)...]의 절차에 따라 검정을 수행한다.

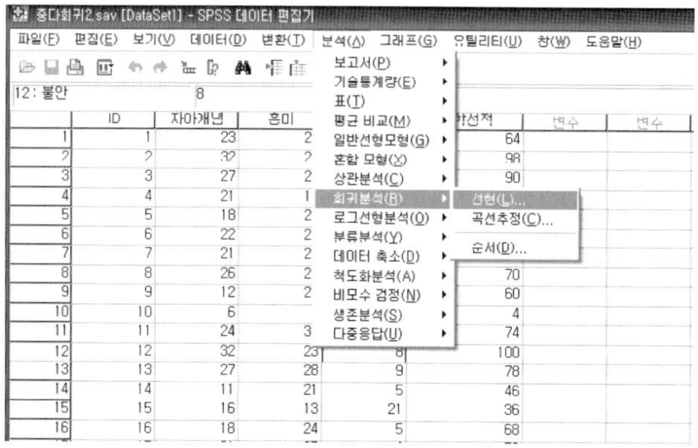

그림 11.58 다중회귀분석 절차

② [그림 11.58]과 같이 실행하여 [그림 11.59]와 같은 대화상자가 나타나면, 수학성적을 클릭하여 [종속변수(D)] 상자로 보내고, 자아개념, 태도, 흥미를 선택하여 [독립변수(I)]로 보낸다. 그리고 [방법(M)]은 기본설정대로 '입력' 으로 한다.

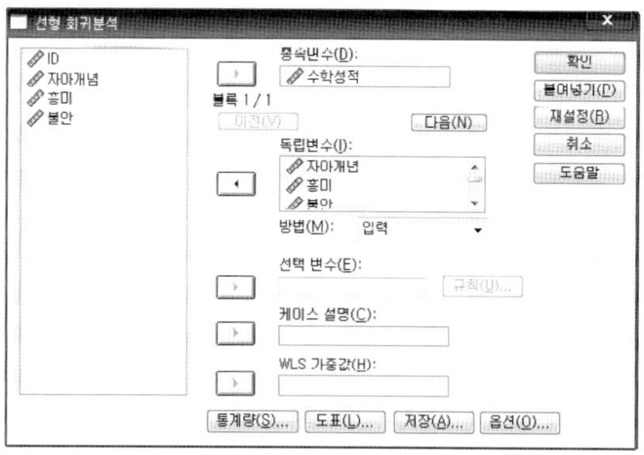

그림 11.59 분석대상 변수지정

③ [그림 11.59]에서 [통계량(S)...]을 클릭하여, [그림 11.60]과 같이 회귀계수에서 [추정값(E)], [모형적합(M)], [기술통계(D)], 그리고 [공선성 진단(L)]을 선택한다.

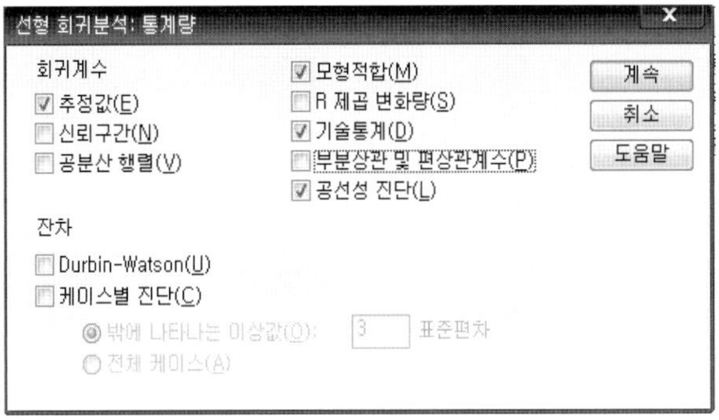

그림 11.60 통계량 대화상자

④ [그림 11.60]에서 [계속]을 클릭하고, [그림 11.59]의 대화상자에서 [확인]을 클릭한다.

(3) 분석결과

〈표 11.42〉에는 변수들의 평균과 표준편차가 제시되어 있으며, 〈표 11.43〉에는 각 변수들 간의 상관관계가 제시되어 있다. 〈표 11.43〉에 따르면, 각각의 독립변수는 종속변수와 모두 유의적인 상관관계가 있는 것으로 나타났다($p<.05$). 또한, 흥미와 불안 사이에는 유의적인 부적 상관관계가 있는 것으로 나타났다($r=-.223$, $p=.044$), 이 결과로 보아 흥미와 불안 사이에는 약간의 다중공선성이 존재할 가능성이 있기 때문에 다중공선성을 진단할 필요가 있다.

다중공선성을 진단하는 방법은 두 가지가 있다. 첫 번째 방법은 독립변수의 상관계수가 .80을 넘지 않으면 다중공선성의 문제는 무시해도 된다. 두 번째

표 11.42 기술통계량

	평균	표준편차	N
수학성적	69.97	21.848	60
자아개념	20.30	7.029	60
흥미	23.25	6.736	60
불안	9.45	4.192	60

방법은 공차한계를 이용하는 것이다. 공선성 통계량에서 공차한계란 한 변수와 다른 변수가 얼마나 상관관계를 갖는지를 의미하는 결정계수(R^2)을 1.0에서 뺀 값으로서 1에 접근할수록 변수간에 다중공선성이 없는 것으로 판단한다. 또한 분산팽창요인(variance inflation factor, VIF)는 공차한계의 역수로 표시되며 그 값이 클수록 공선성의 정도가 높음을 의미한다. 따라서 〈표 11.47〉에 제시된 공차한계가 1에 가깝기 때문에 다중공선성이 크게 문제가 된다고 볼 수 없다.

표 11.43 상관계수

		수학성적	자아개념	태도	흥미
Pearson 상관	수학성적	1.000	.587	.756	−.232
	자아개념	.587	1.000	.448	−.142
	태도	.756	.448	1.000	−.223
	흥미	−.232	−.142	−.223	1.000
유의확률(단측)	수학성적	.	.000	.000	.037
	자아개념	.000	.	.000	.139
	태도	.000	.000	.	.044
	흥미	.037	.139	.044	.
N	수학성적	60	60	60	60
	자아개념	60	60	60	60
	태도	60	60	60	60
	흥미	60	60	60	60

〈표 11.44〉는 회귀모형이 어떻게 구성되었는지를 보여주는 것으로 종속변수는 수학성적이며, 독립변수 투입 방법은 입력방법으로서 자아개념, 흥미, 불안 세 개의 독립변수가 동시에 진입되었고 제거된 변수는 없음을 나타낸다.

〈표 11.45〉는 모형의 설명력을 나타내는 것으로 독립변수가 종속변수를 어느 정도 설명해주는지를 나타내는 결정계수 R^2의 값을 통해서 회귀모형의 유용성을 판단할 수 있다. 이 모형에서는 자아개념, 흥미, 불안의 세 개의 독립변

표 11.44 진입/제거된 변수

	진입된 변수	제거된 변수	방법
1	자아개념, 흥미, 불안[a]	–	입력

[a] 요청된 모든 변수가 입력되었습니다.
[b] 종속변수: 수학성적

표 11.45 모형 요약

모형	R	R 제곱	수정된 R 제곱	추정값의 표준오차
1	.807[a]	.651	.632	13.249

[a] 예측값: (상수), 자아개념, 흥미, 불안

수들이 투입된 결과 R^2은 .651로서 독립변수들(자아개념, 흥미, 불안)은 종속변수(수학성적)을 65.1% 설명한다는 것을 의미한다. R^2의 값은 0~1에 있는데, 1에 가까울수록 회귀모형의 유용성이 높다고 할 수 있다. 수정된 R^2은 독립변수의 개수와 표본의 크기를 고려하여 조정한 값으로 R^2보다 작은데, 표본의 개수가 충분히 크면 R^2의 값과 동일하게 나타난다.

〈표 11.46〉은 회귀모형이 통계적으로 유의미한지를 검증하는 분석분석표이다. 분산분석을 통해 그 결과가 유의미하면 모형이 적합하다고 판단한다. 여기서는 F=34.814이고, 유의확률이 .000으로 유의수준 $p<.05$이므로 이 회귀모형은 통계적으로 유의미하다.

표 11.46 분산분석[b]

모형		제곱합	자유도	평균제곱	F	유의확률
1	선형회귀분석	18333.797	1	6111.266	34.814	.000[a]
	잔차	9830.136	56	175.538		
	합계	28163.933	59			

a. 예측값: (상수), 자아개념, 흥미, 불안
b. 종속변수: 수학성적

〈표 11.47〉은 입력방법에 의하여 세 개의 독립변수 모두를 투입한 회귀분석 결과를 제시한 것으로서, 비표준화계수(B)에 의해 $Y = 7.490 + .958X_1 + 1.964X_2 - .280X_3$와 같은 회귀방정식이 도출될 수 있다. 여기서 자아개념과 흥미의 유의확률은 유의수준 $p<.05$에서 유의미한 반면, 불안은 유의확률이 .511로서 유의수준 $p<.05$에서 유의미하지 않는 것으로 나타났다. 결국, 영가설 "H_0: 세 독립변수(자아개념, 흥미, 불안)은 종속변수(수학성적)에 영향을 미치지 않는다"를 기각된다. 따라서 수학성적에 가장 영향력이 큰 변수는 흥미이며, 그 다음은 자아개념이라고 볼 수 있다.

표 11.47 계수[a]

모형		비표준화 계수		표준화 계수	t	유의확률	공선성 통계량	
		B	표준오차	베타			공차한계	VIF
1	(상수)	7.490	8.667		.864	.391		
	자아개념	.958	.275	.308	3.488	.001	.798	1.254
	흥미	1.964	.291	.606	6.747	.000	.774	1.292
	불안	-.280	.423	-.054	-.662	.511	.948	1.055

a. 종속변수: 수학성적

6 신뢰도분석

측정도구에 대한 신뢰도는 한 대상을 유사한 측정도구로 여러 번 측정하거나 한 가지 측정도구로 반복하여 측정했을 때 일관성있는 동일한 결과 또는 유사한 결과가 나오는 정도를 말한다. 신뢰도를 검증하는 방법에는 검사-재검사 신뢰도, 동형검사 신뢰도, 반분검사신뢰도, Kuder-Richardson 방법, Cronbach α 방법이 있다. 이 중에서 주로 사용한 방법은 내적일관성에 의한 방법인 Cronbach α 방법이다. 따라서 여기서는 SPSS를 이용하여 Cronbach

α를 구하는 방법을 설명하고자 한다.

〈예제〉 중학생들의 수학에 대한 흥미도를 알아보기 위하여 Likert의 5단계척도로 응답하게 하였다. 〈표 11.48〉은 40명의 응답을 SPSS에 입력한 자료이다. Cronbach α 계수를 구하시오.

표 11.48 수학에 대한 흥미도 입력자료

번호	문1	문2	문3	문4	문5	문6	문7	문8	문9	문10
1	1	3	1	1	1	1	1	1	4	1
2	5	3	5	5	5	5	5	5	4	5
3	5	1	1	1	1	1	5	1	1	1
4	1	3	1	5	1	1	5	1	4	1
5	1	3	1	1	2	1	5	1	1	1
6	1	1	1	1	1	1	1	1	1	1
.	.	.	.	.	.	.	.	.	.	.
.	.	.	.	.	.	.	.	.	.	.
.	.	.	.	.	.	.	.	.	.	.
.	.	.	.	.	.	.	.	.	.	.
36	5	3	1	1	1	1	5	1	1	1
37	5	3	1	1	1	1	5	1	1	1
38	1	3	1	1	1	1	1	1	1	1
39	1	3	1	1	1	1	5	1	1	1
40	1	3	1	1	1	1	5	1	1	1

(1) 분석절차

① [그림 11.61]과 같이 [분석(A)] → [척도화분석(A)] → [신뢰도분석(R)...]의 절차에 따라 검정을 수행한다.

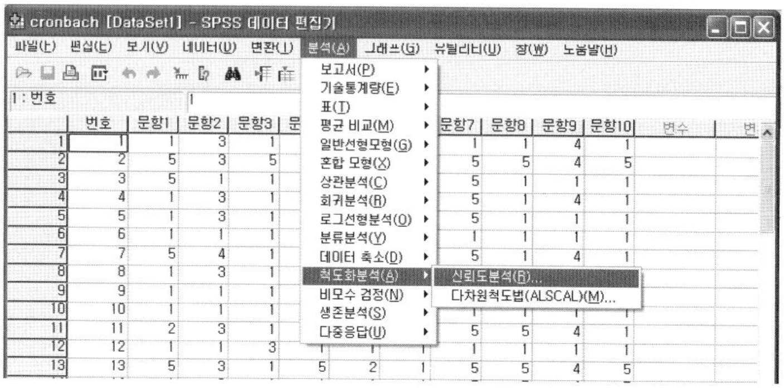

그림 11.61 신뢰도분석 절차

② [그림 11.61]과 같이 실행하여 [그림 11.62]와 같은 대화상자가 나타나면, 분석하고자 하는 변수들(문항1~문항10)을 선택하여 [항목(I)]로 보낸다. [모형(M)]은 알파를 선택하여 지정한다.

③ [그림 11.63]의 통계량 대화상자에서 [항목제거시 척도(A)]를 선택한다.

④ [그림 11.62]에서 확인을 클릭한다.

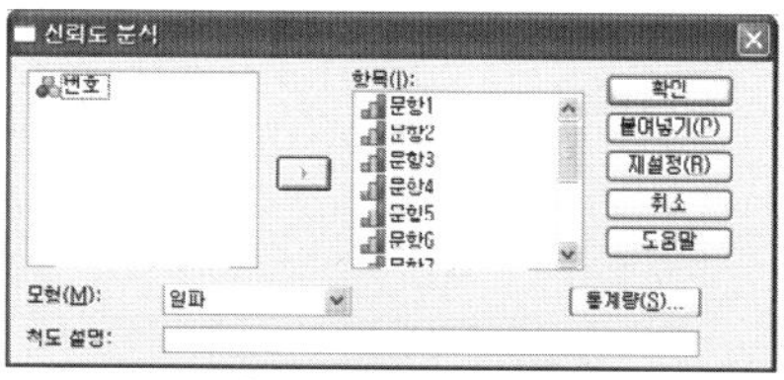

그림 11.62 분석대상 변수지정

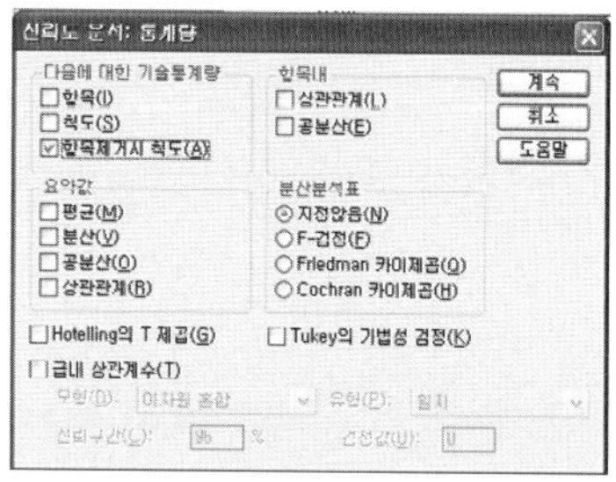

그림 11.63 정확한 검정 대화상자

(2) 분석결과

〈표 11.49〉의 신뢰도 통계량을 보면, 검사도구의 항목은 10개이고 Cronbach α계수는 .742로 나타났다. 일반적으로 신뢰도의 α계수가 .60 이상이면 신뢰성이 있다고 볼 수 있기 때문에 중학생들의 수학에 대한 흥미도를 알아보는 평가문항은 신뢰성이 있다고 할 수 있다. 또한 〈표 11.50〉에는 각 항목

을 제거했을 경우의 Cronbach α계수가 제시되어있다. 가령, 측정 문항 중에서 문항9를 제거했을 때 나머지 문항들의 전체 Cronbach α계수는 .751로 개선됨을 알 수 있다.

표 11.49 신뢰도 통계량

Cronbach의 알파	항목 수
.742	10

표 11.50 항목 총계 통계량

	항목이 삭제된 경우 척도 평균	항목이 삭제된 경우 척도 분산	수정된 항목-전체 상관관계	항목이 삭제된 경우 Cronbach 알파
문항1	18.15	40.182	.434	.724
문항2	18.25	49.218	.382	.727
문항3	19.22	45.820	.429	.718
문항4	19.38	45.112	.509	.708
문항5	19.38	48.651	.495	.719
문항6	19.67	49.917	.512	.723
문항7	16.38	45.574	.370	.727
문항8	18.97	40.948	.546	.697
문항9	18.50	47.949	.226	.751
문항10	19.08	44.020	.417	.720

CHAPTER 12

연구계획서 및 연구보고서 작성

- 연구계획서
- 연구보고서
- 연구보고서 작성법
- 참고문헌 작성법

대부분의 경우에 연구자들은 연구를 수행하는 과정에서 다음 두 가지 단계에서 보고서를 작성해야 한다. 첫 번째 단계는 연구계획서를 작성하는 것이고, 두 번째 단계는 연구의 결과가 포함된 연구보고서를 작성하는 것이다. 계획에 따라 연구를 올바르게 수행하는 것도 중요하지만, 다른 사람들이 쉽게 이해할 수 있도록 올바르게 기술하는 것도 중요하다. 따라서 연구자는 제출하는 기관에서 요구하는 양식에 맞게 연구의 내용, 연구의 방법 및 절차, 연구의 결과를 기술해야 한다.

1 연구계획서

1. 연구계획서의 중요성

연구계획서는 연구하려는 것에 대한 계획을 기술하는 것이다. 연구계획서에는 무엇을 연구하려는지, 왜 그런 연구를 하려는지, 어떻게 그 연구를 수행하려 하는지에 대해서 기술되어야 한다. 연구계획이 치밀하고 구체적으로 이루어지면 이미 논문의 절반 이상을 작성하였다고 해도 과언이 아니다. 따라서 연구계획서 작성은 연구과정에서 가장 중요하고 필수적인 단계이다. 연구계획서를 작성함으로써 모호했던 연구계획이 구체적인 형태로 바뀌게 된다. 연구계획서에서 연구자는 연구의 목적이 무엇인지, 연구문제가 무엇인지, 왜 그런 연구를 수행하게 되었는지, 연구문제에 대한 답을 얻기까지 어떤 연구방법 및 절차를 적용했는지를 구체적으로 제시하여야 한다. 연구계획서를 작성함으로써 얻을 수 있는 장점은 다음과 같다(김연희, 문승태, 장선철, 2003; 김석우, 최태진, 2007).

첫째, 연구문제와 연구 진행 과정에 관하여 보다 조직적으로 사고할 수 있게 되어 연구설계상의 결점이나 불합리한 점을 사전에 찾아내어 수정·보완할 수 있다.

둘째, 연구를 실제로 실행하기 전에 필요한 자료의 수집과 진행 절차를 정확하게 인식할 수 있다.

셋째, 지도 교수, 심사 위원 그리고 다른 전문가들로부터 연구계획에 대한 조언이나 제안을 받을 수 있다.

따라서 연구를 순조롭게 진행하고 올바른 연구결과를 도출하기 위해서는 연구계획서 작성이 필수적이다. 연구자는 연구계획서를 치밀하게 작성하여 제출하고, 다른 전문가들이 제시한 비평이나 제안을 고려하여 부족하고 모호한 연구계획을 수정·보완해야 한다. 실제로 연구자는 본격적인 연구가 실행되기 전에 계획서의 작성에 많은 시간을 할애하여야 한다.

2. 연구계획서 작성

연구하려는 연구의 목적 및 제출되는 기관에 따라 연구계획서의 양식은 약간씩 차이가 있겠으나 대체적으로 [그림 12.1]과 같은 내용들이 연구계획서에 제시되어야 한다. 아래 제시한 내용과 목차대로 연구계획서가 작성되어야 하는 것은 아니지만, 일반적으로 연구계획서를 작성할 때 포함시켜야 할 내용과 목차이다.

연구제목
Ⅰ. 서론
　A. 연구의 필요성 및 목적
　B. 연구문제(또는 가설)
　C. 용어의 정의
　D. 연구의 제한점
　E. 기대되는 효과
Ⅱ. 이론적 배경
Ⅲ. 연구방법
　A. 연구설계
　B. 연구대상
　C. 측정도구
　D. 연구절차
　E. 자료분석
　F. 연구일정

그림 12.1 연구계획서 양식

연구제목 연구자가 연구를 계획하고 수행하기 전에 해야 할 일은 바로 무엇에 대해서 쓸 것인지를 결정하는 것이다. 즉, 연구주제를 정해야 한다. 제 1장에서 언급한 대로 좋은 연구주제의 기준에 맞게 연구주제를 선정했다면 그것을 하나의 연구제목으로 기술하는 것이 필요하다. 연구제목을 기술하는 데는 다음과 같은 점에 유의할 필요가 있다(성태제, 2005; 김연희, 문승태, 장선철, 2003).

첫째, 연구내용을 설명해 줄 수 있도록 분명하고 구체적이면서 간결하고 명확하게 서술한다. 예를 들어, '중학생들의 수학적 추론 능력' 이라고 진술하는 것보다는 '중학생들의 추론 능력에 미치는 성장배경 요인분석' 이 좀 더 구체적이고 자세한 진술이다.

둘째, 연구하고자 하는 분야와 세부 영역을 알 수 있도록 연구내용을 대표하는 핵심단어(key word)를 포함시켜야 한다. 연구제목에 핵심단어가 포함되면 제목만 보고도 연구영역과 범위를 알 수 있다.

셋째, 연구제목에는 속어를 쓰지 말아야 하며, 가치중립적인 단어를 사용해야 한다. 특정 집단이나 해당 전문가만이 알 수 있는 속어를 쓰게 되면, 그 집단에 속하지 않는 독자들은 연구의 내용을 짐작할 수 없을 것이다. 또한 '우리나라의 사교육이 수학교육을 황폐화시킨 원인 분석' 이라는 논문 제목을 보면, 연구자의 주관적인 의도를 알 수 있을 뿐만 아니라 어떤 분야에 대한 부정적 감정이 개입되었다는 인상을 받게 된다. 따라서 황폐화와 같은 가치중립적이지 않은 단어를 사용하게 되면, 연구자의 주관적 의도가 포함되어서 연구결과의 객관성에 의문을 갖게 할 수 있다.

넷째, 부제를 원제목에 포함시키는 것이 바람직하다. 논문 제목을 기술할 때, 연구내용이나 연구대상을 구체화하기 위하여 원제목 뒤에 ':(콜론)' 으로 부제를 다는 경우가 있다. 가령, '초등학교 아동들의 논리적 추론에서의 정교화 효과: 4학년을 중심으로' 라는 제목보다는 '초등학교 4학년 아동들의 논리적 추론에서의 정교화 효과' 라고 서술하는 것이 바람직하다.

다섯째, '________관한 연구', '________관한 사례연구', '________관한 조사연구' 와 같이 '연구' 라는 단어를 사용하지 않는 것이 좋다. 연구가 체계적이고 과학적으로 진행되었다면, 당연히 연구가 되는 것이므로 굳이 제목에 '연구' 를 붙일 필요는 없다.

여섯째, 독립변인과 종속변인을 함께 진술하는 것이 좋으며, 진술하는 순서는 독립변인을 먼저 기술하고 종속변인을 뒤에 기술하는 것이 바람직하다. 예를 들어, '개방형 교수법(독립변인)이 초등학교 4학년 학생들의 수학적 창의성(종속변인)에 미치는 효과.'

Ⅰ. 서론 연구의 설계가 아무리 잘 되었다고 하더라도 서론이 치밀하게 진술되지 않는다면, 나머지 다른 부분들에 대하여 더 이상 관심을 갖지 않게 될 것이다. 즉, 연구의 도입 부분으로써 서론에서는 다른 독자들에게 연구에 대한 관

심을 불러일으킬 수 있도록 진술되어야 한다. 서론에는 연구의 필요성 및 목적, 연구문제의 진술, 용어의 정의, 연구의 제한점, 기대되는 효과를 제시한다.

A. 연구의 필요성 및 목적 연구의 필요성 및 목적에서는 대체로 연구주제를 선정한 이유와 그 필요성에 대하여 언급하고, 필요성을 제시한 다음에는 연구의 목적을 기술한다. 연구의 필요성은 이론적 필요성과 실제적 필요성으로 나누어 제시하는 것이 좋다. 이전의 선행연구와 관련하여 본 연구의 위치와 당위성을 제시함으로써, 독자들에게 연구의 필요성과 가치를 충분히 이해시킬 수 있어야 한다. 처음에는 본 연구와 관련하여 독자들의 관심을 끌 수 있는 일반적인 관심사로부터 시작하는 것이 좋으며, 우선 개조식으로 작성한 다음에 각 부분에 살을 붙이고 전체적인 문맥을 고려하여 보완하는 방법으로 작성한다. 연구의 필요성 및 목적을 작성할 때는 대체로 ①연구의 당위성 ②연구주제에 대한 문제 제기 ③본 연구주제와 관련하여 선행연구에서 제시된 연구 ④선행연구에서 연구되지 않았던 부분을 통한 연구자의 관점 ⑤본 연구를 통한 시사점의 순으로 작성하면 된다(김연희, 문승태, 장선철, 2003).

B. 연구문제(또는 가설) 연구문제(또는 가설)의 진술에 대해서는 2장에서 자세하게 논의했기 때문에 여기서 다시 언급하지는 않을 것이다. 다만, 연구계획서에서는 독자들이 연구주제에 대한 연구문제를 쉽게 인식할 수 있도록 부각시키는 것이 중요하다. 또 변인들 간의 예상되는 관계를 가설로 제시할 수도 있다. 연구계획서에 무엇을 연구할 것인지에 대해서 명확하게 제시해주어야만 다음에 논의되는 연구방법 및 절차에 관심을 갖게 할 수 있다.

C. 용어의 정의 연구계획서에서 연구주제와 연구문제(또는 가설)을 진술하는데 사용된 용어들 중에서 특별한 의미를 갖고 있는 용어들은 개념적 또는 조작적으로 정의해야 한다. 특히, 연구에서 고려하고 있는 변인과 조건들에 관한 용어들은 조작적으로 정의되어야 한다. 이러한 용어에 대한 조작적 정의는 연구결과를 일반화하는데 도움이 되기 때문에, 여러 학자의 이론이나 학설을 그

대로 인용하기보다는 연구하려고 하는 연구의 내용이나 관점에서 정의되어야 한다.

D. 연구의 제한점 연구자는 연구의 결과를 해석하거나 일반화하는데 영향을 주는 점들을 연구의 제한점으로 제시해주어야 한다. 즉, 연구의 제한점에는 연구방법론적 문제와 관련된 것들을 기술한다. 어떤 연구든 그 연구에서 선택한 특정한 연구대상, 측정도구, 자료수집 방법 등이 있을 것이다. 연구의 결과는 그러한 결과가 얻어진 조건들, 특정한 연구대상, 측정도구, 자료수집 방법 등에 한정되어서 해석될 수밖에 없을 것이다. 연구에서 주어진 조건을 너무 확대하여 해석하거나 일반화하게 되면, 앞에서 언급했던 내적 타당도와 외적 타당도에 있어서 심각한 문제가 발생하게 된다. 따라서 연구자는 자신의 연구결과가 타당하게 해석되고 일반화될 수 있는 범위를 밝혀야 한다. 이렇게 함으로써 연구자는 자신의 연구결과가 잘못 해석되거나 과잉 일반화되지 않도록 할 수 있을 것이다.

즉, 연구자가 선택한 연구설계와 방법이 최상의 것은 아니지만, 그렇게 할 수 밖에 없는 이유가 있을 것이다. 이러한 이유들이 연구의 제한점으로 제시되어야 한다. 연구의 제한점에서 진술되어야 할 내용으로는 피험자의 특성, 자료수집의 방법, 자료수집 장소 및 시기 등을 중심으로 기술한다. 예를 들면 다음과 같다.

- 본 연구는 초등학교 4학년을 대상으로 하였기 때문에 초등학교의 모든 학년에게 일반화하는데 제한점을 갖는다.
- 본 연구는 서울지역의 사립초등학교 학생들을 대상으로 하였기 때문에, 공립초등학교 학생들에게 일반화시키기에는 다소 무리가 있다.
- 본 연구에서 사용한 실험처치가 한 학교의 한 반으로만 제한하여 실시하였기 때문에 학교의 특수성을 배제하지 못하였다.

문수백(2003)은 연구의 제한점을 진술할 때 연구자들이 흔히 범하는 오류에 대하여 다음과 같이 지적하였다. "연구자들은 연구의 제한점을 마치 연구에서 자신이 도저히 극복하지 못한 문제점 또는 '능력의 한계'의 의미로 잘못 인식하여 …… 문제가 있음에도 불구하고 연구를 수행할 수밖에 없었다는 변명을 밝히고 있음을 흔히 볼 수 있다"(p. 67). 문수백은 연구자가 연구의 제한점과 연구의 문제점을 혼동하고 있는 사례로 다음을 들고 있다.

- 분석의 신뢰도를 높이기 위해 본 연구자와 분석자 두 명이 공동으로 분석하였으나, 연구자들의 주관적 해석의 오류를 완전히 극복하였다고 보기는 어렵다.
- 참여 관찰과 기록시 연구자의 주관적 오류가 개입될 가능이 있다.
- 검사도구가 외국의 도구를 번역 · 수정한 것이므로 두 차례의 예비검사 실시를 통해 수정과정을 거쳤으나 신뢰도나 타당도에 문제가 있다.

요약하자면, 연구의 제한점은 연구의 문제점을 밝히는 곳이 아니며 자신의 연구결과가 타당하게 해석되고 일반화될 수 있는 범위를 파악한 다음 연구의 제한점으로 명확히 밝혀 주어야 한다.

E. 기대되는 효과 연구의 목적은 관련 분야에 대한 지식을 확장하는 것이기 때문에, 연구자는 자신의 연구결과가 연구주제와 관련된 특정한 영역에 있어서 어떤 의미를 갖고 있는지 그리고 그 분야의 현안 문제를 해결하는데 얼마나 유용하게 사용되는지를 제시해주어야 한다. 즉 연구자는 자신의 연구결과가 관련 분야에 대한 심도 있는 연구를 위한 기반을 어느 정도나 마련해주고 있는지를 제시해주어야 한다. 또한 연구자는 연구의 결과가 교육 현장에서 어느 정도나 적용될 수 있는지를 제시해주어야 한다.

예를 들어, 연구결과는 실제 수학교육에 있어서 어떤 의미를 갖는가? 연구결과를 통하여 수학교육에서 어떤 점이 개선되고 변화될 수 있는가? 연구결과를 통하여 앞으로 어떤 수학적 연구를 더 기대할 수 있겠는가? 첫 번째 질문에 대해서는 수학과 교육과정의 개정이나 특정한 영역에서 각 주제들의 재배열

등과 같은 효과를 기대할 수 있을 것이다. 두 번째 질문에 대해서는 수학교수-학습 방법 의 개선을 기대할 수 있을 것이다. 세 번째 질문에서는 수학학습부진아를 줄이는 방법이나 프로그램에 대한 연구를 더 기대할 수 있을 것이다. 현재 수행하고 있는 연구에서는 수학과 교육과정이나 수학학습 프로그램을 개발하지는 못하지만, 그러한 것들을 개발하기 위한 기초를 마련하고자 하는 점을 제시할 필요가 있다.

Ⅱ. 이론적 배경(문헌 및 선행연구의 고찰) 이론적 배경은 연구자가 연구하고자 하는 연구주제와 관련된 연구문제나 가설을 설정하기 위하여 고찰한 이론이 될 수도 있고 선행연구의 결과가 될 수도 있다. 따라서 연구자는 연구주제에 관하여 지금까지 연구된 것들을 연구문제나 가설과 관련지어서 제시하여야 한다. 또한 이론적 배경에는 연구의 목적과 관련된 것만을 제시해야 한다.

연구계획서는 연구를 완성하여 기술한 것이 아니기 때문에, 참고한 모든 논문이나 자료를 모두 제시하기 보다는 중요한 문헌만을 인용하여 핵심적인 내용을 조리 있게 정리하는 것이 좋다. 초보 연구자들은 자신의 연구가 아주 독창적이기 때문에 참고할만한 문헌이 없다고 생각하는 경우가 있다. 그러나 이러한 경우는 매우 드물다. 관련 연구를 철저하게 검토하다 보면 자신의 연구와 관련된 논문이나 자료들을 찾아낼 수 있을 것이다.

이론적 배경을 진술할 때, 초보 연구자들이 범하는 가장 흔한 오류는 연구와 관련된 논문을 차례대로 요약하여 제시하는 것이다. 이것은 논문들을 단순히 요약하는 것에 지나지 않기 때문에, 연구주제와 관련하여 아무런 논점을 제시하지 않는다. 이론적 배경은 주제별로 정리하여 제시하는 것이 좋다. 따라서 각 주제별 내용은 연구자가 연구하고자 하는 주제와 관련지어 자연스럽게 연결되도록 하고, 최종적으로는 연구의 쟁점을 유도하도록 한다.

따라서 연구자는 연구주제와 관련된 많은 연구들을 선별해야 하고 그것들을 통합하여 제시할 수 있어야 한다. 또한 연구자는 자신이 연구하려고 하는 주제가 기존의 선행연구들과 어떤 관련성이 있으며, 어느 위치에 있는지를 제시해야 한다. 이렇게 함으로써 연구자는 독자들에게 연구자가 의도하고 있는 연구

주제에 대해서 많은 정보를 갖고 있고 충분한 분석을 하고 있다는 확신을 줄 수 있다

Ⅲ. 연구방법 연구계획서에서 연구의 필요성과 연구문제를 제시하는 것도 중요하겠지만, 가장 중요한 것은 연구방법이라고 볼 수 있다. 그 이유는 연구방법에서는 연구문제(또는 가설)를 해결하기 위하여 어떻게 연구를 수행할 것인지를 제시하기 때문이다. 이를 위하여 연구자는 먼저 어떤 연구방법 및 연구설계를 적용할 것인지를 결정해야 한다. 가령, 두 가지 수학교수법을 비교하는 연구를 수행하는 경우에, 실험연구를 적용한다고 결정했다면 이어서는 어떤 실험설계를 적용할 것인지도 결정해야 한다. 이러한 점이 결정된 다음에는 구체적으로 연구대상, 측정도구, 연구절차에 대한 내용이 자세하게 제시되어야 한다.

A. 연구설계 연구설계는 연구문제에 대한 답을 얻기 위한 계획을 기술하는 것이다. 따라서 연구설계에서는 연구문제를 해결하기 위하여 적용된 연구방법을 제시해야 하고, 연구를 진행하는 과정에서 수행되는 모든 절차에 대해서 자세하게 기술해야 한다. 가령, 연구자가 설정한 연구문제에 따라 조사연구, 관찰연구, 상관관계연구, 실험연구, 인과-비교연구 등으로 연구설계를 할 수 있을 것이다. 특히 조사연구, 인과-비교연구와 같이 변인과 변인들의 관계를 연구하는 경우 변인들 간의 관계를 도식화하여 제시하고, 실험연구의 경우에는 실험설계모형을 제시하는 것이 좋다.

B. 연구대상 연구자는 자신의 연구를 다시 반복하여 수행해도 같은 결과가 나올 수 있도록 연구대상과 관련하여 상세하게 설명해주어야 한다. 연구자는 언제, 누구를, 어디서, 어떤 방법으로, 몇 명이나 표집하여 연구대상자로 삼았는지를 밝혀주어야 한다. 즉 연구결과의 일반화는 표본이 모집단을 얼마나 대표할 수 있느냐와 관련이 있으므로 적절한 표집방법 및 절차를 제시하는 것이 중요하다. 연구대상을 기술하는 첫 번째 단계는 관심을 갖고 있는 모집단을 밝

히는 것이다. 예를 들어, 대학생, 초등학교 6학년, 초등학교 교사 등과 같이 구체적으로 어떤 대상으로 연구를 실시할 것이지를 기술해야 한다. 그런 다음에는 표본의 크기, 장소, 방법과 같은 표집과정과 절차를 기술한다. 특히 표집방법에 있어서 무작위 추출이 불가능하다면, 특정한 표집방법을 적용한 이유를 제시해야 한다. 또한, 표집된 집단에 대한 특성, 즉 다른 집단과 비교되는 특성(예를 들어, 사회 · 경제적 지위, 전국 또는 시도별 수학성취도 등등)을 기술해야 한다. 이와 같이 연구대상에 대한 특성을 자세하게 기술하는 이유는 연구의 결과를 일반화하여 적용할 수 있는 범위를 규정할 수 있기 때문이다.

C. 측정도구 교육연구의 목적은 변인들 간의 관계를 밝히는 것이다. 그러나 일반적으로 교육과 관련된 변인들은 직접 측정할 수 없는 경우가 많다. 그렇기 때문에 그 변인들을 가장 적절하게 측정할 수 있는 간접적인 도구를 사용한다.

연구계획서에는 자료를 수집하기 위하여 사용한 측정도구에 대해서 다음과 같은 점을 제시해야 한다. 첫째, 측정도구는 누가, 언제, 무엇을 측정하기 위하여 개발했는지에 대한 정보를 밝혀야 한다. 둘째, 측정도구를 구성하고 있는 검사의 전체 문항수, 하위척도의 수, 척도의 유형 등을 기술해야 한나. 셋째, 측정도구의 신뢰도와 타당도가 제시되어야 한다. 연구자가 직접 측정도구를 개발한 경우에는 개발 절차를 언급할 필요가 있다.

사용하고자 하는 측정도구가 표준화된 측정도구라면, 위의 내용을 간단히 기술하면 된다. 그러나 다른 측정도구를 수정하거나 보완했다면, 수정 · 보완된 부분을 자세하게 기술해야 한다. 원칙적으로는 연구계획서에도 측정도구를 첨부하여야 한다.

D. 연구절차 연구계획서에 있어서 연구절차의 기술은 매우 중요하다. 연구절차는 앞에서 결정한 연구대상들에게 측정도구를 사용하여 어떤 과정을 통하여 자료를 수집했는지를 구체적으로 밝히는 것이다. 조사연구에서 질문지를 통하여 자료를 수집하는 경우에는 질문지 발송 및 회수 시기와 방법 그리고 질

문지 처리과정 등을 기술해야 한다. 면담을 통하여 자료를 수집하는 경우에는 면담 일정, 면담자 교육, 면담방법 등의 모든 단계가 연구절차에서 자세하게 기술되어야 한다. 관찰연구일 경우에는 연구대상의 행위에 대한 관찰방법, 관찰 시기와 시간, 관찰결과의 기록방법, 관찰자, 관찰자의 훈련 등에 대해서 기술한다. 실험연구의 경우에는 실험집단과 통제집단을 결정한 후 각 집단에 누가, 언제, 어떤 실험 처치를, 어떻게 얼마동안 실시했는지를 구체적이고 체계적으로 기술해야 한다.

E. 자료분석 연구계획서에는 연구문제에 대한 해답을 얻기 위하여 수집한 자료들을 어떻게 처리할 것인지에 대한 자료분석방법을 제시해야 한다. 어떤 분석방법을 사용할 것인지는 전적으로 연구문제 또는 가설, 연구설계, 수집된 자료의 특성에 따라 결정된다. 수행하려는 연구가 기술적 자료를 바탕으로 한 연구이면, 면담 자료나 비디오 녹화 자료들을 어떤 방법으로 조직하고 분석할 것인지를 서술한다. 연구 자료가 통계적으로 분석해야 할 자료일 경우에는 먼저, 각 연구문제(또는 가설)를 검증하기 위해 수집된 자료를 어떤 통계적 방법으로 분석할 것인지를 밝혀야 한다. 자료분석방법으로는 기술통계를 사용할 수도 있고 추측통계를 사용할 수도 있다. 연구가설을 검증하는 통계적 자료분석방법은 모수통계분석과 비모수통계분석으로 나누어지는데 수집된 자료의 형태에 따라 적용하는 분석방법이 달라진다. 이어서 통계적 분석결과를 유의수준을 어느 정도로 설정하여 통계치의 유의성을 검증했는지를 기술한다. 또한 SPSS나 SAS와 같이 통계프로그램을 사용하였을 경우에는 구체적인 프로그램명과 버전을 밝혀 두어야 한다.

F. 연구일정 연구계획서에는 정해진 기간에 연구를 완성할 수 있는 실제적인 일정을 제시하는 것이 좋다. 이렇게 제시된 연구일정을 보면 언제, 어떤 내용의 연구가 수행되는지를 밝힘으로서 다른 사람들로부터 검토를 받을 수 있으며, 스스로 각 단계를 점검하면서 연구를 수행할 수 있다. 연구일정을 나타내는 정해진 양식은 없으며 연구방법에 따라 달라질 수 있다. [그림 12.2]는 실

험연구를 위한 연구일정표의 예이다.

(연구기간 : 2009. 1~2009. 12)												
연구내용 \ 월	1	2	3	4	5	6	7	8	9	10	11	12
문헌 검토	◀	—	▶									
연구주제 선정	◀	▶										
연구문제의 구체화		◀	▶									
연구방법의 구체화			◀▶									
연구대상 표집				◀▶								
측정도구 개발				◀▶								
사전 검사 실시					◀▶							
실험 실시					◀	—	▶					
사후 검사 실시								◀▶				
자료분석									◀▶			
결과 해석										◀▶		
연구보고서 작성											◀	▶

그림 12.2 연구일정표

2 연구보고서

연구계획서에 제시된 대로 연구를 수행하고 나면, 그 결과를 연구보고서의 형태로 제출하게 된다. 아무리 좋은 연구결과를 얻었더라도 그것을 적절하게 작성하지 못한다면 제대로 된 연구로 평가받지 못할 것이다. 각 기관 또는 연구의 성격에 따라 연구보고서의 형태와 양식이 다를 수 있지만, 대체로 다음과 같은 5개의 장으로 구성된다. Ⅰ장부터 Ⅲ장까지는 앞 절의 연구계획서에서 기술했으므로 추가적인 자료나 정보를 보충하면 된다. Ⅰ장 서론에서는 연구를 진행하면서 추가로 수집된 이론이나 자료를 통하여 연구의 필요성과 목적을 보강하여 보다 체계적이고 명료하게 진술하도록 한다. Ⅱ장의 이론적 배경은 연구에서 참고한 모든 문헌들을 정리하여 기술하되, 어떤 문헌이든 연구를 위해 참고하였을 경우에는 반드시 참고문헌으로 기술해야 한다. 연구계획서에서 Ⅲ장의 연구방법을 기술할 때는 미래형으로 진술하는 반면에, 연구보고서는 연구를 실시한 후에 작성하는 것이므로 과거형으로 서술하는 것이 좋다.

앞 절에서 Ⅰ장부터 Ⅲ장까지는 자세하게 설명하였기 때문에, 여기서는 Ⅳ장의 연구결과 및 논의, Ⅴ장의 결론 및 제언에 대해서 설명하도록 하겠다. [그림 12.3]은 일반적으로 적용되는 연구보고서 양식이다.

연구제목
Ⅰ. 서론
  A. 연구의 필요성 및 목적
  B. 연구문제(또는 가설)
  C. 용어의 정의
  D. 연구의 제한점
  E. 기대되는 효과
Ⅱ. 이론적 배경
Ⅲ. 연구방법
  A. 연구설계
  B. 연구대상
  C. 측정도구
  D. 연구절차
  E. 자료분석
  F. 연구일정
Ⅳ. 연구결과 및 논의
Ⅴ. 결론 및 제언
〈참고문헌〉
〈부록〉

그림 12.3 연구보고서 양식

Ⅳ. 연구결과 및 논의 연구결과는 자료의 분석을 통하여 이끌어진다. 연구결과는 연구의 특성에 따라서 대부분 통계적 분석 결과를 제시하기도 하지만, 관찰 결과나 면담 결과를 종합하여 기술하는 경우도 있다. 연구결과를 작성할 때는 명

료하고 조직적으로 진술해야 하는데, 다음과 같은 점에 유의하도록 한다.

첫째, 가설 또는 연구문제별로 기술하되, 연구주제, 연구문제, 가설과 직접적으로 관련이 없는 자료는 제시하지 않도록 한다.

둘째, 모든 자료를 연구에 제시할 필요는 없으며, 표나 그림으로 정리해서 기술한다.

셋째, 가설과 관련된 통계분석 결과를 제시하고 통계적 유의성 검정 결과를 정해진 양식에 따라 제시한다.

넷째, 객관적인 자료나 정보가 부족한 연구결과는 제시하지 않도록 하고, 주관적인 해석이 되지 않도록 한다.

연구결과에서는 연구문제나 가설과 직접 관련이 있는 자료를 연구문제별로 요약하고, 가설 검정을 위한 통계분석 결과를 제시한 다음 가설의 기각 여부만을 기술한다. 이러한 연구결과는 선행연구나 관련된 이론적 틀에서 해석되고 의미를 부여하여어야 한다. 얻어진 연구결과에 대한 의미의 해석이나 그러한 연구결과가 나타난 이유에 대한 설명은 논의에서 기술된다. 처음에 설정한 가설에 비추어 연구결과가 관련 이론이나 선행연구에 부합하는지 아니면 부합하지 않는지를 논의해야 한다. 예를 들어, '수학공식의 파지력을 향상시키는데 있어서 암기의 효과'에 대한 연구에서, '수학공식에 대한 암기는 파지력을 향상될 것이다'와 '암기는 수학공식의 파지력에 지속적으로 효과가 있을 것이다'라고 가설을 설정하였다고 하자. 이 연구를 수행한 결과, 공식을 암기한 집단이 그렇지 않은 집단보다 파지력에서는 높게 나타났으나 그 효과가 유의미하게 지속적이지는 않은 것으로 나타났다. 이러한 연구결과에 대해서 다음과 같은 논의가 가능하다. 즉, "암기는 수학공식을 지속적으로 파지하는데 중요한 요인이 아니다. 이 연구결과는 유의미 학습을 강조한 Ausubel(1966)의 연구결과와 일치하는 것이다."

V. 결론 및 제언 연구보고서의 마지막 장은 결론 및 제언으로 구성된다. 일

반적으로 결론 부분에서는 연구문제를 진술하고 핵심적인 연구방법을 간략히 진술하는 것으로 시작하는 것은 좋으나, 연구결과를 다시 반복하여 진술하는 것은 바람직하지 않다. 연구결과는 자료분석을 통하여 밝혀진 결과만을 의미한다. 예를 들어, 연구결과는 "집단1의 평균이 집단2의 평균보다 통계적으로 유의하게 높게 나타났다"라고 진술된다. 반면에 결론은 결과에 기초하여 이루어진 추론으로서 연구의 가설과 관련지어 기술된다. 즉, 결론에서는 위의 연구결과를 기초로 하여 "집단1에 실시한 교수법A가 집단2에 실시한 교수법B보다 더 효과적이었다"라고 추론하게 된다.

제언 부분에서는 자신의 연구와 관련된 부분만을 집중하여 기술하여야 한다. 본 연구를 수행하는데 접했던 연구방법상의 한계와 범위를 기술하고 그것이 해결될 수 있는 후속 연구가 필요함을 지적한다.

3 연구보고서 작성법

연구보고서를 작성하는 방식은 약속된 양식에 따라 진술되어야 한다. 각 분야별 또는 소속 기관에 따라서 편집 양식은 다소 차이가 있을 수 있다. 여기서는 교육학계와 심리학계에서 주로 사용하고 있는 편집 양식인 APA(American Psychological Association, 2001) 방식을 중심으로 살펴보기로 한다.

1. 번호부여 방법

1) 본문 내용의 목차

연구보고서에서는 일관된 번호 체계를 유지하는 것이 중요한데, 일반적으로 다음의 예와 같이 하는 것이 편리하다. 본문에서 내용 목차를 쓸 때는 2수준, 3수준으로 내려갈 때마다 한 칸씩 들여쓰기를 한다.

· Ⅰ. – A. – 1. – 가 – 1). – 가) – (1) – (가) – ① – ㉮
· Ⅰ. – 1. – 1.1 – 1.1.1, —
· 제1장 – 제1절 – 1 – 가 – (1) – (가) – ①

2) 표와 그림의 목차

표와 그림에도 일련 번호를 붙이되, 전체적인 순서에 따라 붙일 수도 있고 장별로 구분하여 붙일 수도 있다. 일반적으로 표에는 〈 〉를, 그림에는 [ ]를 사용한다.

· 〈표 4〉 양적 연구와 질적 연구의 비교
· 〈II – 8〉 상관계수 해석기준
· [그림 12] 교육연구의 분류
· [그림 Ⅳ.2] 무작위 추출과 무작위 할당의 비교

2. 문장부호 사용법

1) 마침표(.)

• 한 문장이 끝나는 경우 반드시 찍는다.

· 연구주제는 무궁무진하다.

• 이름의 이니셜

· J. R. Smith

• 라틴계의 약자, 참고문헌의 약자

· a.m., cf., i.e. vs.
· Vol.1, 2nd ed., p.6

• 주의 이름, 대문자의 약자, 단위의 약자에는 마침표를 찍지 않는다.

· NY, OH, Washingto, DC
· APA, IQ
· cm, ft, kg, ml

2) 쉼표(,)

• 세 개 이상의 항목들이 연속적으로 나열되는 경우, '그리고'와 '또는' 등의 접속사 앞에 쉼표를 찍는다.

· 수학자, 수학교육자, 그리고 수학교사
· 사회적 요구, 국가적 요구, 또는 철학적 요구

• 1,000 이상의 숫자를 표기할 때 세 자리 단위로 쉼표를 찍는다.

· 조사연구에서 조사 대상은 2,762명이었으며, …

3) 세미콜론(;)

• 이미 쉼표를 가지고 있는 요소들을 분리하여 제시할 때 사용한다.

· 제시된 색깔의 순서는 빨강, 노랑, 파랑; 파랑, 노랑, 빨강; 노랑, 빨강, 파랑이었다.

• 하나 이상의 참고문헌들이 주어질 때 그들을 구별할 때 사용한다.

· …의 중요성을 강조하였다(전평국, 2004; Davis & Hueter, 1994; Pettigrew, 1993).

4) 콜론(:)

• 앞 문장을 부연 설명할 때

· Tyler(1949)는 교육과정을 개발하는데 있어서 두 가지 측면을 고려해야 한다고 주장하였다: 수직적 측면과 수평적 측면.

• 참고문헌에서 출판사 소재지명 뒤

· 서울: 교우사, New York: Longman.

5) 대시(–)

• 계속되는 문장에서 부수적인 설명을 하기 위하여

· 이 두 명의 참가자들은 – 1명은 3학년이고 다른 1명은 4학년 – 서로 분리하여 면담을 실시하였다.

6) 따옴표(" " 또는 ' ')

• 속어, 신생어, 주의를 요하는 사투리, 특정 용어를 기술할 때는 따옴표를 사용한다. 그러나 첫 단어에서만 사용하고 다음 단어부터는 사용하지 않는다. 큰 따옴표는 문장 형태에, 작은 따옴표는 단어 형태에 사용한다.

· 어느 연구자가 '소집단 협동학습의 효과'에 관심이 있다고 하자.
· 예를 들어, "고등학교에서 이산 수학을 가르치고 배워야 하는가?"라는 연구문제가 있다고 하자.

• 원문을 직접 인용할 때는 반드시 큰 따옴표(" ")를 사용한다.

· "검사는 개인 또는 집단의 지식, 기능, 감정, 지능, 또는 적성을 측하는 수단이다" (Gay, 1996, p.137).

• 큰따옴표로 인용한 인용문 내에서 또 인용 부호를 사용할 경우에는 작은 따옴표(' ')를 사용한다.

· "본 연구에서 '학년 수준' 은 중학교 1학년을 의미한다."

7) 괄호 (( ))

• 독립된 요소를 묶어서 제시할 때

· 두 집단 간에는 통계적으로 유의미한 차이가 있었다(〈표 5〉 참조).

• 문장 내에서 인용한 참고문헌을 제시할 때

· 학습에서의 활동과 문화화의 중요성을 강조하고 있다(Brown, Collins, & Duguid, 1989).
· Lave와 Wenger(1991)는 학습의 과정을 가치와 의미에 대한 공유된 이해를 갖게 된 집단에서의 참여의 증가로 설명한다.

• 요약된 약어를 소개할 때

· Myers-Briggs Type Indicator(MBTI)는 융의 심리유형론을 근거로 인간 이해를 위해 연구 개발된 성격유형검사이다.

• 소괄호 안의 문장에서 다시 괄호로 묶어야 하는 경우 대괄호를 사용한다.

· (실험집단[n=8]에 대한 연구결과는 [그림 2]에 제시되어 있다.)

3. 인용 방법

1) 직접인용

직접인용은 참고문헌의 내용을 글자 하나 바꾸지 않고 원문 그대로 인용하는 경우를 말한다. 인용문이 3줄 이하의 짧은 인용문은 큰 따옴표(" ")를 사용하여 인용하고, 소괄호 안에 저자, 출판연도, 페이지를 명기해야 한다. 그러나 3줄 이상의 긴 인용문의 경우에는 한 줄 띄어쓰기를 한 다음에 왼쪽과 오른쪽의 여백주기를 하여 서술하고 문장의 끝에 인용한 페이지를 표시한다.

• 3줄 이하의 짧은 인용문인 경우

• Schoenfeld(1988)는 "수학적 활동은 무엇인가를 생각하게 하는 것이어야 한다"(p. 87)라고 주장하였다.

• 3줄 이상의 긴 인용문인 경우

• Romberg(1992)는 수학을 아는 것과 행하는 것과의 차이를 음악을 아는 것과 음악을 행하는 것에 비유하면서 다음과 같이 설명하였다:

> 음악을 배운다는 것과 음악을 행하는 것은 다르다. 음악을 알고 수행할 때 음악을 행하는 것이다. 마찬가지로 수학에서 수에 관한 개념, 방정식을 푸는 방법 등을 배울 수 있지만, 그것은 수학을 행하는 것이 아니다. 수학을 행하는 것은 문제를 풀고, 추상화하고, 만들고, 증명하는 것이다(pp. 61-62).

2) 간접인용

간접인용은 참고한 내용을 원문 그대로 인용하지 않고 연구자의 말로 바꾸어 인용하는 것을 말한다. 간접인용의 경우에는 인용부호와 페이지를 사용하지 않고 저자와 출판연도만 제시한다. 저자명이 본문의 일부로 표기되는 경우에는 출판연도만 소괄호 안에 기입하거나 저자명과 출판연도를 쉼표로 분리해서 소괄호 안에 기입한다.

- 원전에 잘못된 표기나 철자가 포함되어 있는 경우에는 [sic] 또는 (원문 그대로)라고 표기

· "일본인들은 'gambae' [sic]를 믿는다."

- 저자가 1인 경우

· 2세부터 4세까지의 아동을 대상으로 한 Saxe(1991)의 연구에 의하면, 어머니의 도움을 받은 아동은 도움을 받지 않은 아동보다 문제를 해결하는데 있어서 더 높은 성취도를 나타냈다.
· 연구결과 학습자의 수학적 능력은 인지 과정적 요인 및 정보처리 유형과 상관관계가 높음을 알 수 있었다(박성선, 2007).

- 저자가 2명인 경우

영문 논문이면 'and' 로 저자명을 연결하고(한글 논문이면 '과/와' 로 연결), 괄호 속에서는 '&' 로 저자명을 연결한다(국내 저자명은 쉼표로 연결함).

· Carpenter and Moser(2003) suggested that most classroom instruction …
· Watters와 English(1995)는 동시적 정보처리 기능과 추론 능력이 관련이 있음을 밝혔다.

· 신애경과 최병순(2000)의 연구에서, 동시적/연속적 정보처리 모두 과학 문제해결력과 유의미한 상관관계가 나타났다.
· 상호교류적 쓰기 활동은 학생들의 수학적 성향에 긍정적 영향을 미쳤다(윤정민, 강완, 2006).
· 수학을 행하는 것은 기계적으로 내용을 외우고, 학습지의 문제를 푸는 것을 의미하지 않는다(Lappan & Briars, 1995; Resnick, 1989).

• 저자가 3명~5명인 경우

처음에 언급할 때는 모든 저자의 이름을 표기하고 그 다음부터는 저자명을 모두 기록하지 않고 첫 번째 저자의 이름만 기입한 다음에 'et al.' 이라고 기호를 붙인다(국내 저자인 경우에는 '외' 또는 '등' 을 붙인다).

· Steinberg 외(1985)는 수학을 개념적으로 충분히 이해한 교사는 학생들을 적극적인 문제해결 활동에 참여시킨다는 점을 발견하였다.
· 초보 교사가 공동체에 새로 들어왔을 때는 그 교사를 도와줌으로서 궁극적으로는 학생들의 수학 수업의 질을 개선하게 되는 것으로 나타났다(Stein et al., 1998).
· 따라서 비와 비례 개념의 연결성을 고려할 수 있는 자료의 개발이 필요하다(권오남 외, 2007).

• 저자가 6인 이상인 경우

처음 인용할 때부터 'et al.' 이라고 기호를 붙인다(국내 저자인 경우에는 '외' 또는 '등' 을 붙인다).

· Connally 외 (1998)는 미적분학을 위한 모델링의 기능에 대하여 …
· 교사의 신념은 서로 다른 교육적 환경에 의하여 영향을 받는다(Reys et al., 1983).

• 저자가 단체인 경우

단체명을 본문에서 처음으로 인용할 때만 완전한 이름을 밝히고, 그 후에는 약자로 표기한다.

- 한국교육과정평가원 (2003)에서는 …
- National Council of Teachers of Mathematics(1989, 1991)이 수학교육 개선안을 발표한데 이어서, Nelson(1997)은 수학교육에 대한 NCTM(1989, 1991)의 개선안이 제대로 구현되기 위해서는 교사의 전문성 개발이 필요하다고 지적하였다.

3) 재인용

원칙적으로는 1차적 자료를 인용하는 것이 바람직하지만, 1차적 자료를 참고할 수 없을 때는 다른 사람이 인용한 것을 재인용(또는 2차적 인용)을 하게 된다. 이런 경우 반드시 양식에 의하여 재인용이라는 사실을 밝혀야 하며, 참고문헌의 목록에는 재인용이라는 표기 없이 원래의 연구나 저서를 기록한다.

- Seidenberg와 McClelland(1989)의 연구에 따르면(Coltheart, Curtis, Atkins, & Halller, 1993에서 재인용), …
- …라고 주장하였다(Seidenberg & McClelland, 1989; Coltheart, Curtis, Atkins, & Halller, 1993에서 재인용).

4. 표, 그림 및 부록 작성법

수집한 자료나 연구결과를 간결하게 정리하여 표나 그림으로 제시하는 것이 좋다. 표나 그림으로 자료를 제시할 때는 정확한 작성요령에 맞게 기술해야 한다.

1) 표 작성 요령

- 논문의 본문에는 표와 표에 제시된 자료에 대하여 반드시 언급되어야 한다.
- 본문에서 표를 언급할 때, '위의 표', '아래의 표', '35쪽에 있는 표' 와 같은 표현을 쓰지 말아야 하며 반드시 표의 번호를 나타낸다.
- 본문에서 표의 위치는 표에 대한 언급이 있은 직후가 가장 이상적이다.

- 표의 제목은 간단 명료해야 하며, 표의 내용을 쉽게 알 수 있도록 설명적인 제목을 단다. 표의 제목은 상단 좌측에 위치한다.
- 표의 번호는 〈 〉 속에 표라고 쓰고 언급되는 순서대로 숫자로 번호를 붙인다.
- 표의 필요에 따라 표에 주(註)를 붙인다. 주는 표의 하단 좌측에 위치하며 표의 본문 활자보다 더 작게 표시한다.
- 표에서는 원칙적으로 가로줄만 사용하나, 경우에 따라서는 세로줄을 사용할 수도 있다.

〈표 Ⅲ-23〉 방과후 학교 참여학생 현황

구분	2005년		2006년	
	학생수	참여율(%)	학생수	참여율(%)
초	1,242	31.3	1,532	39.4
중	401	20.2	568	27.6
고	947	56.8	1,134	64.2
계	2,590	34.0	3,234	41.9

출처 : 교육인적자원부(2006). 방과후학교 성과보고회. p. 8.

〈표 24〉 계획기능과 수학성취도 사이의 상관관계

		수학성취도
계획기능	Pearson 상관계수	.298
	유의확률 (양쪽)	.002**
	N	104

**$p<.05$

2) 그림 작성 요령

- 그래프, 사진, 지도 등이 그림에 해당하는데, 가능하면 한 페이지를 넘지 않도록 하는 것이 좋다.

• 그림의 번호는 표의 번호를 매기는 방법과 같다. 그림의 번호는 [ ]를 사용한다.

• 그림제목의 위치는 하단 중앙에 위치하도록 한다.

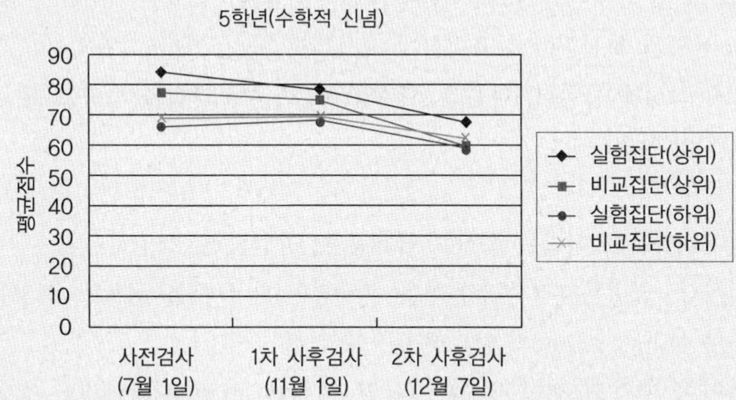

[그림 Ⅳ-35] 수준별 수학적 신념 시계열 분석(5학년)

3) 부록 작성 요령

부록은 본문에서 취급하기에는 너무 복잡한 자료나 연구의 이해를 돕기 위하여 보충적인 성격을 띠는 자료를 수록한다. 부록에 수록되는 자료가 많은 경우에는 부록Ⅰ, 부록Ⅱ, … 등으로 구분한다. 부록에 수록할 수 있는 자료는 다음과 같은 것들이다.

• 측정도구: 검사지 또는 질문지

• 측정된 통계 자료

• 컴퓨터 프로그램

4 참고문헌 작성법

1. 일반적 작성요령

참고문헌은 연구에서 인용한 모든 문헌과 자료의 출처를 밝히는 것으로써, 일반적으로 논문이나 연구보고서의 끝에 위치한다. 연구에서 인용한 학술 논문이나 서적은 빠짐없이 참고문헌에 제시해야 하며, 제출 기관의 작성양식에 적합하게 작성해야 한다. 다음은 APA양식으로 참고문헌을 작성할 때 적용되는 일반적인 방법이다.

- 참고문헌을 제시하는 순서는 국내문헌, 동양문헌, 서양문헌의 순서로 제시한다. 국내문헌과 동양문헌은 저자명의 한글 자음 순으로, 서양문헌은 저자 성(last name)의 알파벳 순으로 한다.
- 동일한 저자의 책이 두 권 이상일 경우에 두 번째 저자명은 생략하고 '______'을 긋는다.
- 참고문헌이 서적일 경우에는 페이지를 기록하지 않지만, 정기간행물이나 학술지에 실린 논문일 경우에는 시작 페이지와 끝 페이지(예를 들어, pp. 34-47)를 제시한다.
- 서양문헌의 책명과 논문제목은 첫 글자만 대문자로 하고 나머지는 모두 소문자로 한다. 단, 원제목 뒤에 ':(콜론)'을 표시하고 부제목을 달았다면, 부제목의 첫 글자는 대문자로 한다.
- 서양문헌에서 저자가 2인일 경우에는 '&'를 사용하되, '&' 앞에 ','를 찍는다.
- 단행본인 국내서적은 책명을 굵게 표시하고, 서양서적은 책명을 이탤릭으로 표시한다. 학술지의 이름을 구별하기 위해서 굵게(국내 학술지) 또는 이탤릭(서양 학술지)으로 표시하지만, 학술지에서 참고한 논문제목에는 표시하지 않는다.
- 출판사의 소재지를 밝힐 때, 미국 내의 출판사인 경우에는 도시와 주의 이

름(약자)을 제시하고, 미국 밖의 출판사인 경우에는 도시, 국가명을 제시한다.

2. 사례별 작성요령

참고문헌을 작성하는 방법을 사례별로 제시하면 다음과 같다.

1) 단행본 서적

저자명(출판연도). 서적명(판수). 출판사 소재지: 출판사.

라병소(2007). **영재학생을 위한 수학 산책**. 서울: 경문사.
강완, 백석윤(1998). **초등수학교육론**. 서울: 동명사.
Baroody, A. J., & Coslick, R. T. (1998). *Fostering children's mathematical power.* Hillsdale, NJ: Lawrence Erlbaum Associates, Inc.
Mitchell, T. R., & Larson, J. R., Jr. (1987). *People in organization: An introduction to organizational behavior* (3rd ed.). New York: McGraw-Hill.

2) 학술지 논문

저자명(출판연도). 논문제목. 학술지명. 권(호)수. 페이지.

박성선 (2000). 문제해결 학습을 위한 수학 교실 문화. **초등수학교육**, 4(2), 105-110.
박성선, 조영미 (2002). 초등학교 수학수업에 나타난 수학교실문화 분석, **교육과학연구**, 33(1), 65-83.
Silver, E. A. (1994). On mathematical problem posing. *For the Learning of Mathematics*, 14(1), 19-28.
Star, J. R., Smith, J. P., & Jansen, A. (2008). What students notice as different between reform and traditional mathematics programs. *Journal for Research in Mathematics Education*, 39(1), 9-32.

3) 편집된 서적

편집자명(Ed. Eds. 또는 편). (출판연도). 편집서명. 출판사 소재지: 출판사.

Grouws, D. A. (Ed.). (1992). *Handbook of Research on Teaching and Learning*. New York: Macmillan.

Lester, P. R., & Shulte, A. P. (Eds.). (1989), *New directions for elementary school mathematics*. Reston, VA: The National Council of Teachers of Mathematics, Inc.

강진령, 손현동. (편). (2000). **학교상담 핸드북**. 충북 청원: 한국교원대학교출판부.

4) 편집된 서적 내의 논문 · 장

저자명(출판연도). 논문 및 장 제목. 편집자명. 편집서명(페이지). 출판사 소재지: 출판사.

Lappan, G., & Briars, D. (1995). How should mathematics be taught? In I. Carl(Ed.), *Seventy-five years of progress: Prospects for school mathematics*(pp. 131-156). Reston, VA: National Council of Teachers of Mathematics.

Resnick, L. B. (1988). Treating mathematics as an ill-structured discipline. In R. I. Charles & E. A. Silver(Eds.), *The teaching and assessing of mathematical problem solving*(pp. 32-60). Reston, VA: The National Council of Teachers of Mathematics, Inc.

5) 번역서

원저자명(번역서 출판연도). 번역서명(역자명). 출판사 소재지: 출판사. (원서출판연도)

Latterell, C. (2008). **수학 전쟁** (박성선 역). 서울: 교우사. (원저 2004년 출판)
Becker, J. P., & Shimada, S. (2004). **개방형 교수법: 수학 지도를 위한 새로운 제안** (구광조, 전평국, 박성선, 문성길 역). 서울: 경문사. (원저 1995년 출판)
Luria, A. R. (1969). *The mind of mnemonist* (L. Solotaroff, Trans.). New York: Avon Books. (Original work published 1965)

6) 학위 논문

(1) 국제학위논문 초록집과 대학 마이크로필름(UMI)에 실린 학위논문

저자명(출판연도). 학위논문제목(학위명, 학위수여대학, 학위수여연도). 국제학위논문 초록집명, 권(호)수, 번호.

Denis, L. P. (1987). Relationship between stages of cognitive development and van Hiele level of geometric thought among puertorican adolescents (Doctoral dissertation, Fordham University, 1987). *Dissertation Abstract International*, 48, 859A.
Lesmeister, L. (1997). The effect of graphing calculators on secondary mathematics achievement (Master's thesis, University of Houston, 1996). *Master's Abstract International*, 35, 0039A.
Hersberger, J. (1983). The effects of a problem-solving oriented mathematics program on gifted fifth-grade students. *Dissertation Abstract International*, 44, 1715A. (UMI No. AAC83-23998)

(2) 국제학위논문 초록집에 나와있지 않은 미출판 학위논문

저자명(출판연도). 논문제목. 연구기관 소재지: 연구기관명. ERIC 번호.

오윤숙 (2008). **소집단 협동학습에서 성격유형별 집단구성방법이 수학적 태도 및 성취도에 미치는 영향**. 미출판 석사학위논문, 춘천교육대학교.
고민지(2008). **중학교 기하 증명 지도에서 나타난 교사의 수업 관점 분석**. 미출판 박사학위논문, 한국교원대학교.
Kennedy, E. (1999). *Circles in a dynamic software environment*. Unpublished Master's thesis, Memorial University of Newfoundland, Canada.
Cotter, J. A. (1996). *Constructing a multidigit concept of number: A teaching experiment in the first grade*. Unpublished Doctoral dissertation, University of Minnesota.

7) 보고서

(1) ERIC(Educational Resources Information)

저자명(출판연도). 논문제목. 연구기관 소재지: 연구기관명. ERIC 번호.

Suydam, M. N. (1981). *The use of calculator in pre-college education: Fourth annual state-of-the-art review*. Columbus, OH: Calculator Information Center. (ERIC Document Reproduction Service No. ED 206 454)

(2) 대학 보고서

저자명(출판연도). 논문제목(보고서 번호). 연구기관 소재지: 연구기관.

Stecher, B. M., & Mitchell, K. (1995). *Portfolio-driven reform: Vermont teachers' understanding of mathematical problem-solving and related changes in classroom practice* (Tech. Rep. No. 400). Los Angeles: University of California at LA, Center for Research on Evaluation Standards and Student Testing.
전평국, 이재학, 백석윤(2001). **수학교육에서 창의성 신장을 위한 열린교육 방**

안에 대한 연구 (연구보고서 No. 97-005-C00018). 충북 청원: 한국교원대학교 수학교육연구소.

(3) 기타 기관 보고서

연구기관명(출판연도). 논문제목(보고서 번호). 기관 소재지: 저자.

Employee Benefit Research Institute. (1992). *Sources of health insurance and charateristics of the uninsured* (Issue Brief No. 123). Washington, DC: Author.

한국교육과정평가원. (2007). **초 · 중학교 수학과 교육과정 해설 연구 개발** (연구보고서 No. CRC 207-15). 서울: 저자.

교육인적자원부. (2005). **초등교사 교육을 위한 수학교육 프로그램 확산 연구** (연구보고서 No. 2005-9-3). 서울: 저자.

8) 학술대회의 발표자료

(1) 정기적으로 출판되는 프로시딩

저자명(출판연도). 논문제목. 프로시딩명(페이지). 논문발표장소.

Jeon, P. K., & Park, S. S. (1993). The effects of elaboration on logical reasoning of 4th grade children. *Proceedings of the 17th International Conference for the Psychology of Mathematics Education* (pp. 121-129). Tsukuba, Japan.

방정숙(2003). 수학 교사의 전문성 개발을 위한 연구: 토론 모임과 교수 실제. **대한수학교육학회 2003년도 동계 연구발표대회논문집**(pp. 27-44). 춘천.

(2) 학술대회에서 발표된 미출판 논문

저자명(출판연도). 논문제목. 발표된 학술대회명, 논문발표장소.

Kiplinger, V. L., Haug, C. A., & Abedi, J. (2000). *Measuring math-not reading-on a math assessment: A language accommodations study of English language learners and other special populations*. Paper presented at the Annual Meeting of the American Education Research Association, New Orleans, LA.

Shafer, M. C. (2001, April). *Instructional quality in the context of reform*. Paper presented at the 79th annual meeting of the National Council of Teachers of Mathematics, Orlando, FL.

(3) 포스터 발표

저자명(출판연도). 논문제목. 발표된 학술대회명, 논문발표장소.

Casa, T. M. (2004). *Teacher decision-making: Discourse in the elementary school mathematics classroom*. Poster session presented at the 82th Annual Meeting of the National Council of Teachers of Mathematics, Philadelphia, Pennsylvania.

Mette, A. (2005). *Working with mathematical modeling in CAS*. Poster session presented at the 29th International Conference for the Psychology of Mathematics Education, Melbourne, Australia.

9) 신문기사

(1) 저자를 밝히지 않은 경우

기사 제목(발행일). 신문명, 페이지.

State funding shortage keeps schools from science and math program. (2009, February 5). *The Washington Post*, p. GZ05.

서울 예비초등교사 90%가 여성. (2009. 2. 5). **동아일보**, p. A15.

(2) 저자를 밝힌 경우

저자명(발행일). 기사 제목. 신문명, 페이지.

Chang, K. (2009, February 2). Theory and experiment meet and a new form of boron is found. *The New York Times*, p. D3.

주일우 (2009. 2. 12). 다윈의 편지: 딱정벌레에 미친 청년. **중앙일보**, p. 20.

10) 잡지 기사

저자명(발행일). 기사 제목, 권(호)수, 페이지.

Kandel, E. R., & Squre, L. R. (2000, November, 10). Neuroscience: Breaking down scientific barriers to the study of brain and mind. *Science*, 290, 1113-1120.

안재오 (2009, 1, 1). 기억력과 암기력. **교육논평**, 16(194), 52.

11) 인터넷 자료

(1) 인터넷 발행 논문

저자명(발행연도). 논문제목. 검색일, URL.

Berryman, S. F. (1991). *Designing effective school-based learning environments: Cognitive apprenticeship models*. Retrieved March 6, 2006, from http://www.ilt.columbia.edu/ilt/papers/berry1.html.

Abeille, A., & Hurle, N. (2001). *Final evaluation report: Mathematics modeling our world*. Retrieved October 18, 2002, from http://www.comap.com/highschool/projects/mmow/FinalReport.pdf.

(2) 인터넷 발행 학술지에 실린 논문

저자명(발행연도). 논문제목. 학술지명, 권(호)수. URL.

Hoff, D. J. (2003). Adding it all up. *Education Week*, 22(23). Retrieved November 15, 2004, from http://www.edweek.org/ew/ewstory.cfm?slug=23research.h22.

강영옥. (2004). 전통적인 한국인의 정신세계 탐구. **심리치료**, 12. http://ftp.knue.ac.kr/harnad/schco/2005.volume.12/syc.00.001.tradition-korea-mentality.1.ham에서 인출.

참/고/문/헌

김병성 (1995). 교육연구방법. 서울: 학지사.
김석우, 최태진 (2007). 교육연구방법론. 서울: 학지사.
김연희, 문승태, 장선철 (2003). 교육연구방법. 서울: 동문사.
김응태, 박한식, 우정호 (1985). 수학교육학개론. 서울: 서울대학교출판부.
문수백 (2003). 학위논문 작성을 위한 연구방법의 실제. 서울: 학지사.
박도순 (2002). 교육연구방법론. 서울: 문음사.
박희창, 박진표, 남기성 (2002). SPSS 10.0K를 이용한 확률과 통계. 서울: 교우사.
성태제 (2006). 교육연구방법의 이해. 서울: 학지사.
성태제, 시기자 (2007). 연구방법론. 서울: 학지사.
이종성 (1996). 교육연구의 설계와 자료분석. 서울: 교육과학사.
이종승 (1989). 교육연구법. 서울: 배영사.
이학식, 임지훈 (2008). SPSS 14.0 매뉴얼. 서울: 범문사.
정해영, 김순흥, 조지현 (2001). 통계자료분석. 광주: (사) 광주사회조사연구소.
American Psychological Association. (2001). *Publication manual of the American Psychological Association* (5th ed.). Washington, DC: Author.
Anastasi, A. (1982). *Psychological testing*. New York: Macmillan Publishing.
Ausubel, D. P. (1966). Early versus delayed review in meaningful learning. *Psychology in the Schools*, 4, 195-198.
Bentzen, W. R. (1997). *Seeing young children: A guide to observing and recoding behavior*(3rd ed.). New York: Delmar Publishers.
Bishop, A. J. (1992). International perspectives on research in mathematics education. In D. A. Grouws (Ed.), *Handbook of research on mathematics teaching and learning*(pp. 710-723). New York: Macmillan Publishing Company.
Bishop, A. J., Clements K., Keitel, C., Kilpatrick, J., & Laborde, C. (Eds.). (1996). *International Handbook of Mathematics Education*. London: Kluwer Academic Publishers.
Bogdan, R. C., & Biklen, S. K. (2007). *Qualitative research for*

education: An introduction to theory and methods (5th ed.). New York: Pearson.

Borg, W. R., & Gall, M. D. (1998) *Educational research*(5th ed.). New York: Longman.

Bracht, G. H., & Glass, G. V. (1968). The external validity of experiments. *American Educational Research Journal*, 5, 437-474.

Campbell, D. T., & Stanley, J. C. (1971). *Experimental and quasi-experimental designs for research*. Chicago: Rand McNally.

Cronbach, L.J., & Suppes, P. (1969). *Research for tomorrow's schools: Disciplined inquiry for education*. New York: Macmillan.

Crowl, T. K. (1993). *Fundamentals of educational research. Madison*, WI: Brwon & Enchmark.

English, L. D. (Ed.). (2002). *Handbook of international research in mathematics education*. Mahwah, NJ: Lawrence Erlbaum Associates.

Gall, M. D., Gall, J. P., & Borg, W. R. (2003) *Educational research: An introduction*. New York: Longman.

Gay, L. R. (1996). *Educational research: Competencies for analysis & application*. Columbus, OH: A Bell & Howell Company.

Glaser, B., & Strauss, A. L. (1967). *The discovery of grounded theory: Strategies for qualitative research*. Chicago: Aldine.

Goodchild, S., & English, L. (2002). *Researching mathematics classrooms: A critical examination of methodology*. Westport, CT: Praeger Publishers.

Gronlund, N. E., & Linn, R. L. (1990). *Measurement and evaluation in teaching*. New York: Macmillan.

Grouws, D. A. (Ed.). (1992). *Handbook of rescarch on mathematics teaching and learning*. New York: Macmillan Publishing Company.

Gutiérrez, A., & Boero, P. (Eds.). (2006). *Handbook of research on the psychology of mathematics education*. Rotterdam: Sense Publishers.

Hopkins, D. (2002). *A teacher's guide to classroom research*(3rd ed.). Philadelphia, PA: Open Universtiy Press.

Jaworski, B., & Wood, T. *The handbook of mathematics teacher education* (Vol.4). Rotterdam: Sense Publishers.

Kelly, A. E., & Lesh, R. A. (Eds.). (2000). *Handbook of research design in mathematics and science education*. Mahwah, NJ: Lawrence Erlbaum Associates.

Kerlinger, F. N. (1973). *Foundations of behavioral research: Educational and psychological inquiry*. New York: Holt, Rinehart & Winston.

Kilpatrick, J. (1992). A history of research in mathematics education. In D. A. Grouws (Ed.), *Handbook of research on mathematics teaching and learning*(pp. 3-38). New York: Macmillan Publishing Company.

Krainer, K. (Ed.). (2008). *The handbook of mathematics teacher education* (Vol.3). Rotterdam: Sense Publishers.

Kumar, R. (1996). *Research methodology: A step-by-step guide for beginners*. Londo: SAGE Publications.

Latterell, C. (2008). **수학 전쟁** (박성선 역). 서울: 교우사. (원저 2004년 출판)

Latterell, C. (2004). *Math wars: A guide for parents and teachers*. Westport, CT: Praeger Publishers.

Lester, F. K. (2007). *Second handbook of research on mathematics teaching and learning*. New York: Macmillan Publishing Company.

Mason, E. J., & Bramble, W. J. *Understanding and conducting research: Applications in education and behavioral sciences*. New York: McGraw-Hill, Inc.

Moore, G. W. (1983). *Developing and evaluating educational research*. Boston: Little, Brown and Company.

Powers, G. T., Thomas, M. M., & Beverley, G. T. (1985). *Practice focused research: Integrating human practice and research*. Englewood Cliffs, NJ: Prentice Hall.

Roger, T. B. (1995). *The psychological testing enterprise: An introduction*. Belmont, CA: Wadsworth.

Rosenthal, R. (1976). *Experimenter effects in behavioral research*. New York: Irvington.

Rosenthal, R., & Rosnow, F. L. (1975). *The volunteer subject*. New York: Wiley.

Stake, R. E. (2000). **질적 사례연구** (홍용희, 노경주, 심종희 역). 서울: 창지사. (원저 1995년 출판)

Sullivan, P., & Wood, T. (Eds.). (2008). *The handbook of mathematics teacher education*(Vol.1). Rotterdam: Sense Publishers.

Tirosh, D., & Wood, T. (Ed.). (2008). *The handbook of mathematics teacher education* (Vol.2). Rotterdam: Sense Publishers.

Tuckman, B. (1978). *Conducting educational research*. New York: Harcourt, Brace Jovanovich, Inc.

Wiersma, W. (1985). *Research methods in education*. London: Allyn and Bacon, Inc.

〈부록 1〉 국내 주요 표준화검사*

검사명	발행처
지능 검사(Intelltgence tests)	
일반지능검사	코리안테스팅센터
지능진단검사	중앙적성연구소
유아지능검사	중앙적성연구소
종합인지기능 진단검사(CAS)	학지사심리검사연구소
카우프만 아동용 지능검사(K-ABC)	학지사심리검사연구소
고대-비네지능검사	고려대학교
KEDI-WISC	민족문화문고간행회
KISC 유아지능검사	한국가이던스
K-WAIS	한국가이던스
진단성지능검사	중앙적성연구소
최신지능진단검사	코리안테스팅센터
지능검사(KIT-P)	한국행동과학연구소
한국교육개발원지능검사 1,2,3,4	한국적성연구소
적성 검사(Aptitude Battery)	
적성종합검사	코리안테스팅센터
적성진단검사	중앙적성연구소
종합적성검사	한국행동과학연구소
진학적성검사	코리안테스텡센터
GATB적성검사	중앙적성연구소
홀랜드 진로발달검사	한국가이던스
홀랜드 진로탐색검사	한국가이던스
홀랜드 적성탐색검사	한국가이던스
KPTI 적성검사	한국심리검사연구소
STRONG 진로탐색검사	한국심리검사연구소
진로적성검사	대한사립중고등학교장회
성취도 검사(Achievement Tests)	
표준화학력진단검사	교육과학사
표준화학력검사	코리안테스팅센터
표준화기본학력검사	교학사
알자(ALSA) 청소년 학습전략검사	학지사심리검사연구소
학습기술진단검사	학지사심리검사연구소
기초학습기능 수행평가체제: 읽기검사	학지사심리검사연구소
기초학습기능 수행평가체제: 수학검사	학지사심리검사연구소
학습방법진단검사	한국가이던스
기초학력진단검사	한국적성연구소
수학창의적문제해결력검사	한국적성연구소
과학창의적문제해결력검사	한국적성연구소
학습습관검사	코리안테스팅센터

*출처: 김석우, 최태진 (2007). p. 413-414.

검사명	발행처
성격 검사(Personality Inventory)	
일반성격검사	코리안테스팅센터
표준적응검사	코리안테스팅센터
성격진단검사	중앙적성연구소
성격진단검사	코리안테스팅센터
인성검사	코리안테스팅센터
다면적인성검사	한국가이던스
MBTI	한국심리검사연구소
MMTIC	한국심리검사연구소
청소년 성격평가 질문지(PAI-A)	학지사심리검사연구소
아동, 청소년 아이젱크 성격검사	학지사심리검사연구소
유아성격검사	학지사심리검사연구소
BGT 성격진단법	중앙적성출판사
KIPA 인성검사	한국심리적성연구소
KPI 성격검사	한국행동과학연구소
표준화 인성진단검사	대한사립중고등학교장회
창의성 검사(Creativity Tests)	
창의성검사	코리안테스팅센터
창의성검사	한국가이던스
유아종합창의성검사	학지사심리검사연구소
유아도형창의성검사	학지사심리검사연구소
유아창의적특성검사	학지사심리검사연구소
TORRANCE창의력검사	중앙적성연구소
창의성 시고력검사	한국적성연구소
흥미, 가치관, 태도 검사(Interests, Values, Attitude Tests)	
흥미검사	코리안테스팅센터
직업흥미검사	중앙적성연구소
자아개념검사	코리안테스팅센터
욕구진단검사	코리안테스팅센터
학생유형검사(SSI)	한국가이던스
자아가치관검사	한국가이던스
자아개념검사	학지사심리검사연구소

〈부록 2〉 외국 주요 표준화검사*

검사명	발행처
지능 검사(Intelltgence tests)	
AAMD Adaptive Behavior Scale	American Association on mental Deficiency
ACT Amerian College Testing Assessment	American College Testing Program
Balthazar Scales of Adaptive Behavior	Consulting Psychologists Press
Bayley Scale of Infant Development	Psychological Corporation
The Blind Scale of Infant Development	Psychological Corporation
Brunininks-Oseretsky Test of Motor-Proficiency	American Guidance Service
Columbia Mental Maturity Scale	The Psychological Corporation
Hiskey-Nebraska Test of Learning Aptitude	Marshall S. Hiskey
Kaufman Assessment Battery for Children	American Guidance Service
Leiter International Performance Scale	Stoelting
McCarthy Scale of Children's Abilities	Psychological Corporation
Standford-Binet Intelligence Scale	Riverside Publishing
T.M.R. School Competency Scales	Consulting Psychologists Press
Wechsler Adult Intelligence Scale	Psychological Corporation
Wechsler Intelligence Scale for Children	Psychological Corporation
적성 검사(Aptitude Battery)	
Armed Services Vocational Aptitude Battery	U.S. Military Entrance Processing Command
Differential Aptitude Tests	Psychological Corporation
Flanagan Aptitude Classification Tests	Science Research Associates
General Aptitude Test Battery	U.S. Employment Service
Multidiensional Aptitude Battery	Research Psychologists Pres
Revised Minnesota Paper Form Board Test	Psychological Corporation
Scholastic Aptitude Test	Educational Testing Service
성취도 검사(Achievement Tests)	
California Achievement Tests	CTB/McGraw-Hill
Comprehensive Tests of Basic Skills	CTB/McGraw-Hill
Iowa Tests of Basic Skills	Riverside Publishing
Stanford Test of Academic Skills	Psychological Corporation
Tests of Achievement and Proficiency	Riverside Publishing
Peabody Individual Achievement Test	American Guidance Service
Wide Range Achievement Test	Jastak Associates
Advanced Placement Program Examination	Educational Testing Service
Diagnosis-An Instructional Aid	Science Research Associates
Metropolitan Achievement Tests	Psychological Corporation
Nelson Reading Skills Tests	Riverside Publishing
Boehm Test of Basic Concepts	Psychological Corporation
Metropolitan Readiness Tests	Psychological Corporation
Sequential Tests of Educational Progress	CTB/McGraw-Hill
Kaufman Test of Educational Achievement	American Guidance Service

*출처: Roger, T. B. (1995) p. 810-815., Anastasi, A. (1982). p. 669-682.

검사명	발행처
성격 검사(Personality Inventory)	
California Psychological Inventory	National Computer Systems
Comrey Personality Scales	Educational and Industrial Testing Service
Eysenck Personality Questionnaire	Educational and Industrial Testing Service
Gordon Personal Inventory	Psychological Corporation
Guilford-Zimmerman Temperament Survey	Sheridan Psychological Services
Jackson Personality Inventory	Research Psychologists Press
Millon Clinical Multiaxial Inventory	National Computer Services
Minnesota Multiphasic Personality Inventory	National Computer Services
Myers-Briggs Type Indicator	Consulting Psychologists Press
Personality Inventory for Children	Western Psychological Services
Personality Research Form	Research Psychologists Press
Psychological Screening Inventory	Research Psychologists Press
Sixteen Personality Factor Questionnaire	Institute for Personality and Ability Testing
State-Trait Anxiety Inventory	Riverside Publishing
창의성 검사(Creativity Tests)	
Christensen-Guilford Fluency Tests	Sheridan Psychological Services
Creativity Tests for Children	Sheridan Psychological Services
Torrance Tests of Creative Thinking	Scholastic Testing Service
Watson-Glaser Critical Thinking Appraisal	Psychological Corporation
흥미, 가치관, 태도 검사(Interests, Values, Attitude Tests)	
Bem Sex-Role Inventory	Consulting Psychologists Press
Consulting Psychologists Press	National Computer Systems
Jackson Vocational Interest Survey	Research Psychologists Press
Jenkins Activity Survey	Psychological Corporation
Kuder General Interest Survey	Science Research Associates
Kuder Occupational Interest Survey	Science Research Associates
Kuder Perference Record	Science Research Associates
Self-Directed Search	Psychological Assessment Resources
Study of Values	Riverside Publishing
Study of Interpersonal Values	Science Research Associates
Boehm Test of Basic Concepts	Psychological Corporation
Metropolitan Readiness Tests	Psychological Corporation

〈부록 3〉 난수표

	00-04	05-09	10-14	15-19	20-24	25-29	30-34	35-39	40-44	45-49
00	54463	22662	65905	70639	79365	67382	29085	69831	47058	08186
01	15389	85205	18850	39226	42249	90669	96325	23248	60933	26927
02	85941	40756	82414	02015	13858	78030	16269	65978	01385	15345
03	61149	69440	11268	88218	58925	03638	52862	62733	33451	77455
04	05219	81619	81619	10651	67079	92511	59888	72095	83463	75577
05	41417	98326	87719	92294	46614	50948	64886	20002	97365	30976
06	28357	94070	20652	35774	16249	75019	21145	15217	47286	76305
07	17783	00015	10806	83091	91530	36466	39981	62481	49177	75779
08	40950	84820	29881	85966	62800	70326	84740	62660	77379	90279
09	82995	64157	66164	41180	10089	41757	78258	96488	88629	37231
10	96754	17676	55659	44105	47361	34833	86679	23930	53249	27083
11	34357	88040	53364	71726	45690	66334	60332	22554	90600	71113
12	06318	37403	49927	57715	50423	67372	63116	48888	21505	80182
13	62111	52820	07243	79931	89292	84767	85693	73947	22278	11551
14	47534	09243	67879	00544	23410	12740	02540	54440	32949	13491
15	98614	75993	84460	62846	59844	14922	49730	73443	48167	34770
16	24856	03648	44898	09351	98795	18644	39765	71058	90368	44104
17	96887	12479	80621	66223	86085	78285	02432	53342	42846	94771
18	90801	21472	42815	77408	37390	76766	52615	32141	30268	18106
19	55165	77312	83666	36028	28420	70219	81369	41943	47366	41067
20	75884	12952	84318	95108	72305	64620	91318	89872	45375	85436
21	16777	37116	58550	42958	21460	43910	01175	87894	81378	10620
22	46230	43877	80207	88877	89380	32992	91380	03164	98656	59337
23	42902	66892	46134	01432	94710	23474	20523	60137	60609	13119
24	81007	00333	39693	28039	10154	95425	39220	19774	31782	49037
25	68089	01122	51111	72373	06902	74373	96199	97017	41273	21546
26	20411	67081	89950	16944	93054	87687	96693	87236	77054	33848
27	58212	13160	06468	15718	82627	76999	05999	58680	96739	63700
28	70577	42866	24969	61210	76046	67699	42054	12696	93758	03283
29	94522	74358	71659	62038	79643	79169	44741	05437	39038	13163
30	42626	86819	85651	88678	17401	03252	99547	32404	17918	62880
31	16051	33763	57194	16752	54450	19031	58580	47629	54132	60631
32	08244	27647	33851	44705	94211	46716	11738	55784	95374	72655
33	59497	04392	09419	89964	51211	04894	72882	17805	21896	83864
34	97155	13428	40293	09985	58434	01412	69124	82171	59058	82859
35	98409	66162	95763	47420	20792	61527	20441	39435	11859	41567
36	45476	84882	65109	96597	25930	66790	65706	61203	53634	22557
37	89300	69700	50741	30329	11658	23166	05400	66669	48708	03887
38	50051	95137	91631	66315	91428	12275	24816	68091	71710	33258
39	31753	85178	31310	89642	98364	02306	24617	09609	83942	22716
40	79152	58329	77250	20190	56535	18760	69942	77448	33278	48805
41	44560	38750	83635	56540	64900	42912	13953	79149	18710	68618
42	68328	83378	63369	71381	39564	05615	42451	64559	97501	65747
43	46939	38689	58625	08342	30459	85863	20781	09284	26333	91777
44	83544	86141	15707	96256	23068	13782	08467	89469	93842	55349
45	91621	00881	04900	54224	46177	55309	17852	27491	89415	23466
46	91896	67126	04151	03795	59077	11848	12630	98375	53068	60142
47	55751	62515	22108	80830	02263	29303	37204	96926	30506	09808
48	85156	87689	95493	88842	00664	55017	55539	17771	69448	87530
49	07521	56898	12236	60277	39102	62315	12239	07105	11844	01117

	50-54	55-59	60-64	65-69	70-74	75-79	80-84	85-89	90-94	95-99
00	59391	58030	52098	82718	87024	82848	04190	96574	90464	29065
01	99567	76364	77204	04615	27062	96621	43918	01896	83991	51141
02	10368	97518	51400	25670	98342	61891	27101	37855	06235	33316
03	96859	19558	64432	16706	99612	59798	32803	67708	15297	28612
04	11258	24591	36863	55368	31721	94335	34936	02566	80972	08188
05	95068	88628	35911	14530	33020	80428	33936	31855	34334	64865
06	54463	47237	73800	91017	36239	71824	83671	39892	60518	37092
07	16874	62677	57412	13215	31389	62233	80827	73917	82802	84420
08	92494	63157	76593	91316	03505	72389	96363	52887	01087	66091
09	15669	56689	35682	40844	53256	81872	35213	09840	34471	74441
10	99116	75486	84989	23476	52967	67104	39495	39100	17217	74073
11	15696	10703	65178	90637	63110	17622	53988	71087	84148	11670
12	97720	15369	51269	69620	03388	13699	33423	67453	43269	56720
13	11666	13841	71681	98000	35979	39719	81899	07449	47985	46967
14	71628	73130	78783	75691	41632	09847	61547	18707	85489	69944
15	40501	51089	99943	91843	41995	88931	73631	69361	05375	15417
16	22518	55576	98215	82068	10798	86211	36584	67466	69373	40054
17	75112	30485	62173	02132	14878	92879	22281	16783	86352	00077
18	80327	02671	98191	84342	90813	49268	94551	15496	20468	09271
19	60251	45548	02146	05597	48228	81366	34598	72856	66762	17002
20	57430	82270	10421	00540	43648	75888	66049	21511	47676	33444
21	73528	39559	34434	88586	54086	71693	43132	14414	79949	85193
22	25991	65959	70769	64721	86413	33475	42740	06175	82758	66248
23	78388	16638	09134	59980	63806	48472	39318	35434	24057	74739
24	12477	09965	96657	57994	59439	76330	24596	77515	09577	91871
25	83266	32883	42451	15579	38155	29793	40914	65990	16255	17777
26	76970	80876	10237	39515	79152	74798	39357	09054	73579	92359
27	37074	65198	44785	68624	98336	84481	97610	78735	46703	98265
28	83712	06514	30101	78295	54656	85417	43189	60048	72781	72606
29	20287	56862	69727	94443	64936	08366	27227	05158	50326	59566
30	74261	32592	86538	27041	65172	85532	07571	80609	39285	65340
31	64081	49863	08478	96001	18888	14810	70545	89755	59064	07210
32	05617	75818	47750	67814	29575	10526	66192	44464	27058	40467
33	26793	74951	95466	74307	13330	42664	85515	20632	05497	33625
34	65988	72850	48737	54719	52056	01596	03845	35067	03134	70322
35	27366	42271	44300	73399	21105	03280	73457	43093	05192	48657
36	56760	10909	98147	34736	33863	95256	12731	66598	50771	83665
37	72880	43338	93643	58904	59543	23943	11231	83268	65938	81581
38	77888	38100	03062	58103	47961	83841	25878	23746	55903	44115
39	28440	07819	21580	51459	47971	29882	13990	29226	23608	15873
40	63525	94441	77033	12147	51054	49955	58312	76923	96071	05813
41	47606	93410	16359	89033	89696	47231	64498	31776	05383	33902
42	52669	45030	96279	14709	52372	87832	02735	50803	72744	88208
43	16738	60159	07425	62369	07515	82721	37875	71153	21315	00132
44	59348	11695	45751	15865	74739	05572	32688	20271	65128	14551
45	12900	71775	29845	60774	94924	21810	38636	33717	67598	82521
46	75086	23537	49939	33595	13484	97588	28617	17979	70749	35234
47	99495	51534	29181	09993	38190	42553	68922	52125	91077	40197
48	26075	31671	45386	36583	93459	48599	52022	41330	60651	91321
49	13636	93596	23377	51133	95126	61496	42474	45141	46660	42338

	00–04	05–09	10–14	15–19	20–24	25–29	30–34	35–39	40–44	45–49
50	64249	63664	39652	40646	97306	31741	07294	84149	46797	82487
51	26538	44249	04050	48174	65570	44072	40192	51153	11397	58212
52	05845	00512	78630	55328	18116	69296	91705	86224	29503	57071
53	74897	68373	67359	51014	33510	83048	17056	72506	82949	54600
54	20872	54570	35017	88132	25730	22626	86723	91691	13191	77212
55	31432	96156	89177	75541	81355	24480	77243	76690	42507	84362
56	66890	61505	01240	00660	05873	13568	76082	79172	57913	93448
57	41894	57790	79970	33106	86904	48119	52503	24130	72824	21627
58	11303	87118	81471	52936	08555	28420	49416	44448	04269	27029
59	54374	57325	16947	45356	78371	10563	97191	53798	12693	27928
60	64852	34421	61046	90849	13966	39810	42699	21753	76169	10508
61	16309	20384	09491	91588	97702	89846	30376	76970	23063	35894
62	42587	37065	24526	72602	57589	98131	37292	05967	26002	51945
63	40177	98590	97161	41682	84533	67588	62036	49967	01990	72308
64	82309	76128	93965	26743	24141	04838	40254	26065	07938	76236
65	79788	68243	59732	04257	27084	14743	17520	94501	55811	76099
66	40538	79000	89559	25026	42274	23489	34502	75508	06059	86682
67	64016	73598	18609	73150	62463	33102	45205	87440	96767	67042
68	49767	12691	17903	93871	99721	79109	09425	26904	07419	76013
69	76974	55108	29795	08404	82684	00497	51126	79935	57450	55671
70	23854	08480	85983	96025	50117	64610	99425	62291	86943	21541
71	68973	70551	25098	78033	98573	79848	31778	29555	61443	23037
72	36444	93600	65350	14971	25325	00427	52073	64280	18847	24768
73	03003	87800	07391	11594	21196	00781	32550	57158	58887	73041
74	17540	26188	36647	78386	04558	61463	57842	90382	77019	24210
75	38916	55809	47982	41968	69760	79422	80154	91486	19180	15100
76	64288	19843	69122	42502	48508	28820	59933	72998	99942	10515
77	86809	51564	38040	39418	49915	19000	58050	16899	79952	57849
78	99800	99566	14742	05028	30033	94889	55381	23656	75787	59223
79	92345	31890	95712	08279	91794	94068	49337	88674	35355	12267
80	90363	65162	32245	82279	79256	80834	06088	99462	56705	06118
81	64437	32242	48431	04835	39070	59702	31508	60935	22390	52246
82	91714	53662	28373	34333	55791	74758	51144	18827	10704	76803
83	20902	17646	31391	31459	33315	03444	55743	74701	58851	27427
84	12217	86007	70371	52281	14510	76094	96579	54853	78339	20839
85	45177	02863	42307	53571	22532	74921	17735	42201	80540	54721
86	28325	90814	08804	52746	47913	54577	47525	77705	95330	21866
87	29019	28776	56116	54791	64604	08815	46049	71186	34650	14994
88	84979	81353	56219	67062	26146	82567	33122	14124	46240	92973
89	50371	26347	48513	63915	11158	25563	91915	18431	92978	11591
90	53422	06825	69711	67950	64716	18003	49581	45378	99878	61130
91	67453	35651	89316	41620	32048	70225	47597	33137	34443	51445
92	07294	85353	74819	23445	68237	07202	99515	62282	53809	26685
93	79544	00302	45338	16015	66613	88968	14595	63836	77716	79596
94	64144	85442	82060	46471	24162	39500	87351	36637	42833	71875
95	90919	11883	58318	00042	52402	28210	34075	33272	00840	73268
96	06670	57353	86275	92276	77591	46924	60839	55437	03183	13191
97	36634	93976	52062	83678	41256	60948	18685	48992	19462	96062
98	75101	72891	85745	67106	26010	62107	60885	37503	55461	71213
99	05112	71222	72654	51583	05228	62056	57390	42746	39272	96659

	50-54	55-59	60-64	65-69	70-74	75-79	80-84	85-89	90-94	95-99
50	32847	31282	03345	89593	69214	70381	78285	20054	91018	16742
51	16916	00041	30236	55023	14253	76582	12092	86533	92426	37655
52	66176	34037	21005	27137	03193	48970	64625	22394	39622	79085
53	46299	13335	12180	16861	38043	59292	62675	63631	37020	78195
54	22847	47839	45385	23289	47526	54098	45683	55849	51575	64689
55	41851	54160	92320	69936	34803	92479	33399	71160	64777	83378
56	28444	59497	91586	95917	68553	28639	06455	34174	11130	91994
57	47250	62378	98855	83174	13088	16561	68559	26679	06238	51254
58	34978	63271	13142	82681	05271	08822	06490	44984	49307	61617
59	37404	80416	69035	92980	49486	74378	75610	74976	70056	15478
60	32400	65482	52099	53676	74648	94148	65095	69597	52771	71551
61	89262	86332	51718	70663	11623	29834	79820	73002	84886	03591
62	86866	09127	98021	03871	27789	58444	44832	36505	40672	30180
63	90814	14833	08759	74645	05046	94056	99094	65091	32663	73040
64	19192	82756	20553	58446	55376	88914	75096	26119	83898	43816
65	77585	52593	56612	95766	10019	29531	73064	20953	53523	58136
66	23757	16364	05096	03192	62386	45389	85332	18877	55710	96459
67	45989	96257	23850	26216	23309	21526	07425	50254	19455	29315
68	92970	94243	07316	41467	64837	52406	25225	51553	31220	14032
69	74346	59596	40088	98176	17896	86900	20249	77753	19099	48885
70	87646	41309	27636	45153	29988	94770	07255	70908	05340	99751
71	50099	71038	45146	06146	55211	99429	43169	66259	99786	59180
72	10127	46900	64984	75348	04115	33624	68774	60013	35515	62556
73	67995	81977	18984	64091	02785	27762	42529	97144	80407	64524
74	26304	80217	84934	82657	69291	35397	98714	35104	08187	48109
75	81994	41070	56642	64091	31229	02595	13513	45148	78722	30144
76	59337	34662	79631	89403	65212	09975	06118	86197	58208	16162
77	51228	10937	62396	81460	47331	91403	95007	06047	16846	64800
78	31089	37995	29577	07828	42272	54016	21950	86192	99046	84864
79	38207	97938	93459	75174	79460	55436	57206	87644	21296	43393
80	88666	31142	09474	89712	63153	62333	42212	06140	42594	46371
81	53365	56134	67582	92557	89520	33452	05134	70628	27612	33738
82	89807	74530	38004	90102	11693	90257	05500	79920	62700	43325
83	18682	81038	85662	90915	91631	22223	91588	80774	07716	12548
84	63571	32579	63942	25371	09234	94592	98475	76884	37635	33608
85	68927	56492	67799	95398	77642	54913	91583	08421	81450	76229
86	56401	63186	39389	88798	31356	89235	97036	32341	33292	73757
87	24333	95603	02359	72942	46287	95382	08452	62862	97869	71775
88	17025	84202	95199	62272	06366	16175	97577	99304	41587	03686
89	02804	08253	52133	20224	68034	50865	57868	22343	55111	03607
90	08298	03879	20995	19850	73090	13191	18963	82244	78479	99121
91	59883	01785	82403	96062	03785	03488	12970	64896	38336	30030
92	46982	06682	62864	91837	74021	89094	39952	64158	79611	78235
93	31121	47266	07661	02051	67599	24471	69843	83696	71402	76287
94	97867	56641	63416	17577	30161	87320	37752	73276	48969	41915
95	57364	86746	08415	14621	49430	22311	15836	72492	49372	44103
96	09559	26263	69511	28064	75999	44540	13337	10918	79846	54809
97	53873	55571	00608	42661	91332	63956	74087	59008	47493	99581
98	35531	19162	86406	05299	77511	24311	57257	22826	77555	05941
99	28229	88629	25695	94932	30721	16197	78742	34974	97528	45447

찾/아/보/기

ㅇ

■ 저자 약력

전평국

미국 University of Pittsburgh 대학원 (수학교육전공, Ph.D.)
한국교육개발원 책임연구원, 수학교육연구실장
미국 Louisiana State University 객원교수
한국교원대학교 수학교육과, 초등교육과 교수
한국교원대학교 제1대학장 및 교육과학연구소장
(현) 한국교원대학교 명예교수
한국수학교육학회 고문
학교수학교육학회 고문

박성선

서울교육대학교 수학교육과
한국교원대학교 대학원 (수학교육전공, Ph.D.)
미국 Louisiana State University 객원연구원
이화여자대학교 교육과학연구소 연구교수
미국 Purdue University 연구교수
(현) 춘천교육대학교 수학교육과 교수
학교수학교육학회 회장

한국수학교육학회 수학교사 시리즈·10

개정판 수학교육연구방법-이론과 실제

2009년 6월 30일 초 판 발행
2023년 11월 15일 개정판 2쇄 발행

저 자 / 전평국 · 박성선
발행자 / 오판근
발행처 / 교우사

주 소 / 서울 동대문구 제기2동 148-19 교우빌딩 2층
전 화 / 925-2861(代), 편집부 / 925-2825
팩 스 / 925-2860
E-mail / kyowoo @ kyowoo.co.kr
http: // www. kyowoo. co. kr

등록 / 1994. 3. 24 제6-0256호

ISBN 978-89-8172-801-4 (93410)

값 **26,000**원